⊙"八百工程"之百场学术报告

铜陵学院"百场学术报告"选集 (2014)

丁家云　　倪国爱　主编

合肥工业大学出版社

前　言

　　2009 年 9 月，铜陵学院被安徽省教育厅、安徽省财政厅正式批准为省示范应用型本科高校立项建设单位。为了探索应用型高校的发展道路，建设高质量、有特色的应用型本科高校，在示范上见成效，培养高素质、复合型、应用型人才，让广大师生享受最优质的教学资源，铜陵学院党政领导坚持以科学发展观为指导，以示范应用型高校建设为契机，紧密结合创优争先活动的开展，自 2010 年上半年开始，研究部署并实施"八百工程"，即：打造百家名师讲坛、推出百堂精彩一课、举办百场学术报告、实施百个合作项目、通读百部经典名篇、出版百部教材论著、选派百名教师访学、推行百项服务承诺。

　　本报告集系铜陵学院推出的"八百工程"系列之一："举办百场学术报告"的汇编成果，是在 2013—2014 学年举行的 80 场学术报告中，精选了 28 篇优秀学术报告文稿，经整理结集而成。目的是活跃校园学术气氛，开阔师生视野，把院内学术报告打造成展示学术成果的高层次平台，努力提高教学科研水平，促进科研与教学互动，促进科研与创新人才培养相结合。本报告集中的作者基本上为铜陵学院具有副教授以上职称或具有博士学位的专业教师，在自身科研和教研方面均颇有建树。报告内容涉及经济管理、语言文体、政治法律、工程科技（计算机科学技术、数学、电气信息、机械材料）等。

　　铜陵学院"举办百场学术报告"的宗旨是坚持以科研促教学，打造学院严谨治学、潜心研究、精心教学、积极进取、锐意创新的教学科研团队，将教师的科研成果充实教学内容，及时传授给学生，在学院积极营造"无时不学术、无处不学术、无人不学术"的学术文化氛围。铜陵学院计划每年举办近 100 场学术报告，并出版一本《铜陵学院优秀学术报告集》，形成系列年刊，以供科研教学参考。

2014 年 10 月

目　录

经济·管理

安徽省产业集群发展的制度创新研究

冯德连

摘　要： 制度创新在产业集群发展中的作用，可以表述为网络的促进器、动态比较优势的催化剂和公共机构的建立者。在安徽省产业集群专业镇的制度创新方面，要继续遴选与认定安徽省产业集群专业镇，加强省级产业集群专业镇建设示范点建设，以及培育产业集群区域品牌。在安徽省园区产业集群的制度创新方面，要学习武汉光谷的经验，坚持集群发展、绿色集约、产城融合和示范带动，加强新型工业化示范基地建设，推进绿色低碳发展，以及推进开发区产城一体化和转型升级。在安徽省战略性新兴产业集群的制度创新方面，要加快建设第一批14个省级战略性新兴产业集聚发展基地，加快发展国家级战略性新兴产业区域集聚发展的试点，加快发展国家级创新型产业集群，以及加快实施重大产业应用示范工程。

关键词： 产业集群；产业集群专业镇；制度创新

近年来，安徽产业集群已从粗放式规模发展转向内涵整合提升阶段，成为推动县域工业化、城镇化的重要力量。但是，也还存在产业集群规模不大、层次不高、核心企业带动力弱、企业创新能力不强、产业集群内部分工协作关系不紧密、专业化社会化服务体系不健全等突出问题。如何通过制度创新推进安徽产业集群发展，已成为学界和政府关心的课题。

一、制度创新与技术创新的关系

（一）制度创新的重要性

制度是指约束人们社会、经济和政治行为的一系列规则。制度创新由政府管

作者简介： 冯德连（1962—），男，安徽明光人，铜陵学院副院长，教授，经济学博士，硕士生导师。

理创新活动的机构、机制、法律、政策等组成。其主要功能是为创新活动提供制度保障，并着力解决系统失效和市场失效的问题[1]。制度创新与技术创新两者之间是相互联系、相互作用的。制度创新主要解决生产关系方面存在的问题，而技术创新主要推动生产力的发展；制度创新是手段，技术创新才是目的，制度创新要为技术创新服务[2]。

（二）制度创新的经济分析

当现存制度安排的社会净效益小于另一种可供选择的制度安排时，就会产生一种新的潜在的制度需求，从而引发了制度创新的可能性。假定企业和政府均为理性经济个体，企业以收益最大化为目标进行技术创新，而政府以社会效益最大化为目标进行制度创新。假定两者的创新收益如下：

政府制度创新有 3 个单位的成本支出，可以带来社会效益的提高，创新总收益为 13 个单位，则政府进行制度创新的净收益为 10 个单位。

政府不进行制度创新有 0 个单位的成本支出，社会效益也为 0。

企业进行技术创新成本支出为 3 个单位，创新总收益为 5 个单位，其中外部经济性为 1 个单位，净收益为 3 个单位；但在制度环境不完善下，创新收益降低 1 个单位，净收益 2 个单位。

企业若不进行技术创新，直接成本为 0 个单位，净收益为 1 个单位（这个单位是由外部经济性而导致的）。

根据上述假定，企业和政府两个理性经济实体之间的博弈如表 1 所列。

表 1　企业与政府的博弈矩阵

	进行技术创新	不进行技术创新
进行制度创新	10∶3	10∶1
不进行制度创新	0∶2	0∶1

两者的均衡点为 10∶3，博弈的结果是政府和企业均倾向于进行创新。技术创新和制度创新是一个双向互动的自身组织过程，共同推动企业集群的发展。

制度创新在产业集群发展中的作用，可以表述为网络的促进器（Facilitator）、动态比较优势的催化剂（Catalyst）和公共机构的建立者（Builder），建立有效的激励机制以消除创新系统的系统无效。

二、产业集群专业镇的制度创新

（一）继续遴选与认定安徽省产业集群专业镇

2008 年开始，安徽省经济与信息化委员会认定了四批产业集群专业镇，合计 189 个。认定条件：当地支柱产业聚集度高、特色鲜明、成长性好，具有一定的规模和较强的市场竞争力，并对地方经济发展有显著支撑和示范带动作用的镇。具体标准：特色行业（含产业链上的相关企业）主营业务年收入达到或超过 5 亿元；特色行业（或产品）年上缴税金达到或超过 500 万元（对享受国家税收优惠政策的行业或产品除外）；特色行业（或产品）企业数达到或超过 30 户，其中骨干企业不少于 5 户；特色行业（或产品）拥有省级以上（含省级）著名商标数、名牌产品、拥有授权专利数合计达到或超过 5 个；主导产品在国际、国内有一定的市场占有率；发展环境及专业镇内服务体系建设基本完善。截至 2014 年 12 月底，安徽省 149 个产业集群专业镇共有注册企业 24770 户，其中规模以上企业数为 3719 户，从业人员 137.15 万人，全年实现增加值 1465.87 亿元，上缴税金 212.7 亿元，实现利润 463.86 亿元。

从产业集群专业镇规模来看，其中营业收入为百亿元以上的专业镇 13 个，50～100 亿元的专业镇 21 个，10～50 亿元的 75 个，10 亿元以下的 40 个。从专业镇特色产业来看，超过 100 亿元规模的专业镇为家电制造、电线电缆、再生铅生产、金属冶炼及压延加工、仪器仪表、电子电器、汽车零部件、机械制造等特色产业[3]。总体上看，安徽专业镇多数仍处在成长阶段，与广东、浙江等发达地区相比差距很大。同期浙江块状经济 10 亿元以上的超过 400 个，广东省 20 亿元的产业集群专业镇超过 300 个。继续遴选与建设安徽省产业集群专业镇，一方面要扩大产业集群专业镇规模；另一方面每年遴选认定一次产业集群专业镇试点，成熟一批，认定一批。

（二）加强安徽省产业集群专业镇示范点建设

《关于公布安徽省产业集群专业镇建设示范点名单的通知》（皖经信中小服务〔2015〕3 号）中提出的六项标准是：产业集聚度高、产业成长性好、产业创新力强、产业带动力强、公共服务好和发展环境好。用六项标准选取 30 个镇为安徽省产业集群专业镇建设示范点，见表 2 所列。

表 2　安徽省产业集群专业镇建设示范点名单

序号	市	镇	特色产业	序号	市	镇	特色产业
1	合肥	肥西县桃花镇	家电制造	16	六安	叶集镇	木材家具加工
2		肥东县撮镇镇	机械加工	17	马鞍山	博望区博望镇	机械制造
3		长丰县岗集镇	汽车零部件	18		当涂县黄池镇	食品加工
4		巢湖市槐林镇	渔网渔具	19	芜湖	无为县高沟镇	电线电缆
5	淮北	相山区渠沟镇	农副食品	20		繁昌县孙村镇	纺织服装

（续表）

序号	市	镇	特色产业	序号	市	镇	特色产业
6	亳州	谯城区十八里镇	中药材种植加工	21	宣城	泾县丁家桥镇	宣纸生产加工
7	蚌埠	淮上区小蚌埠镇	机械加工	22		宁国市中溪镇	橡塑及汽车零部件
8	阜阳	阜南县黄岗镇	柳编工艺品	23	铜陵	铜陵县钟鸣镇	电子元器件
9		界首市光武镇	再生塑料生产加工	24	池州	东至县香隅镇	精细化工
10	淮南	凤台县桂集镇	农产品加工	25	安庆	桐城市新渡镇	包装印刷
11		天长市秦栏镇	电子电器	26		潜山县源潭镇	制刷
12	滁州	天长市铜城镇	仪器仪表、电线电缆	27		桐城市金神镇	机械加工
13		天长市冶山镇	玩具	28		望江县华阳镇	纺织服装
14		来安县汉河镇	轨道车辆配件	29	黄山	歙县徽城镇	电器机械及器材
15	六安	霍山县衡山镇	冶金铸造、包装制品	30		休宁县溪口镇	汽车零部件

安徽省产业集群制度创新的要求是 10 个更加注重 1 个加快：更加注重规划引领，更加注重创新驱动发展，更加注重低碳绿色发展，更加注重发展配套经济，更加注重新兴产业培育，更加注重发挥龙头企业牵引作用，更加注重品牌建设，更加注重新型商业模式应用，更加注重服务体系建设，更加注重发挥企业家才能，加快培育融合新型工业化、城镇化、信息化和农业现代化的增长点、创新点和爆发点。

（三）培育产业集群区域品牌

良好的区域品牌可以树立区域、企业和产品差异化形象，打造垄断竞争市场结构，预防国外反倾销，预防柠檬市场，促进企业自主创新。更主要的是吸引消费者眼球。信息经济是眼球经济，是注意力经济，谁得到政府支持、吸引消费者注意，谁就能发展。

应借鉴浙江省的经验，培育产业集群区域品牌。政府组织开展区域品牌策划，明确区域品牌的核心价值、品牌内涵和品牌定位。

浙江省根据《关于开展创建产业集群区域国际品牌试点工作的通知（浙转升办〔2011〕27 号）》，认定了两批产业集群区域国际品牌。浙江省产业集群示范区区域国际品牌第一批试点名单（2011 年）是：海宁皮革产业集群示范区（"海宁皮革"区域国际品牌），永康（含武义缙云）五金产业集群示范区（"永康五金"区域国际品牌），诸暨大唐袜业产业集群示范区（"大唐袜业"区域国际品牌），萧山化纤纺织产业集群示范区（"萧山化纤纺织"区域国际品牌），温州鞋业产业集群示范区〔"温州（国际）鞋都"区域国际品牌〕，路桥金属再生资源产业集群示范区（"台州金属再生"区域国际品牌）。浙江省产业集群示范区区域国际品牌第二批试点名单（2012 年）是：绍兴县纺织产业集群示范区（"绍兴县纺织"区域国际品牌），嵊州领带产业集群示范区（"嵊州领带"区域国际品牌），安吉椅业产业集群示范区（"安吉椅业"区域国际品牌），余杭家纺产业集群示范区（"余杭家纺"区域国际品牌），永嘉泵阀产业集群示范区（"永嘉泵阀"区域国际品牌），临海休闲用品产业集群示范区（"临海休闲用品"区域国际品牌），兰溪纺织产业集群示范区（"兰溪纺织"区域国际品牌）。

三、园区产业集群的制度创新

截至 2014 年年底，安徽省有 175 家省级开发区，18 家国家级开发区。全年开发区前三位主导产业实现经营（销售）收入 18174.5 亿元，占全区经营（销售）收入的 54.4%。随着主导产业的加快聚集，一批产业集群初步形成，如合肥经开区已初步形成装备制造、家电电子和汽车及零部件产业集群，2014 年三大产业产值均已超 500 亿元；无为高沟开发区已经聚集电线电缆制造企业近 200 家，2014 年产值已突破 400 亿元。安徽省部分国家级开发区主要经济指标见表 3。

表 3   2014 年国家级开发区主要经济指标

指　标	合肥高新技术产业开发区	合肥经济技术开发区	芜湖经济技术开发区	芜湖高新技术产业开发区	蚌埠高新技术产业开发区
企业经营收入（万元）	19839751	34671515	21625915	9291128	4176080
工业总产值（万元）	10559185	24602929	15864358	7454859	2062952
指　标	马鞍山经济技术开发区	马鞍山慈湖高新技术开发区	铜陵经济技术开发区	安庆经济技术开发区	滁州经济技术开发区
企业经营收入（万元）	4162964	3465113	8260000	9074388	6086300
工业总产值（万元）	3080993	2642117	6500000	5739437	4345277

安徽省园区产业集群的制度创新应加强以下几方面的工作。

（一）学习武汉光谷的经验

武汉光谷（武汉东湖新技术开发区）是园区产业集群发展的典范，是中国光电子信息技术实力最雄厚的地区，是中国最大的光纤光缆及光电器件基地、最大的光通信技术研发基地、最大的激光产业基地。

1988 年 10 月，东湖新技术开发区正式成立，定位发展光谷产业。1991 年，国务院批准东湖新技术开发区为国家级高新技术产业开发区。东湖新技术开发区注册企业达 2.4 万家。光谷拥有华工科技、武汉凡谷、烽火通信、凯迪电力、东湖高新、人福科技、长江通信、光迅科技、精伦电子、三特索道等上市公司 30 多家，新三板挂牌企业 30 多家。2013 年，高新区企业完成总收入 6517 亿元。

武汉东湖高新技术开发区是首批国家级高新技术产业开发区和经国务院批准的第二个国家自主创新示范区，科技创新和战略性新兴产业发展成效显著，在行政服务特区、创新创业特区、科技金融特区、对外开放特区建设上形成了特色。

（二）坚持集群发展、绿色集约、产城融合和示范带动

安徽省园区存在产业定位趋同的问题。全省 18 家国家级开发区中有 10 家将汽车及相关产业列为主导产业。产业层次不高，部分开发区企业主要以低端加工制造为主，产品附加值较低，特别是县域开发区农副食品加工、纺织、木材加工和玩具制造等劳动密集型产业占主导，全省 86 家县域开发区中将上述产业列为主导产业的达 48 家。要明确各类开发区集群化发展方向，增强开发区集聚要素能力，支持具备条件的开发区聚焦发展战略性新兴产业，做大做强主导产业。以开发区为主要载体，初步形成合肥电子信息、芜湖汽车及零部件、马鞍山装备制造、铜陵铜基新材料等一批主导产业集群。例如：芜湖市的 15 家开发区中有 8 家围绕汽车及零部件产业进行发展。合肥新站综合开发试验区的平板显示、郎溪十字经开区的经编、无为高沟经开区的电缆等一批特色产业园区。要加大招商力度，壮大产业支撑。在招商方式上，加快实现由政府招商向企业招商转变，由优惠政策招商向优化环境招商转变，由引进单一项目向延长产业链条、培育产业集群转变。

（三）加强新型工业化示范基地建设

工业和信息化部 2009 年《创建国家新型工业化产业示范基地管理办法（试行）》规定：国家新型工业化产业示范基地是指以可持续发展为前提，以产业集聚为主要特征，以工业园区为主要载体，主导产业特色鲜明、水平和规模居全国领先地位，在产业升级、"两化融合"、技术改造、自主创新、军民结合、节能减排、效率效益、安全生产、区域品牌发展和人力资源充分利用等方面走在全国前列的产业集聚区。工业和信息化部开展了六批认定工作，认定了 301 个，安徽省

有 11 个，见表 4。

表 4　安徽省国家新型工业化产业示范基地

批　次	国家新型工业化产业示范基地
第一批（2010 年 1 月 18 日）	汽车产业·安徽芜湖经济技术开发区 家电产业·安徽合肥经济技术开发区
第二批（2010 年 12 月 14 日）	铜及铜材加工·安徽铜陵经济开发区
第三批（2012 年 1 月 11 日）	军民结合·合肥高新技术产业开发区 电子信息（新型平板显示）·合肥新站区 军民结合·安徽芜湖高新技术产业开发区
第四批（2013 年 1 月 31 日）	家电·安徽滁州经济技术开发区 硅基新材料·安徽蚌埠高新技术产业开发区
第五批（2014 年 1 月 18 日）	钢铁及深加工·安徽马鞍山经济技术开发区
第六批（2015 年 2 月 26 日）	装备制造（特种电缆）·安徽无为 汽车（新能源汽车）·合肥包河工业园区

（四）推进绿色低碳发展

支持创建国家级循环化改造示范试点园区、低碳工业园区等绿色园区。国家发展改革委办公厅、财政部办公厅下发《关于同意丽水经济技术开发区等 25 个园区循环化改造实施方案的通知》（发改办环资〔2015〕1468 号），公布了全国 25 个 2015 年园区循环化改造示范试点名单，我省叶集经济开发区成功入围。叶集经济开发区木竹产业发达，基本形成了原木原竹收购、板材家具加工、剩余物综合利用的产业链，2015 年上半年实现工业总产值 75 亿元。

2015 年 8 月 29 日，工业和信息化部、国家发展和改革委员会发布实施方案论证通过的国家低碳工业园区试点名单（第一批），安徽有两家入选，即合肥经济技术开发区和池州经济技术开发区。

（五）推进开发区产城一体化和转型升级

国家发展改革委办公厅颁布了《关于开展产城融合示范区建设有关工作的通知》（发改办地区〔2015〕1710 号），要求依托现有产业园区，在促进产业集聚、加快产业发展的同时，顺应发展规律，因势利导，按照产城融合发展的理念，加快产业园区从单一的生产型园区经济向综合型城市经济转型，为新型城镇化探索路径，发挥先行先试和示范带动作用，经过努力，该区域能够发展成为产业发展基础较好、城市服务功能完善、边界相对明晰的城市综合功能区。

国家发展改革委颁布了《关于建设长江经济带国家级转型升级示范开发区的

实施意见（发改外资〔2015〕1294号）》，要求以示范开发区为引领和示范，推动长江经济带产业优化升级，实现长江上中下游地区的良性互动。

四、战略性新兴产业集群的制度创新

2014年安徽省战略性新兴产业发展势头良好，总量规模持续扩张。全省战略性新兴产业实现产值8378.9亿元。八大产业中，产值超过千亿元的有三个，其中电子信息产业和高端装备制造产业产值超过2000亿元，分别为2323.6亿元和2163.2亿元；新材料产业产值1724.5亿元。战略性新兴产业集群的制度创新要注重以下工作。

（一）加快建设第一批14个省级战略性新兴产业集聚发展基地

《安徽省人民政府关于加快建设战略性新兴产业集聚发展基地的意见》（皖政〔2015〕48号）提出了按照战略思维、遵循规律、立足现有、放眼前沿、市场引领、政策支持的基本原则，以及产业领域、产业基础、龙头企业、创新能力、支撑项目等五个方面的遴选条件。后来省政府又公布了遴选第一批14个安徽省战略性新兴产业集聚发展基地的名单（皖政秘〔2015〕166号），即合肥新站区新型显示产业集聚发展基地，合肥高新区集成电路产业集聚发展基地，合肥高新区智能语音产业集聚发展基地，合肥、芜湖新能源汽车产业集聚发展基地，亳州谯城经开区现代中药产业集聚发展基地，蚌埠硅基新材料产业园硅基新材料集聚发展基地，阜阳太和经开区现代医药产业集聚发展基地，滁州市经开区智能家电产业集聚发展基地，马鞍山经开区先进轨道交通装备产业集聚发展基地，芜湖鸠江经开区机器人产业集聚发展基地，芜湖三山经开区现代农业机械产业集聚发展基地，宣城宁国经开区核心基础零部件产业集聚发展基地，铜陵经开区铜基新材料产业集聚发展基地，以及安庆高新区化工新材料产业集聚发展基地。

要以加快建设第一批14个战略性新兴产业集聚发展基地为突破口，扎实推进国家级和省级战略性新兴产业集聚发展基地建设，充分发挥基地在产业转型升级中的示范带动效应。重点发展新一代信息技术、智能装备、先进轨道交通装备、海洋工程装备和高端船舶、航空航天装备、节能和新能源汽车、新材料、新能源、节能环保、生物医药和高端医疗器械等新兴产业[4]。

（二）加快国家级战略性新兴产业区域集聚发展试点工作

2013年安徽省战略性新兴产业区域集聚发展试点实施方案获得国家发改委办公厅、财政部办公厅批准。安徽省新型显示产业和机器人产业的区域集聚发展成为国家试点。批复指出，新型显示产业和机器人产业是战略性新兴产业的重点发展方向，对于转变经济发展方式、调整产业结构具有重要的意义。基于安徽省在新型显示产业和智能装备产业领域形成的区位优势、产业发展体系和实施方案提出的发展思路、目标、任务和保障措施，原则同意支持新型显示产业、机器人产业集聚发展试点方案。我省的两个国家战略性新兴产业区域集聚发展试点，分别是合芜蚌的新型显示产业试点和芜马合的机器人产业试点。

（三）加快发展国家级创新型产业集群

创新型产业集群试点认定管理办法（国科发火〔2013〕230 号）认为，创新型产业集群是指产业链相关联企业、研发和服务机构在特定区域集聚，通过分工合作和协同创新，形成具有跨行业跨区域带动作用和国际竞争力的产业组织形态。国家科技部认定了两批 32 个创新型产业集群，安徽省有 2 个，即合肥基于信息技术的公共安全创新型产业集群（合肥高新区管委会）和芜湖新能源汽车创新型产业集群（芜湖高新区管委会）。

（四）加快实施重大产业应用示范工程

政策支点由企业向最终用户转变。按照"新技术创造新应用、新应用催生新需求、新需求带动新产业"的思路，通过购买价格补贴、消费税减免、消费贷款贴息等方式补贴最终用户，推进战略性新兴产业的应用，同时，加大政府采购本省战略性新兴产品的力度[5]。

参考文献：

[1] 赵黎明，等. 城市创新系统 [M]. 天津：天津大学出版社，2002：94 - 95.

[2] 易风华. 关于国有企业创新的若干问题研究 [D]. 武汉：武汉理工大学，2002 - 10 - 01.

[3] 安再祥. 安徽省产业集群专业镇发展迅速 [N]. 中国工业报，2015 - 03 - 26.

[4] 中共安徽省委，安徽省人民政府. 加快调结构转方式促升级行动计划（皖发〔2015〕13 号）[EB/OL]（2015 - 9 - 21）Ah. Anhuinews.com.

[5] 冯德连. 皖江城市带战略性新兴产业集群发展研究 [J]. 安徽工业大学学报（社会科学版），2013，(1).

促进主体功能区人口合理布局的财政政策

徐诗举

　　摘　要：主体功能区规划既注重"物"的空间流动，也注重"人"的空间流动，人口迁移与布局必须与主体功能区规划相适应。我国人口布局与主体功能区规划严重不协调，主要表现为人口布局与生态环境的不协调、经济集聚与人口布局情况极不相称、人口迁移趋势与主体功能区规划相悖。当前应积极利用财政政策，消除全国劳动力市场形成的主要制度或体制性障碍，促进限制、禁止类开发区的人口流出，增强重点、优化类开发区吸纳人口的能力，引导人口向目标功能区合理流动。

　　关键词：主体功能区；人口布局；环境资源承载力；财政政策

　　从区域或空间范围来看，只有人口布局与生态环境承载力、经济集聚程度等相一致，才能实现区域协调发展。然而，我国人口、资源与环境缺乏空间分布的协调性，人口分布与流动不适合主体功能区建设的要求，必须积极发挥政府的主导作用，积极利用财政政策，引导人口向目标功能区合理流动。

一、我国人口分布与流动不适合主体功能区建设的要求

　　我国人口布局与主体功能区规划严重不协调，主要表现在以下几个方面：

　　（一）人口布局与生态环境的不协调

　　一些环境资源承载力较弱且承担全国或区域性生态功能的地区人口超载现象严重，导致生态破坏严重。从东、中、西三大地区来看，东部地区为人口净迁入

　　基金项目：本文受到国家社科基金项目"促进人口布局与主体功能区规划相协调的财政政策研究"（12BJL070），教育部人文社科规划基金项目"主体功能区视阈下的城乡土地置换问题研究——以皖江城市带为例"（12YJA790157），铜陵学院人才科研启动基金项目"主体功能区建设背景下政府间转移支付制度创新研究"（2011tlxyrc03）和铜陵学院学术带头人及后备人选科研项目"促进安徽农村劳动力转移的财政政策研究——基于农产品主产区发展战略的视角"（2014tlxyxs13）的资助。

　　作者简介：徐诗举（1968—）男，安徽长丰人，铜陵学院教授，博士。

地区，中部地区为人口净迁出地区，西部地区人口迁入迁出大体相当[1]。而且受民族人口政策和生育观念等影响，我国西部生态环境脆弱地区的人口自然增长率高于全国平均水平。例如，2007 年全国人口平均增长率为 5.17‰，而新疆为 11.78‰、宁夏为 11.30‰、西藏为 9.76‰、青海为 8.80‰、广西为 8.20‰、云南为 6.86‰、贵州为 6.68‰[2]。这些地区的人口超载率为 30%。人口的生态环境超载引发的问题是十分严重的，例如，我国西北地区大部分是干旱缺水、植被覆盖率低的生态环境脆弱地区，但是由于人口超载，植被破坏，因而西北地区成为沙尘暴的主要沙源地；三江源地区无节制的人口增加，加剧了生态环境恶化和水源涵养能力减退，导致三江中下游广大地区旱涝灾害频繁，危及长江、黄河流域的生态安全。

（二）经济集聚与人口布局情况极不相称

相对于经济欠发达的限制开发区，一些经济发达的优化开发区和重点开发区集聚的人口数量过少，引发区域间收入差距的悬殊。从国际经验看，经济总量集聚的地区，同样应该是就业机会多、人口相应集中的地区。如美国、日本人均 GDP 的地区差距，最高的地区不过是最低的地区的 2 倍左右。日本三大都市圈提供了全日本 70% 的 GDP，集中了 65% 的人口，地区之间人口分布与经济布局是均衡的，区域之间的发展也比较协调。目前我国东部的环渤海、长三角和珠三角等三大优化开发区集中了全国 40% 的 GDP，却只居住全国 20% 的人口，导致人均收入相对过高；中西部地区的农产品主产区既是人口密集区，也是经济欠发达地区，导致人均收入相对较低。我国人均 GDP 最高的省区是最低省区的十多倍，2004 年西部、中部和东北地区的人均 GDP 分别相当于东部地区 37%、42% 和 66%。

（三）人口迁移趋势与主体功能区规划相悖

一些环境资源承载力较强的重点开发区人口集聚能力不强，一些生态环境脆弱的限制与禁止开发区人口迁移较慢。根据主体功能区规划的要求，优化、重点类开发区域将是我国的主要经济聚集区域，也是全国主要城市化地区，到 2020 年要集中全国 60% 左右的人口和 70% 左右的经济总量[3]，实现人口分布与经济分布相匹配，实现人均 GDP 的空间上基本均衡，从而有利于各类主体功能区之间居民收入差距的缩小。例如，1995—2000 年，新疆、宁夏、西藏、云南等省

① 牛雄. 主体功能区构建的人口政策研究 [J]. 改革与战略，2009，（4）.
② 熊理然，成卓，李江苏. 主体功能区格局下中国人口再布局实现机理及其政策取向 [J]. 城市，2009，（2）.
③ 全国主体功能区规划（2009—2020 年）——构建高效、协调、可持续的美好家园（征求意见稿）.

（区）均是人口净迁入地区。在安徽省，国家级重点开发区的皖江城市带部分地区甚至出现人口的负增长，而国家级限制开发区淮北平原和皖西大别山生态功能区的人口增长率较快①。杨金花（2007）根据 2000 年人口普查数据计算得出，我国人口流动主要表现为重点开发区域流向优化开发区域，限制、禁止开发区域人口流出量较小。具体的主体功能区人口流动情况如表 1 所列。

表 1　主体功能区人口流动情况表

重点开发区域	优化开发区域
人口净迁出（－1664 万）	人口净迁入（＋1727 万）
限制、禁止开发区域	人口净迁出（－163 万）

　　资料来源：杨金花 . 主体功能区建设中人口区际迁移问题研究报告［R］. 国家发改委规划司规划处，2007。

二、促进主体功能区人口合理布局的财政政策

国内外的实践表明，政府在促进人口跨区域迁移中应起积极的主导作用。目前，我国应当积极发挥财政政策的作用，促进人口布局与主体功能区规划相协调。具体政策包括以下几方面：

（一）促进全国劳动力市场形成的财政政策

目前，全国劳动力市场形成的主要制度或体制性障碍包括户籍制度改革滞后、社会保障统筹层次过低、农地流转制度不健全等。因此，财政政策必须有利于消除上述制度或体制因素，促进全国劳动力市场的形成。

1. 改革户籍制度

我国目前是世界上少数保留户籍制度国家之一，户籍制度不仅阻碍劳动力地区迁移，还阻碍劳动力在城乡之间流动。2005 年，我国农民工人数为 12578 万人②，由于户籍制度的限制，不能成为当地真正的居民，农民工在为发达地区城镇创造税收的同时，他们本人及其家属不能享受当地居民相同的教育、医疗、住房、社会保障等基本公共服务，导致劳动人口与赡养、抚养人口出现空间分离，中国特有的春运人流高峰、农村"留守儿童"和农村"空巢老人"等都是因为这种不合理的户籍制度所付出的高昂社会代价。改革户籍制度难以一步到位，应遵循循序渐进的原则，分清轻重缓急，当前重点解决进城务工人员及其家属的定居

---

　　①　发展规划司经济结构处 . 我国区域发展不协调的实质［EB/OL］. 国家发改委网站 .
　　②　国家发改委规划司 . 我国区域发展不协调的实质［EB/OL］. 国家发改委网站 .

落户问题，从根本上消除目前我国城市在就业、教育、住房和社会保障等方面的歧视性政策。

2. 提高社会保障统筹层次

目前，我国社会保障制度统筹层次过低，很多地方都是以县（市）为统筹单位，不仅难以分散社会保障风险，而且阻碍了劳动力异地就业和跨区域流动。按照国际上的经验，一般是全国统筹比较合理。考虑到养老保险待遇与就业或缴费年限直接挂钩，因此，当前应当重点着手研究制订基础养老金全国统筹方案，做好职工基本养老保险关系转移接续工作。

3. 促进农村土地承包经营权流转制度改革

2005 年农业部颁布的《农村土地承包经营权流转管理办法》规定，农村土地承包经营权流转期限不得超过承包经营权剩余期限，我国第二轮土地承包基本上是从 1996 年开始的，耕地的承包经营期限是 30 年，也就是说，目前第二轮土地承包经营权剩余期限平均只有 15 年了，越到后来，剩余期限越短，因此，这实际上不利于土地经营权承包人或受让人对土地的投入，限制了土地使用权的流转。因此，建议赋予农民永久性土地承包经营权，以促进土地承包经营权的流转。此外，各级财政加大资金投入，改善交通、水利等基础设施状况。政府要鼓励土地规模化经营，并为土地承包经营权转入方提供信贷、技术、信息、税费政策等方面的支持。

（二）促进限制、禁止类开发区域人口流出的财政政策

一般而言，限制、禁止类开发区域人口流出，主要通过三种形式：一是组织、引导当地农民流向重点、优化类开发区域的城镇务工；二是提高当地高考升学率，让更多青年人通过接受高等教育形式，走向城市；三是对一些需要采取特殊保护措施的禁止开发区域，实施整建制搬迁。因此，财政政策必须有利于促进限制、禁止类开发区域劳动力向目标区域流动，有利于促进基础教育质量和高考升学率的提高，为做好非自愿移民安置工作提供必要的资金支持。

1. 促进劳动力向目标区域流动

上级政府对限制、禁止类开发区域的财政补助要与当地劳动力输出情况紧密挂钩，对组织劳务输出活动提供必要的资金支持，引导、促进人口外流。限制、禁止类开发区域政府人力资源管理部门，应根据当地劳动力传统上的主要流向以及国家区域发展政策等，选择劳动力输出的"目标区域"，并在"目标区域"设立就业联络机构，为本地居民提供就业服务，同时搜集就业信息并及时反馈到本地政府人力资源管理部门。本地政府人力资源管理部门应向当地居民及时公布就业信息，并接受居民咨询，为其提供就业指导，并结合具体职业和岗位的需求情况，对农民提供免费的职业培训，以提高其就业竞争能力。限制、禁止类开发区

域政府提供就业服务流程如图 1 所示。

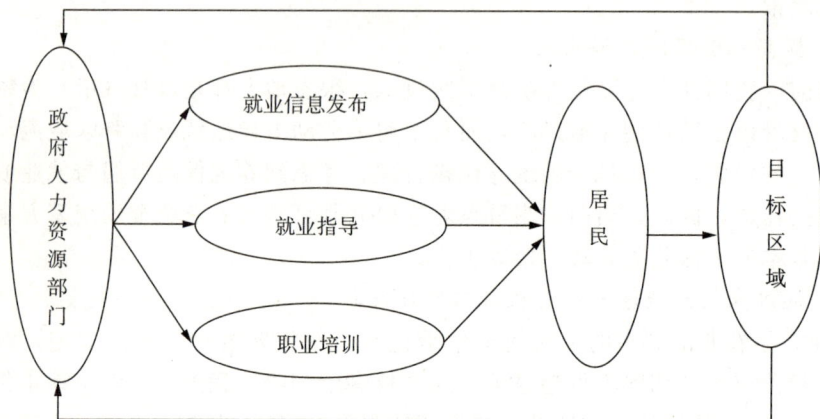

图 1　限制、禁止类开发区域政府提供就业服务流程图

2. 提高基础教育质量

财政要加大对限制、禁止类开发区域基础教育的投入。限制、禁止类开发区域基础教育质量的提高，一方面可以提高当地新生劳动力的文化素质，有利于提高其就业竞争能力，促进劳动力向外流动；另一方面，我国高等教育已经逐步迈向大众化阶段，高考毛入学率还会进一步提高，提高限制、禁止类开发区域的基础教育质量，必将有利于提高这些区域的高考入学率，让更多青年通过接受高等教育的方式，离开草原和山区，走向城市。必须指出，这些年，随着农村劳动力人口不断流出，一些地方农村中小学的生源日趋萎缩，农村基础教育面临的矛盾，是由过去的数量不足，转变为质量不高。因此，限制、禁止类开发区域，应当把重点放在提高教育教学质量上，逐步缩小城乡教育质量上的差距。财政要加大对限制、禁止类开发区域的基础教育投入力度，重点放在做好学区整合，改进教学设施，改善教学条件，提高教师待遇，使一些教学水平高的教师能够引进来、留得住。

3. 做好非自愿移民安置工作

对一些生态环境恶化严重或者由于其他因素需要紧急移民，以便采取特殊保护措施的禁止开发区域，可以采取生态移民政策，财政必须提供一定的生态补偿资金。这类移民一般会涉及众多非自愿移民问题，为了避免出现生态难民，维护社会稳定，政府应灵活采用多种移民补偿方案，供当地居民结合各自的不同情况，自行选择。针对一些就业能力较强的青壮年居民，主要提供就业培训和适当的异地就业补贴，鼓励其进城务工；对老年人主要提供适当的养老、医疗等社会保障待遇，以保证其老有所养；根据需要，选择一定数量居民，对其进行必要的培训，让其留在原地，进行生态与旅游景点维护工作；对一些习惯于传统生产与生活方式的居民，在不超过生态环境承载力的情况下，也可以就近选择适当的移民安置点，实施移民搬迁。

（三）提高优化、重点类开发区域人口接纳能力的财政政策

目前，财政政策促进提高优化、重点类开发区域接纳人口能力，让外来务工人员进得来、稳得住，成为真正的居民，主要应做好两个方面工作：一是要增加城市基本公共服务供给数量，保证外来务工人员能够享受当地居民相同的基本公共服务；二是加强对"一类城市"周边卫星城镇建设，缓解城市中心交通、环境压力，降低房价，增加投资与就业。

1. 增加城市基本公共服务投入

目前，重点、优化开发区域城市基本公共服务突出矛盾表现为数量供给不足，由其导致基本公共服务上的歧视性政策。因此，财政要增加对住房、教育、公共卫生、社会保障等方面的投入，提高吸纳限制、禁止类开发区域人口的能力。以基础教育为例，首先，将目前的"农民工子弟学校"纳入公办学校系列，使其在财政拨款、教师编制等方面享有与公立学校的同等待遇；其次，取消当前"盛行"的择校费，让农民工子女就近入学。

2. 加强"一类城市"[①]周边卫星城镇建设

目前优化、重点类开发区域的"一类城市"，存在人口膨胀、交通拥挤、环境污染、房价过高等严重问题。尤其是房价过高，将会抑制人口流入。因此，应当借鉴日本针对"过密"地区的政策，加强对"一类城市"周边基础设施建设，实施"据点式"开发，加强卫星城镇建设，促使人口与工业投资向其周边地区分散，缓解"一类城市"中心区域的交通、污染以及房价过高的压力，同时将促进"一类城市"周边开发的土地政策、财税政策等与吸纳外来就业人数挂钩，鼓励其吸纳人口流入的积极性。

---

① 一般包括直辖市、特别行政区以及 GDP 大于 1600 亿元且市区人口大于 200 万的城市。2009 年全国"一类城市"有北京、天津、沈阳、大连、哈尔滨、济南、青岛、南京、上海、杭州、武汉、广州、深圳、香港、澳门、重庆、成都、西安等 18 个。

"公共品"传统界定存在问题与修正

游振宇

随着"围绕推进基本公共服务均等化和主体功能区建设，完善公共财政体系"战略的实施和推进，公共财政已经由学术象牙塔演化为各级政府的政策目标和政策行为。公共财政的基石——公共品，已是各级政府文件中频繁出现的字眼和市井百姓的谈资。当前学术界和各级政府部门对公共品的主流认识，主要依据西方对公共品传统理论标准——消费的非排他性和非竞争性，来辨别物品是否属于公共品。这固然有相当的积极意义，然而仔细考量，却发现越来越多的政府以"公共品"名义提供的物品和服务，与传统理论给定的标准并不吻合。是现实中政府职能出现了错位，还是传统理论关于公共品界定需要进行再认识？在公共财政国家战略实施的进程中，对这一问题必须做出回答。否则，以提供公共品为主要职责的政府就难以掌握自身的活动边界，公共财政的战略就有走样之虞。

一、公共品传统理论对"Public Goods"的认识

1. 萨缪尔森对公共品消费非竞争性标准的开创性研究

1954 年，萨缪尔森在 *The Pure Theory of Public Expenditure* 中对物品采取了"公共品—私人品"两分法，指出总消费量等于每个人消费加总（即当 $X_j = \sum_{j=1}^{n} X_j^i$）的物品为私人物品（Private consumption goods）；当物品（$X_{n+1}, \ldots, X_{n+m}$）每一个人的消费量都等于该物品的总量（即 $X_{n+j} = X_{n+j}^i$）时，该物品为集体消费物品（collective consumption goods）。萨缪尔森在 1955 年的 *Diagrammatic Exposit on of a Theory of Public Expenditure* 一文中，用图解的形式对纯公共品的数学表达进行解释，并对"公共品—私人品"极端两分法适用性的质疑进行回应，隐含地传递了存在介于纯公共品和私人物品之间的混合物品谱系。

作者简介：游振宇（1973—），男，四川广安人，财税与公共管理学院副教授，经济学博士。

2. 马斯格雷夫（Musgrave）将"消费非排他性"原则的引入

马斯格雷夫（1959）在 *The Theory of Public Finance* 中认为，私人品价格的价格排他性原则对"社会需要"并不适用，社会需要"任何人无论是否付费，都可以同等地消费，必须将联合消费（joint consumption）和非排他性原则的不适用性结合起来"。由于消费者数量增加但边际成本为零的非竞争性，使得排他没有必要，因而联合消费比非竞争性更为重要[1]。1969 年，马斯格雷夫用"消费的非竞争性"替代其在 1959 年提出的"联合消费"。至此，公共品传统理论关于公共品判定的二元标准形成，消费的非竞争性标准和非排他性标准。

3. 公共品传统理论对公共品界定标准外延的拓展

马斯格雷夫（1959，1969）将公共品的消费非排他性与萨缪尔森（1954，1955）提出的公共品消费的非竞争性结合，形成当代公共品传统理论对公共品界定二元标准。众多学者以此为基础，对公共品概念的外延进行了拓展：（1）消费效用的不可分性。公共品消费效用的不可分性（no−divisibility），是指公共品一旦提供，难以将该物品的效用在不同的个体或集团之间进行分割，可以为所有社会成员共同消费，正如斯蒂文斯指出的那样，"公共物品的生产和消费是不可分的，它不能分割出售"[2]。（2）消费的强制性。公共品消费的强制性（enforce-ability），是指公共品一旦提供，个体无论是否喜好，也无论偏好程度的强弱，都只能被动接受。

4. 公共品传统理论对公共品界定标准内涵的丰富

众多学者对公共品传统界定的核心标准（消费的非竞争性和非排他性）的内涵进行了丰富。主要表现为：鲍德威、威迪逊和金格马等人认为同时由多个个体共同消费的商品就是公共品，无须考虑物品是否可以由多人共同消费[3]。奥斯特罗姆夫妇将消费上是否具有排他性和共同性作为区别私人产品和公共产品的两个定义性标准。[4]奥尔森以排他是否可能和可行为标准，将"如果一个集团 X_1 … X_i … X_n 中的任何个人 X_i 能够消费它，它不能排除集团中的其他人消费"的物品界定为公共品。[5]布鲁斯·金格马认为排他不是判断公共产品的依据，公共产品可以是排他，也可以是非排他的[6]。美国财政学家哈维·S. 罗森从消费是否具备竞争性和排他性将物品分成共用品（public goods）和私人品（private goods），指出在一定程度上具备竞争性和排他性的物品为非纯共用品（impure public goods），同时具备竞争性和排他性的物品为纯共用品（pure public goods），市场条件和技术状况可以使物品由非排他变为排他，由非竞争变为竞争，从而由原来共用品的属性转化为私人品的属性，诚信、收入分配以及信息因为具备非排他性而成为公用品[7]。

总之，围绕消费非竞争性和非排他性为核心，西方学者对公共品定义标准的内涵进行了持久和深刻的丰富，对公共品的界定出现以下特点：以萨缪尔森和马斯格雷夫为代表，强调公共产品的非竞争性和非排他性；以美国的鲍德威（Robin W. Boadway）和威迪逊、哈维·S. 罗森以及奥斯特罗姆夫妇为代表，强调公共产品的共用性；以奥尔森为代表强调非排他性；以金格马为代表强调非竞争性。

二、公共品传统理论对公共品界定面临的难题

公共品传统理论对公共品的界定，对于人们认识公共品，明确政府的活动范围，无疑起着极其重要的作用。同时人们对其外延的拓展和内涵的丰富，使得公共品的理论界定更好地向现实切近。然而人们对公共品传统定义的质疑，几乎与定义的产生与发展同步，主要表现为以下几点：

其一，为何满足公共品传统理论标准的纯公共品在现实中几乎不存在？公共品传统理论认为，同时具备消费非排他性和非竞争性的物品为纯公共品，主流教科书以及多数研究文献中将诸如国防、路灯、法律制度、治安、知识、社会再分配等列为纯公共品，其中国防和灯塔最为典型。公共品传统理论认为：将一部分人排除在国防保护之外，不仅成本极高而且不可能，具有消费的非排他性。同时国防的边际成本不会因为受保护人数的变化而变化，具有消费的非竞争性，故国防是典型的纯公共品。同样，灯塔经营者几乎不能将拒绝付费的船只排除在灯塔指引范围之外，因而灯塔具有消费的非排他性。同时，船只数量的增加并不会导致灯塔经营成本的变化或妨碍其他船只获得灯塔的消费效用，具备消费的非竞争性，故灯塔是典型的纯公共品。果真如此吗？稍加推敲，就可以发现上述将国防和灯塔界定为纯公共品的理由似是而非，这些物品并不严格具备消费的非竞争性和非排他性。

一国内不同地区、不同集团受到国防的保护程度肯定存在一定的差别，"边远的阿拉斯加村民并不能得到同华盛顿特区或奥马哈、尼布拉斯卡同等的防务"[12]，阿拉斯加村民相对被排除在华盛顿特区水平的国家防务之外。国家防务并不严格具备消费的非排他性；随着受保护民众人数的增加到一定程度，国防的边际成本也会随之增加，其消费的非竞争性也非严格成立。因此国防只是在一定程度上具备消费的非排他性和非竞争性，只能算是准的公共品。对灯塔而言，为了保证船只安全的通行，灯塔的信号包含着如潮汐、流向流速、航道走向等复杂信息，通过技术手段将灯塔发出的信号加密，不付费的船只不能译出灯塔的加密信号，被排除在灯塔提供服务的范围之外。因此从技术的角度考察，灯塔消费的排他性并不严格成立。同理，公共品传统定义中列示的法律制度、知识、路灯等物品，都能找到排他性或竞争性的因素，并不严格符合同时具备消费非竞争性和

非排他性纯公共品的判定标准。Malkin 等学者由此尖锐指出，在一个社会中是公共品而在另一个社会中可能就是私人品[13]。严格符合公共品传统定义标准的纯公共品在现实中几乎不存在，人们不由得怀疑公共品传统定义的现实适用性。

其二，为何同一物品会在"纯公共品—准公共品—私人品"中的位置摇摆不定？良好的分类标准，应当保证分类结果清楚、完备和无重复，不会出现同一事物在同一标准下成为不同的类型。公共品传统理论以是否具备消费的竞争性和排他性两个维度，将物品分为纯公共品、公共资源类准公共品、俱乐部类的准公共品和私人物品四大类，这种"二维四分法"的分类标准貌似清楚，却导致同一事物在分类结果中反复摇摆。根据公共品传统理论的逻辑推理，得到这样的结果：同样一条道路，收费且拥挤时是私人品；某一时段该道路由拥挤状态变为畅通状态，就变为俱乐部类准公共品；道路通行状态由畅通恢复到拥挤状态，该道路就恢复为私人品。同一条道路，仅因为通行状态的变化，而在私人品和俱乐部类准公共品之间反复摇摆。由此类推，对道路收费与否，同一条拥挤的道路将在私人品与公共资源类准公共品之间反复摇摆，同一条不拥挤的道路将在俱乐部类准公共品与纯公共品之间反复摇摆。

道路在自身属性没有发生任何变化的情况下，只是因为收费与否和通行状态的变化，在四种不同类型的物品之间反复摇摆。尽管存在公共品提供主体多元化的发展趋势，但私人品主要由市场提供，纯公共品或准公共品主要由政府提供，仍是公共经济学的主流观点。按照这种观点逻辑推理得到的结果是：如果在是否拥挤或是否收费任何一个方面发生变化，道路在"纯公共品—混合品—私人品"的物品族谱中的位置就要发生变化，提供方式也应随之发生变化：当拥挤且收费时，为私人品，由市场提供；当不拥挤且不收费时，为纯的公共品，由政府提供。是否拥挤成为道路提供方更改的重要决定因素，在现实中似乎难以找到实例加以验证。

其三，为何公共品传统定义推演趋势与现实发展趋势之间会发生背离？公共品传统理论认为公共品的消费非排他性源于技术上不能排他或排他成本过高。随着技术的进步，越来越多的原来技术上不能排他或排他成本过高的公共品或准公共品将变为私人品。以电视信号为例，当以无线号发送的电视信号难以排除不付费的电视信号的消费者，此时的无线电视信号为公共品。随着科学技术的进步，将电视信号由无线发送方式改为加密有线方式，非付费者不得消费，此时有线电视信号不再是纯公共品。同样，将航道、流速等灯塔信号内容加密，不付费的船只不能译解已经加密的灯塔信号而被排除在灯塔服务的范围之外，灯塔不再是纯公共品变为私人品；采用专利的制度安排，在保护期限内，可以将不付费者排除在该项专利知识消费之外，此时知识就不再是纯的公共品。可见根据公共品传统理论的推演，随着技术的进步以及制度的安排，越来越多的物品由消费的非排他性变为可以排他性，由纯公共物品向私人物品转化，公共品或准公共品的种类将越来越少。然而现实的情况是由政府供给的公共品或准公共品的种类越来越多，从而出现了根据公共品传统定义推演公共品缩小的变化趋势与现实公共品扩大化的变化趋势之间的背离。是公共品提供的实践出了问题？还是公共品的定义需要进一步反思？

其四，为何大量不满足传统公共品定义判定标准的物品在现实中以公共品的形式予以提供？根据公共品的传统定义，消费上具备非排他性和非竞争性的物品为公共品，具备非排他性和非竞争性其中之一或弱化非排他性和非竞争性但未到完全排他和完全竞争程度的物品为准公共品，完全排他和完全竞争的物品为私人品。现实中将基础教育、公园、城市交通等当作公共品，几乎不存在反对意见，然而这些都难以归类为消费的非排他性和非竞争性传统定义标准的公共品。以城市交通为例，将不付费或付费不足的人排除在外技术上不仅可能而且成本较低，消费的非排他性并不成立；在交通工具的有限容量的边界点上，增加消费者必定导致其他消费者效用的下降，消费的非竞争性也并不成立。如此看来，地铁、公交汽车等城市交通工具应当属于具备消费排他性和竞争性的私人品，似乎更符合公共品传统定义的逻辑推理结果。同样在基础教育、公租房、基本医疗服务等物品和服务中，都能够找到消费排他性或竞争性的因素，难以按照公共品传统定义将其归类为由政府提供公共品的。传统定义对此的解释是这些物品具有正的外部性，其效用不能为提供者全部占有而导致市场供给不足，即具备正外部性的物品也可以看作是公共品。我们认为这种观点也是值得商榷的，衣食无忧的人对他人和社会无疑是具备正的外部性的，同样是具有正的外部性，为什么基础教育、公租房、基本医疗服务因具备正的外部性可以作为公共品由政府提供，而衣服、食品却作为典型的私人品由市场提供？因此，公共品的传统定义难以用消费非竞争性和非排他性令人信服地解释基础教育、公租房、基本医疗服务成为由政府以公共品名义予以提供的原因，也不能给出都具备正外部性的基础教育、公租房和基本医疗服务是公共品，衣服和食品却是私人品的理论依据。

其五，为何同一物品本身属性没有发生变化的条件下，会在"公共品—准公共品—私人品"之间漂移？我们从公共品传统定义关于物品在"公共品—准公共品—私人品"之间漂移可以得到如下解读：（1）在消费上部分竞争性或部分排他性是物品在"公共品—准公共品—私人品"之间漂移的根本原因。（2）某一物品在"公共品—准公共品—私人品"光谱似物品排列中的具体位置，由该物品本身具备的非竞争性与竞争性的对比程度以及非排他性和排他性的对比程度决定。（3）就某一具体物品而言，只要消费非竞争性与竞争性的对比程度以及非排他性和排他性的对比程度没有发生重大变化，该物品在"公共品—准公共品—私人品"光谱似物品排列中的具体位置就应当不变。即某一物品，只要消费的竞争性程度和排他性程度不变，不会在"纯公共品—准公共品—私人品"漂移。然而，公共品传统定义中关于物品因消费竞争或排他程度的不同而在"纯公共品—准公共品—私人品"中成光谱似排列的观点，难以解释同一物品在该排列中漂移的现实。以义务教育为例，世界多数国家将义务教育作为公共品加以提供，学术界和实践部门多无异议。我国将学前教育和高中教育排除在法定义务教育之外，这实在很难在公共品传统定义中找到理论依据：如果小学、初中教育因其具备正外部性而成为政府提供的公共品或准公共品，难道学前教育和高中教育就不具备正的外部性？同是学前教育和高中教育，我国部分地方（如陕西神木县、吴起县）将其纳入地方义务教育的公共品的范围，而其他地方因其不在《义务教育法》规定的义务教育范围之列而作为私人品。学前教育和高中教育消费的非竞争性与竞争性的对比程度以及非排他性与排他性的对比程度，未因地点的不同而发生变化，按理其在"纯公共品—准公共品—私人品"光谱式排列中的位置也应固定。但是为何在神木县、吴起两地作为公共品由当地政府提供，在全国其他地方作为私人品由消费者自行埋单？

其六，为何符合公共品传统理论中标准的私人品却成为现实中的公共品？按照公共品传统理论关于物品的分类标准，同时满足消费排他和竞争的物品是私人物品。一辆自行车，我骑你就不得骑，反之亦然，消费完全排他，多一人消费，不影响他人的消费效果或不引起成本的增加几乎不可能，消费完全竞争。因此，按照公共品传统理论的分类标准，自行车当为不折不扣的私人品，应该由市场提供，如由政府以公共品之名向公众免费或低价的方式提供至少是有违经济规律的。但事实果真一贯如此推理吗？未必尽然。在荷兰、加拿大、法国、德国等西方国家由城市政府向公众免费提供自行车，在我国杭州、江阴、佛山、海口、台州以及苏州等诸多城市也纷纷推行公共自行车。不禁让人产生疑窦：为何公共品传统理论中的私人品——自行车，在现实中却成为由政府提供的公共品？政府是否干了不该干的事情？

三、对"Public Goods"认识的拓展：公共选择

以物品消费的非竞争性和非排他性的核心标准界定公共品是公共品传统定义的主要内容，其目的在于从纯技术的角度确定公共品的自然属性，回避道德、伦理、权利、法律、集团争斗等人类主观认识和社会制度对公共品的影响，使得公共经济学成为可以反复验证的"科学"。然而公共品传统定义的公共品与现实中政府提供的公共品之间的日渐偏差，人们开始对公共品的传统定义提出各种质

疑，放弃从物品消费的自然属性而开始从物品的社会属性认识公共品。

公共选择理论大家布坎南（Buchanan，1967）认为，物品的公共性是由集体组织决定，而不是由其本身技术属性决定，所谓"公共品就是为了任何原因，通过集体组织提供的物品或劳务"[14]。考尔（Kaul，2003）等认为，具备非排他性和非竞争性只是物品成为公共品的潜在条件，当所有人都能够获得并消费具备非排他性和非竞争性的物品时，该物品才由潜在性的公共品成为现实性公共品，而且物品的非竞争性和非排他性不是传统定义中所指的物品自身技术特点的消费的非竞争性和非排他性，而是指社会因素（如文化、伦理、社会偏好）影响，排他成为不应该[15]。美国当代经济伦理学家乔治·恩德勒（Georges Enderle）提出"公共产品为社会和个人生活以及追求经济活动的可能性条件"，并指出无论出于技术的原因或者效率的原因，还是出于法律或伦理的原因，对受公共产品影响的和受个人或集团权力限定的"消费"不排斥其他人的消费，而且该物品与其他消费者的关系缺乏敌对性或竞争性[16]。因此，公共选择理论并不特别在意物品是否具备消费上的非竞争性和非排他性，而是从公共选择的角度，认为将一部分人排除在某一物品的消费之外，为道德、伦理、权利等社会因素所不容许。公共选择理论下的公共品就是人们通过正式或非正式的公共选择，将个人偏好转换为集体偏好（政府偏好或国家偏好），由公共部门提供的，满足社会成员共同需要的物品或服务。

四、"公共品是公共选择下的物品"对公共品传统定义面临难题的解答

如前所述，尽管公共品传统理论对公共品的界定具有极高的学术地位和相当的应用价值，但仍无法为现实中存在的公共品提出令人信服的理论依据。但是如果按公共选择视角下的公共品的界定，则可以较为圆满地解答公共品传统定义面临的难题。

其一，公共选择下的公共品观点对"纯公共品在现实中是否真的存在"的解答。公共选择视角下的公共品并不像公共品传统定义那样按物品的自身属性将公共品分为纯公共品、准公共品和私人品，认为只要经过公共选择程序，由公共部门提供的物品和服务就是公共品，不必过于拘泥于在消费上是否完全非竞争和完全非排他，Malkin（1991）甚至认为一个社会中的公共品在另一个社会中可以是私人品。因此，物品能否成为公共品的关键并不在于在是否具备消费的非竞争性和非排他性，而在于是否在公共选择下该由公共部门提供。

其二，公共选择下的公共品观点对"为何同样具有正外部性的物品，有的是公共品，而有的是私人品"的解答。公共品传统定义难以令人信服地解答"为何同样具备正外部性的基础教育是公共品而食品是私人品"的疑问，但在公共选择

理论下的公共品观点则可以给予较好的解答：公共选择的结果。最初的教育形式私塾属于私人品而不是公共品，随着社会的发展，人们意识到教育的受益对象不仅是受教育者自身，还包括家族、社会和国家。于是，经过公共选择的立法程序，将其纳入《义务教育法》中政府提供的义务教育范畴，基础教育由原来的私人品，经过公共选择演变为公共品。按照公共品的传统定义的判定标准，食品属于典型的私人品，但在一定社会制度的安排下，也是可以成为由政府提供的公共品的。在美国，为了维护社会的稳定，符合低收入标准的美国公民或永久居民（持绿卡者），可以向政府申请食品券（Food Stamps），购买维持家庭温饱的食品。[①] 此时的食品，由公共品传统定义中标准的私人品变为由公共财政提供的公共品。由此可见，决定物品和服务成为公共品的关键因素，不是物品或服务具备消费的非竞争性和非排他性，而是人们的公共选择。

其三，公共选择下的公共品观点对"同一物品为何在'公共品—准公共品—私人品'之间漂移"的解答。以学前教育为例，奥地利、荷兰、以色列、阿根廷、委内瑞拉等国家将学前教育纳入义务教育的范围，我国《义务教育法》将学前教育和高中教育排除在义务教育的范围之外。同是学前教育，其消费的非竞争和非排他程度没有发生变化，但在"公共品—准公共品—私人品"光谱排列的位置却发生了漂移，有的国家是公共品，有的国家是私人品，公共品传统定义难以自圆其说，而公共选择理论下的公共品观点可以做出较为满意的解答：公共选择的结果。当某一国的人们普遍意识到学前期是人认知发展最为迅速、最关键的时期，对一生认识能力具有奠基性的作用时，经过公共选择的立法程序，将其纳入义务教育范围，学前教育就由私人品变为公共品。可见同一物品是否在"公共品—准公共品—私人品"之间漂移，公共选择是关键因素。

其四，公共选择下的公共品观点对公共品边界扩张现象的解答。世界各国财政支出规模不可逆转递增的趋势，反映了公共品范围不断扩张的现实。一般认为，技术进步和经济发展水平是导致现实中公共品范围变化的重要因素。对公共品边界变化的理论的解答，公共选择下的公共品观点比公共品传统定义更圆满一些：（1）两种观点对技术进步引起公共品边界变化的不同解答。技术进步可以降低排他费用，使得排他变得可能和容易，物品则由消费非排他性的公共品变为可以排他的私人品。技术进步可以使物品由消费竞争状态向非竞争状态转化，从而使物品由私人品转化为公共品。哈耶克认为技术进步使得原来消费非排他变为可能，实现外部收益内部化，从而使公共品转化为私人品[18]。按照公共品传统定

---

① 陈强：《穷人在美国的日子：看病分期付款　吃穿最低保障》，《中国日报》，2007 年 11 月 9 日第5 版。

义的推理，技术进步会使物品由公共品向私人品转化，这难以解释公共品范围不断扩张的现实。公共选择下的公共品观点认为，尽管技术进步使得排他变为可能，但由于伦理、道德、基本权利等社会制度的因素，不允许排他，物品不得由公共品变为私人品，甚至原来属于私人品范畴的物品，在公共选择下也成为公共品。公共品范围的不断扩张，主要是公共选择的结果。（2）两种观点对经济发展引起公共品边界变化的不同解答。随着经济发展水平的提高，政府对法律、警察、教育、医疗、文化等公共品的提供也随之增加。政府提供公共品范围的增加，并非物品消费非竞争性和非排他性增加的产物，更多的是人们通过选举、投票、游行示威、院外活动、请愿、甚至暴动等公共选择的结果。

对当前我国几个热点经济问题的认识

韩正安

摘　要：该讲座谈了我国近年来几个热点经济问题：一、当前我国宏观经济运行的状况和主要目标；二、关于我国的收入分配公平化问题；三、关于新型城镇化的发展问题。以期同学们对我国当前的经济形势有一个较系统的了解。

关键词：经济增长；收入分配；公平化；新型城镇化发展

同学们好！很高兴大家能来听我的讲座。今天我的演讲题目是"对当前我国几个热点经济问题的认识"，其实，当前我国热点经济问题很多，我这里只能列举几个我认为最紧要的问题。

一、当前我国宏观经济运行的状况和主要目标

（一）宏观经济状况

当前我国宏观经济状况总体良好，运行较为平稳，主要表现在以下方面：

一是经济增长速度较为合理。从第一、第二季度的增长率实绩来看，预计我国今年的 GDP 增长率可维持 7.5％～8％的水平，从中国当前的国情看，这样的增长水平是较为合理，如低于 7％，则难以实现中长期经济和社会发展的目标，尤其是全民奔小康的目标，高于 8％，结构调整、环境治理的目标难以实现。

二是物价形势较好，今年的 CPI 指数有望控制在 3％以下。尽管存在一些潜在的通胀压力，但短期内不会出现明显的通胀。

三是国际贸易收支状态良好，2012 年进出口贸易同比增长 6.2％。

四是消费、投资、居民收入有所增长，特别是投资增幅较大。但是，当前宏观经济环境也存在一些消极因素，例如国内消费疲软，就业压力大，国际金融危机导致的萧条状态短期内难以根本好转，外需不足。

（二）近期宏观经济的目标

主要目标是十八大会议上提出来的，叫"稳增长，调结构，稳物价"。

作者简介：韩正安（1962—），男，安徽枞阳人，铜陵学院经济学院副教授。

1. 稳增长

所谓"稳增长"，就是要适当放缓经济增长的速度。我国自 1978 年以来，经济增长一直在高速率上运行，年均增长 9.2%，这在全世界都十分罕见。长期的高速增长无疑有重大的积极意义，首先是综合国力有了很快的提升，GDP 总量由 1978 年的世界排名 30 位以下提高到现在的世界排名第二，我们在国际政治、外交领域已有了举足轻重的影响力。其次，民众的生活水平有了很大提高。由 1980 年前的难以温饱到现在的追求小康水平，没有长期的高速增长能行吗？但是，由于我国的高速增长是以资源要求的高投入、高消耗为代价获得的，因此长期的高速增长也带来以下一些负效应。

首先是资源的过度消耗和严重的环境污染。我这里给大家提供几个数据。目前，我国生产性资源消耗水平约为世界平均水平的 3 倍左右，是发达国家的 5～6 倍。本世纪初，联合国环境署考察报告显示，世界污染最严重的 20 个城市中，中国占了 8 个，第一位是太原。目前，中国的碳排放量占世界第一，请问这样的高速增长能长期维持吗？

其次，长期的高速增长也导致了严重的产能过剩。经过 30 多年的高速增长，我国的产品市场早已从供不应求转变为总体上的过剩经济，尤其是传统产业，如服装、钢铁、矿山机械，当然也包括较新的，如家电甚至光伏产业，有些产业，企业产品的库存率达到 50% 以上，产品大量积压，靠银行贷款支撑，产能过剩达到一定的程度必然导致生产过剩危机。

所以，今后几年我们一定要把增长速度降下来，但是，很多官员仍然有非常牢固的观点，以为 GDP 越高越好，速度越快越好，尤其是现在就业压力大，又提倡加速工业化、城镇化建设的情况下更要坚持高速度。我赞同一位著名学者的观点：最近几十年中国人普遍存在浮躁、急功近利的心态，一个二线城市恨不得一夜发展成为国际大都市，很多人梦想一夜之间成为千万富翁。所以这些年盲目投资，扩张现象很严重。我们不能继续走低发展高增长的路子，应把重点放到追求增长质量，拓展发展内涵上来，使增长生态化、和谐化、长期化，这就必须转变增长模式。

2. 今后几年实现经济工作的第二个目标是"调结构"

所谓"调结构"，是指调整产业结构和产品结构，因为我国现在的产业结构很不合理、不协调，传统产业、高能耗、低技术含量的产业比重大，加工工业比重过大，基础产业、服务行业的比重较小，如服装、冶炼、矿山机械、化工工业的比重过大，高新技术、现代金融、服务等行业的发展滞后，这种状况是导致我国产业能耗高、技术含量及附加值低的主要原因。大家都知道，中国现在被称作"世界工厂"。但是我们的企业产品附加价值非常低，如来料加工企业，加工一件衬衫赚不到几元钱,加工一部苹果手机(按 4000 元全价)大概只能得到 5% 左右的附加价值。所以"调结构"一是要把那些高能耗、低效益的产业比重降下来,二是把那些低污染、低能耗、高技术、高效益的新兴产业发展上去。但是要注意不要盲目追求高新,这里有两个问题:一是搞高新产业不能一哄而上、重复建设,如我国的光伏产业产能严重过剩就是例证;二是要适当发展劳动密集型产业,这是由我国劳动力供给量过大、总体劳动生产率较低的特点决定的。

3. 今后几年宏观经济工作的第三个重点目标是"稳物价"

这一点可能一些人不太理解,因为当前物价形势较好。但大家不要忘记去年以前我国较长时间处于通胀状态,而且目前我国存在多方面的潜在的通胀压力。如今年农产品价格第一、第二季度涨幅为 6% 左右,要素成本尤其是劳动力成本持续提高使企业面临较大的成本压力。今年中国政府为缓解企业金融压力和保持增长被迫放宽了银行信贷,这些因素都会形成通胀的潜在压力,所以今后几年稳物价、反通胀仍是经济工作的重点。

二、关于我国的收入分配公平化问题

党的十八大把分配制度变革、促进收入分配的公平化作为今后经济工作的一个重点任务是一个英明的决策。

(一)当前我国收入分配分化的表现

大家知道,衡量一国收入分配公平化程度的主要指标是基尼系数。我国当前的基尼系数官方公布的是 0.45 或 0.47,但实际上已达到 0.5 以上,原因是很多非法收入、隐性收入是无法统计的。根据国际上公认的标准,0.4 是警戒线,我国的基尼系数远超过警戒线。有人认为我国目前没有达到两极分化的程度,请问达到多少才是两极分化?我国 80% 以上的社会财富集中在不到 10% 的暴富群体手里。

怎样正确看待"两极分化"?"两极分化"有其合理的成分,因为市场经济以按要素分配为基本原则,而各要素的边际生产率与稀缺程度不同,所以一定的收入分化有利于资源的优化配置。我们要反对的是不合理的"两极分配化",即通过非法途径、不合理的分配制度导致的分化。我国两极分化很多是不合理的,这与社会主义的目标背道而驰。

(二)我国当前"两极分化"形成的原因

1. 由于缺少对权力的监督,收入分配严重向权力倾斜

当前,按权分配的现象很严重,在社会层面上,公务员的工资远高于一般企业的普通员工;机关、企业内部管理阶层工资收入远高于普通职员。据某网站调查,近几年北京市企业界管理层年薪平均为 50 万元以上;一般职工年薪为 3 万

～4 万元，收入差距近 20 倍。权力阶层还可以通过权力交易获得权力租金，例如收受贿赂、倒卖公共资源等。

2. 政府对市场的监管不力

由于我国市场的发展不够健全，市场管理有很多的漏洞，一些不法商贩通过钻市场的空子，非法经营大发横财，倒卖、走私、贩毒，经营伪劣产品，偷税漏税……大家可能还记得前几年不少人倒卖钢材，还有所谓的"蒜你狠""豆你玩"等网上用语，都反映这方面的问题。

3. 收入再分配调节力度不够

本来，税收制度和转移支付制度是调节收入分配的有效措施，但是，由于种种原因，我国在这两方面做得都不够。一方面，政府对失业、贫困阶层的救济、补贴标准过低，很多城市的扶贫救济金的标准每月在 500 元以下，不能提供基础生活保障；另一方面，高收入阶层应缴纳的调节税不能上交，如灰色收入部分，还有像遗产税、赠予税等有效的收入调节的税种在我国还没有纳入征收的范围。

(三) 实现收入分配公平化的措施

1. 深化政治体制改革，真正实现对权力的有效监督

我国目前收入分配两极分化在很多方面都与权力干预分配、权力未受到有效监督有关，因此必须深化政治体制改革，使工会、行业协会在政治权力上有相对的独立性，形成对行政、司法等权力阶层的有效监督，"把权力关进笼子里"，尤其是通过对权力的约束遏止权力侵蚀工资的行为。

2. 规范市场

加大对非法经营行为的打击力度，对垄断行业要强化政府和消费者群体的共同监管；对政府部门的失职、监管不力现象要有必要的惩罚措施。

3. 完善社会保障制度

政府的财政支出要加大对失业、贫困地区和阶层的扶持力度；完善政府、企业和社会慈善机构共同构成的社会保障体系。

4. 强化税收在收入分配中的调节作用

完善官员的财产申报制度，使审计制度对高收入阶层的收入进行如实全面的反映、监督；通过遗产税、赠予税等收入调节手段，使收入分配合理化。

三、关于新型城镇化的发展问题

党的十八大提出加快工业化和新型城镇化发展的重大决策，尤其是李克强总理最近强调未来最大的发展潜力在于城镇化建设。下面谈一下个人看法：

(一) 城镇化的意义

1. 有利于城乡经济的一体化发展，有利于解决"三农"问题，加快城镇化

有利于农业的产业化，为农业发展提供现代化设施、服务和扩大市场；

2. 有利于农业剩余劳动力的产业转移；

3. 刺激消费、投资，推动经济增长。

（二）城镇化建设的成就

特别是 20 世纪 80 年代后，我国的城镇化发展较快，城市化水平由之前的不足 20％达到目前的 50％左右，按发展经济学的标准，这叫基本城市化，城镇化的快速发展为 30 年来工业化和经济发展提供了重要的保障。

（三）存在的问题

1. 偏重于房地产开发等硬件建设，新建城镇的软件设施如服务业的教育、医疗、公共服务没有跟上；

2. 失去土地的农民的就业、子女教育、医疗保健等各方面没有根本保障；

3. 过快的城镇化带来了较大的就业、环保、社会治安、交通等方面的问题和压力。

（四）发展新型城镇化的举措

城镇化要发展，但不能走过去偏重硬件建设的途径，应走新型城镇化的道路。

1. 新型城镇化的含义

（1）城乡一体化发展；

（2）生态宜居；

（3）和谐发展（硬件建设和软件建设同步发展）。

2. 新型城镇化发展的措施

（1）完善户籍制度、社会保障制度，使进城的农民享受城市居民在就业、医疗保险、子女教育等方面的同等待遇；

（2）加大对新型城镇的基础设施和公共服务方面的投入；

（3）新型中小城镇应突出市场化建设，以充分发挥其联结城乡经济的作用。

新型城镇化背景下地方政府债务风险动态管理研究

王桂花

摘　要：随着新型城镇化的发展，地方政府债务的多年累积引起社会的普遍关注。根据我国地方政府债务风险的表现形式、产生机理及传导机制，文章构建基于熵模型的地方政府债务风险预警模型指标体系。在量化地方政府债务风险的基础上，提出新型城镇化进程中防范地方政府债务风险的对策建议。

关键词：新型城镇化；地方政府债务；风险预警；熵模型；动态管理

一、引　言

《国家新型城镇化规划》（2014—2020 年）的出台意味着中国特色的新型城镇化建设的重大战略正式实施。新型城镇化的健康发展需加快基础设施建设，如城镇配套设施建设，地方政府可支配财力有限，却担负大部分基础设施建设的投融资重任，举债难以避免，由此带来地方政府债务累积的问题。根据审计署公布的数据，我国地方政府债务余额 2013 年 6 月底达到 17.9 万亿元。虽然目前地方政府债务整体规模尚处于合理水平，但是与其相关的风险隐患却渐渐显现。目前宏观环境使地方政府债务风险呈放大趋势，互联网金融的发展抬高了社会利率水平，二三线城市房价的下跌使得地方政府高度依赖的"土地财政"模式不可持续；BT 回购、PE、P2P 等创新融资模式推高了债务成本。财政部在 2014 年两会提交的报告明确表示：把地方政府债务纳入预算管理，对地方政府债务实施分类管理，建立地方政府债务风险预警机制，严格控制高风险区域举借新债。

地方政府债务是地方政府承担的还款责任，既有显性债务，也有隐性债务、或有债务。根据世界银行高级顾问 Hana Polackova Brixi（1998）的财政风险矩阵，学术界普遍认为政府债务分为四类：直接显性债务（Direct Explicit Liability）、直接隐性债务（Direct Implicit Liability）、或有显性债务

作者简介：王桂花（1972—），女，安徽合肥人，铜陵学院会计学院副教授，博士。

（Contingent Explicit Liability）、或有隐性债务（Contingent Implicit Liability）[2]。显性债务一般表现为地方政府预算债务，隐性债务包括企事业单位自行举债政府兜底，政府项目拖欠工程款项，未挂账的垫资欠款，地方政府集资形成的债务，BT（回购）融资债务和信托融资债务。隐性债务因其隐蔽性强，透明度低，难以实施有效监控。隐性债务和或有债务潜在风险很大，极易诱发地方政府债务风险，必须特别加以关注。

关于地方政府债务的风险评估，目前相关文献中有的采用基于评价指标的风险综合评估法，或者通过评价指标衡量地方政府债务风险（刘尚希等；2003）；一般运用线性加权预警指数法来衡量债务风险（Ma，2001；Hemming & Petrie，2002；裴育，2003；王亚芬、梁云芳，2004；丛树海，2005）。线性加权预警指数法是构建指标体系，来综合反映财政收入、财政支出等体制内因素以及制度、金融等体制外因素，并运用一定的计量方法来反映风险程度。其方法虽然简单，易于分析，但是这种线性加权预警的合理性存在质疑，静态分析风险存在局限性，显性指标难以反映地方政府债务风险，事实上地方政府债务存在大量隐性债务和或有债务等。

由此可见，已有相关研究文献薄弱环节在于：难以准确反映地方政府债务的各种风险要素，难以及时发出预警信号；较少基于我国地方财政的实际，在理论探讨的基础上构建地方政府债务风险预警模型指标体系；其研究结论迥然而异，给出的政策建议也是互不相同。本文转换研究视角，以违约债务为基点，构建基于熵模型的地方政府债务风险预警模型指标体系，动态衡量债务风险，避免地方政府债务风险的集聚而爆发债务危机，危害金融安全和社会稳定。在量化地方政府债务风险基础上，提出新型城镇化建设中防范地方政府债务风险的对策建议，比一般的线性预警方法更能有效而合理地反映债务风险规模，在理论上提供了一种新的债务风险控制思路。

二、新型城镇化建设中的地方政府债务风险

（一）新型城镇化建设可能加大地方政府债务风险

1. 新型城镇化建设的巨大融资需求

随着新型城镇化的快速推进，城市基础设施、生态环保以及社会保障体系建设等存在巨额投资需求[3]。2002年我国城镇化率是39.09%，2012年城镇化率达到52.57%。据测算，未来10年，新型城镇化的发展将新增大约4亿城镇人口。城镇人口的大量增加，需要城镇基础设施、公用事业和公共服务的配套跟进，如生活设施、交通、住宅、教育、医疗等。分税制后政府的投资权限呈现下移趋势，新型城镇化建设的巨额资金投入，主要依赖地方政府的投资[4]。城镇化

建设的巨额融资需求与地方政府的有限财力的矛盾日渐突出。

2. 土地融资使地方政府承担巨大的债务风险

过去的城镇化其实是以"土地城镇化"为特征，是处于较低层次的粗放式的城市化。土地财政存在两种方式：土地出让金和房地产相关税费。在城镇化进程中，地方政府创新土地融资模式，土地从资源转变为资产，导致银行借贷资本与土地资本的结合。由于土地是一种稀缺资源，是不可再生的，使得严重依赖土地财政这种资源依托型模式的地方财政具有不稳定性。目前房地产行业的疲软及下行趋势，土地出让收入机制面临危机，使得地方政府的土地收益大幅降低，削弱了地方政府的偿债能力，增大了地方政府债务的违约风险。

3. 新型城镇化建设中地方政府债务风险可能上升

十八大提出的新型城镇化建设，带来巨大投资需求和消费需求的同时，也潜伏着风险。在新型城镇化建设进程中，城镇化与家园化、产业化相结合，需要金融机构的大量资金支持，地方政府融资平台发挥着重要作用。由于地方政府融资平台在实际运行中融资渠道单一化，以银行贷款为主，民间资本较少参与，从而使得大部分财政风险转嫁给了银行。

（二）地方政府债务风险的表现形式

地方政府债务风险表现如下：

1. 财政风险

财政风险指地方政府依靠财政收入无法按期偿还到期债务的可能性。长期来看，财政收入会随经济的增长而呈上升趋势，但由于经济结构的调整，财政收入可能会低缓增长。很长一段时间内，土地财政是我国地方政府财政资金的主要来源。2012年我国地方政府的土地出让金收入为2.69万亿元，占地方财政收入的47%，2010年为72%。但由于土地的不可再生性，可开发的土地的持续减少以及土地整理成本的提高，来源于土地的财政收入将减少。由此导致地方政府债务还款压力增大，地方政府债务面临财政偿付风险。事实上，在显性债务外，存在大量隐性债务威胁我国的财政安全。

2. 金融和经济风险

首先，金融风险。当地方政府不能偿还负债，如果中央政府因硬预算约束不给予支援时，会导致银行等金融机构不良资产的增加，财务状况恶化。由此可能导致坏账的发生，累积到某种程度可能出现金融机构倒闭的风险。其次，通货膨胀风险。假如中央政府基于社会稳定等因素考虑，愿意代为偿还地方政府负债时，如使用外汇储备偿还，需要把外汇储备转移到银行。中央政府使用所控制的信贷资源，代地方政府超发货币。货币超发易引发普遍的通货膨胀。最后，信用风险。金融是现代经济的核心，而现代经济主要依靠信用来支撑。市场经济依赖人与人之间的信用联结，政府信用对于一国的金融来说至关重要，是国家金融存在和发展的前提。如果政府硬性干预，强行分离地方政府不良债务，如此"赖账"行为会使政府信用失去，政府调控经济的作用就会降低。

3. 地方政府融资平台风险

地方政府融资平台名义上自负盈亏，其实多数不具有偿还债务的能力，主要依赖财政。地方政府融资平台成为地方政府融资的重要渠道，所融资金实际上构成地方政府负债的一部分。2008 年后，受国家 4 万亿投资影响，地方政府利用地方政府融资平台的融资规模迅速膨胀，地方政府债务风险凸显。地方政府融资平台信息透明度低，隐蔽性强，风险管理机制缺失，难以准确评估和有效监管。地方政府融资平台和"土地财政"、地方房地产行业有千丝万缕的联系，但由于"土地财政"的不可持续性以及目前房地产市场的持续走弱，地方政府的隐性债务风险愈加明显。

三、地方政府债务风险的产生机理及传导路径

改革开放后，尤其是 2008 年 4 万亿元投资后，地方政府债务规模持续扩张，因此国内相当一部分文献以地方政府债务规模来衡量地方政府债务风险。这种研究视角存在一定的局限性，因为地方政府举债行为并不必然带来债务风险。如果地方政府融资能够带动本地经济的增长，或举债项目经过认真严密的可行性论证，能够获得持续稳定的收益，能基本维持财政收支平衡，不至于造成地方政府债务风险的爆发。因此，地方政府债务风险的产生机理为：如果政府财政收不抵支，或举债所投资的项目失败，导致大量债务无法及时偿还，这种违约债务不断地累积，导致财政背负巨额债务，不堪重负；地方政府迫于压力举债隐性化，大量的非显性化债务的存在，产生难以预期的风险负担，或者地方政府由于财政压力被迫降低预算内项目支出，对经济发展不利，导致财政压力巨大—地方政府借新债—债务违约—债务风险积聚—预算外弥补—抑制经济增长的恶性循环。地方政府债务风险的传导路径如图 1 所示。

地方政府债务的传导路径分析：地方政府由于财力和事权失衡、中国独特的土地管理体制、"预算内软约束"和"预算外基本无约束"现行不合理的体制以及不健全的激励约束机制、对政府官员的考核遵循 GDP 评价机制等导致地方政府的"财政机会主义"行为[1]。地方政府债务规模的过度扩张使得地方政府无法及时还债，出现大量违约债务，地方政府不断地举债导致债务风险的积聚。财政风险在地方财政内部积聚，通过行政链条，逐级向上传导，最终演变为中央财政风险。地方财政风险和中央财政风险演变到一定程度，可能出现金融和经济风险。

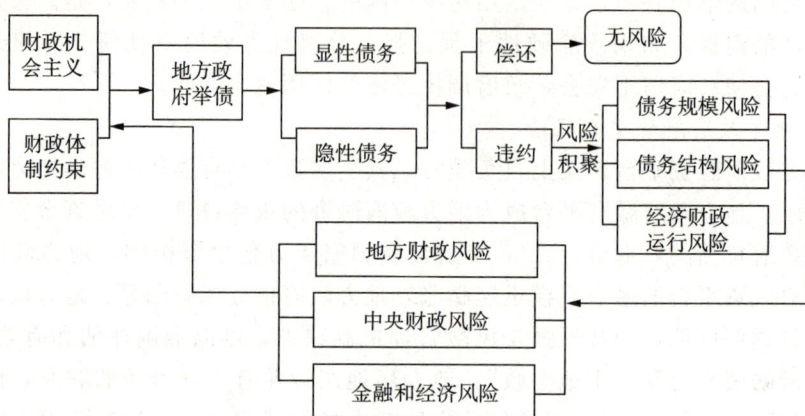

图 1　地方政府债务风险的传导路径

和其他风险相比，地方政府债务风险存在异质性。因为财政体制的约束，中央和地方的财权和事权不对称，各级政府事权的划分不明确，地方政府债务风险并非全部自己承担，风险自下而上传导，最终由中央财政兜底。地方政府债务中存在的大量隐性债务，财政部门设法通过技术手段维持账面上的平衡。

四、基于熵模型的债务风险预警模型指标体系构建

债务风险的外在表现是违约债务，而预算软约束、政府职能不清、上至中央下至地方的隐性担保是债务风险的内在制度诱因。在借鉴相关研究成果的基础上，本文主要运用违约债务、显性债务、隐性债务、熵值和债务风险指数等指标来反映地方政府债务风险。

设 Edi,t 表示显性债务，Ndi,t 表示隐性债务，Di 表示总债务。若根据债务契约，第 i 项债务需在 r 年内偿还本息，则

$$D_i = \sum_{i=1}^{r} Di,t = \sum_{i=1}^{r} Edi,t + \sum_{i=1}^{r} Ndi,t \tag{1}$$

如果地方政府债务不能按照契约及时清偿债务，则发生违约成本，以 Fc 表示。其中，此违约成本仅指微观意义上的成本，包括违约滞纳金、利息损失等，不包含因违约而产生的社会成本，如政府公信度降低、声誉损失等。

（一）显性债务风险的测算

显性债务包括直接显性债务和或有显性债务。按"预算年度"（每年的 1 月 1 日至 12 月 31 日）来测算违约债务（按照契约逾期未偿还的债务）。第 t 期违约债务 $Vd_{i,t}$ 的动态变化可描述为：

$$Vd_{i,t} = Vd_{i,t-1} + Nd_{i,t} - Hd_{i,t} \tag{2}$$

其中，$Vd_{i,t-1}$ 为第 $t-1$ 期违约债务，其金额等于第 1 期至第 $t-1$ 期每期新增违约债务之和，$Nd_{i,t}$ 表示第 t 期新增违约债务，$Hd_{i,t}$ 表示地方政府在第 t 期偿还的前欠旧账。进一步，第 t 期违约债务 $Vd_{i,t}$ 可表示为：

$$Vd_{i,t} = \sum_{s=0}^{t} Nd_i, \quad s = \sum_{s=0}^{t} (Ed_{i,s} - Hd_{i,s} + Fc_{i,s}) \tag{3}$$

债务余额可表示为：

$$Bd_{i,t} = vd_i, \quad t + Ded_{i,t} - \sum_{x=0}^{t} Ded_{i,x} \tag{4}$$

其中，$Bd_{i,t}$ 表示第 t 期债务余额；$Ded_{i,t}$ 表示第 t 期直接显性债务；$\sum_{x=0}^{t} Ded_{i,x}$ 表示 t 期内已偿还的债务。

或有显性债务指地方政府承担的担保债务。如果被担保单位如企业、金融机构财务暂时陷入困境，不能还债时，地方政府则要按契约规定承担连带的还款责任。这种担保债务作为一项债务在实际估算时，要参照国际经验和我国具体情况适度确定概率。

（二）隐性债务风险的测算

隐性债务的测算：包括直接隐性债务和或有隐性债务。

$$Nd_{i,t} = Dnd_{i,t} + Ind_{i,t} \tag{5}$$

其中，Dnd 为直接隐性债务，Ind 为或有隐性债务。直接隐性债务主要是指社会保障基金缺口，即社保基金入不敷出，收入无法满足支付需求。其中，社保基金收入主要来源于缴纳的社保费、财政补贴和运用社保基金获得的投资收益；社保基金支出主要指社会保险、救济和社会福利等，经济发展水平、人口及年龄等因素影响支出的多少。

$$Dnd_{i,t} = \sum_{j=0}^{t} (Sp_j - Si_j + Fc_j) \tag{6}$$

其中，Sp 表示社保基金支出，Si 表示社保基金收入，Fc 为违约成本，此处是指社保基金收不抵支时的利息损失。

或有隐性债务是指在特定情形下出现社会问题，社会公众期望政府有所承担的非法定的责任或义务。其主要涉及国有银行的不良资产、国有企业补亏等事项，其并不必然发生，发生与否存在很大的不确定性。由于预算软约束及道德风险的存在，财政援助程度的大小取决于申请用款单位和财政部门的博弈，是基于不完全信息的动态博弈。

$$Ind_{i,t} = Am_{i,t} \times \mu_{i,t} - Sm_{i,t} + Fc_{i,t} \tag{7}$$

其中，$0 < \mu < 1$，μ 表示真实需求额与申请额的比率，财政部门一般根据以

前年度经验和当年度实际情况确定，Am 表示申请额，Sm 表示财政部门实际补助额。

　　财政补助额度的确定过程其实是一个精练贝叶斯博弈的均衡过程。申请部门设法为自己单位争取更多的利益，一般提出的申请援助总是大于真实需求；财政部门对所有申请单位所申请事项的轻重缓急程度和申请额度进行审核，再根据当年度财政资金收支状况，经过和申请单位不断沟通协调，从而最终拟定出财政补助额度[5]。

　　（三）基于熵模型的地方政府债务风险指数构建

　　德国物理学家 K. C lausius 和 L. B oltgm an 第一次提出熵的概念。在原始熵的基础上，发展为信息熵，是美国人 Wiener 和 Shannon 提出的。熵的基本原理：矩阵 $A=(x_{ij})n×m$，如果 x_{ij} 指标值差越大，那么该指标在综合评价中的影响力越大，反之所起的作用越小[6]。本文基于熵模型构建地方政府债务风险指数来动态地检测地方政府债务风险。

　　首先，构建债务风险指标的初始矩阵 $A=(x_{ij})n×m$。

$$A = \begin{vmatrix} x_{11} & x_{12} & x_{13} & \cdots & x_{1m} \\ x_{21} & x_{22} & x_{23} & \cdots & x_{2m} \\ x_{31} & x_{32} & x_{33} & \cdots & x_{3m} \\ \vdots & \vdots & \vdots & \ddots & \vdots \\ x_{n1} & x_{n2} & x_{n3} & \cdots & x_{nm} \end{vmatrix} \tag{8}$$

　　其中，x_{ij} 表示第 i 项第 j 时段债务。

　　其次，对 $A=(x_{ij})n×m$ 进行无量纲化并计算熵值。

$$\alpha_{ij} = \frac{\max x_{ij} - x_{ij}}{\max x_{ij} - \min x_{ij}}, \ \alpha_{ij} \in [0, 1] \tag{9}$$

$$\alpha_{ij} = \frac{x_{ij} - \min x_{ij}}{\max x_{ij} - \min x_{ij}}, \ \alpha_{ij} \in [0, 1] \tag{10}$$

　　其中，α_{ij} 是第 i 时段第 j 项债务的无量纲标准值。式（8）中的 α_{ij} 值越大越好，式（9）中的 α_{ij} 值越小越好。

　　然后计算熵值。

$$\delta_j = \sum_{i=1}^{n} \frac{\omega_{ij} \ln \omega_{ij}}{\ln(n)} \tag{11}$$

　　其中，δ_j 表示熵值；$\omega_{ij} = \dfrac{\alpha_{ij}}{\sum\limits_{i=1}^{m} \alpha_{ij}}$，$(i=1, 2, 3, \cdots, n; j=1, 2, 3, \cdots, m)$

　　最后，确定地方政府债务风险指数。

$$\mu_j = \frac{1-\delta_j}{\sum_{j=1}^{m}(1-\delta_j)}, \quad j=1,2,3,\cdots,m \tag{12}$$

$$DR_i = \sum_{j=1}^{m}\mu_j\alpha_{ij}, \quad i=1,2,3,\cdots,n; \quad j=1,2,3,\cdots,m \tag{13}$$

其中，μ_j 为客观权重；DR_i 为地方政府债务风险指数，如其值越大，债务风险越高；反之，其值越小，则债务风险越小。

五、新型城镇化背景下控制地方政府债务风险的对策

新型城镇化进程中地方政府债务在原来基础上的扩张及大量隐性债务的存在，加上政府的经济结构调整压力，使得构建债务风险预警模型指标体系从而量化财政风险尤为必要。本文以违约债务为基点，构建基于熵模型的地方政府债务风险预警模型指标体系，比一般的线性预警方法能更有效而合理地反映债务风险规模，在理论上提供了一种新的债务风险控制思路。在城镇化进程中防范和化解地方政府债务风险的对策可以集中于以下几个方面：

（一）深化分税制改革，规范转移支付制度

控制地方政府债务风险，根本在于从体制上解决地方政府的财权与事权不对称，消除"小马拉大车"的现象。为此，一方面要深化分税制改革，明确中央和地方的事权，即合理区分中央和地方的支出责任。另一方面，要建立规范、透明的转移支付制度。根据地方政府的实际情况，鼓励和引导发达地区对落后地区的横向转移支付，加大中央对地方的转移支付力度，使地方政府可支配收入基本满足事权所需。尤其是中央对地方的资本专项转移支付，应该确保透明、规范，使投资者和监管者掌握地方财政收支情况，以便判断地方政府能否及时偿还债务。中国必须从制度上构建有效的财政管理制度和债务风险控制机制，将地方政府借债纳入良性循环轨道[7]。

（二）构建地方财政偿债机制

合理而有效的地方政府债务偿债制度设计应该确保有一笔稳定的财政风险基金，专门偿还违约债务，规范偿债程序，控制预算赤字，防范财政风险的积累。偿债资金的来源有：财政预算拨款、财政结余调剂、项目投资收益等；偿债资金的运用：违约债务的偿还及较低风险的投资。当然，要强化偿债资金的监管，地方政府应定期评估偿债资金的运用风险，从而做出相应的调整。将偿债资金的管理绩效和地方官员的政绩挂钩，审查偿债资金计划的执行情况及偿债资金运用的合理性，以便阻断风险的传导。

（三）转变政府职能，改革政绩考核机制

转变政府职能，彻底改变地方政府"全能"的角色，建设服务型政府。避免

地方政府对商业银行的行政干预，逐步实施金融机构改革，强化对金融机构的监管，逐步建立银行破产制度。在激烈的市场竞争环境中，增强商业银行的风险管理能力，提高其市场主体地位，防范区域性金融风险的发生。另外，强化地方政府的社会管理和公共服务职能，改革以GDP为中心的政绩考核机制，健全相应的责任追究机制。在地方经济发展中坚持可持续发展理念，更加重视经济发展的质量，而不能过分强调速度，不能再继续鼓励依靠投资来拉动经济增长。可从国内生产总值、负债、投入、环境保护、资源消耗等多方面进行考核，抑制地方官员为了提升政绩的非理性投资行为。

（四）实施可持续风险管理

随着中国新型城镇化的推进，地方政府债务的膨胀，防范债务风险成为地方政府债务管理的中心。由于现行制度利益博弈的复杂性，地方政府债务风险管理问题是政府和社会各界期待在研究上取得突破的课题。目前我国还没有建立有效的地方政府债务风险控制机制，防止债务规模过度扩张从而引发资金链断裂甚至债务危机的发生是当前亟待解决的问题。要重点关注隐性债务，实现地方政府债务风险的显性化，降低举债的负的外部性，内部风险控制和外部风险监管二者并举。在新型城镇化背景下，在宏观制度层面和微观管理方面构建地方政府债务风险识别、风险评价、风险预警、风险控制完整体系，实行可持续风险管理，是尤为必要的。

（五）构建可持续的债务融资机制，提高债务透明度

针对新型城镇化背景下的地方政府债务风险，防治对策既要治标又要治本。既要保证债务风险长期可控，又要在短期内提高债务透明度。随着新型城镇化的推进，基础设施建设、公用事业发展、环境保护等存在巨大的融资需求，然而地方政府近几年形成的以土地财政、地方政府融资平台为主体的融资机制，由于"土地财政"的不连续性及融资平台的不透明，其融资机制的弊端导致地方政府债务风险的积聚，需构建可持续的地方政府融资机制，寻求新型城镇化融资的长期有效途径。为此，需摆脱传统的"土地财政"模式，正确处理中央财政和地方财政之间的关系，从制度上优化地方政府融资制度，拓宽融资渠道，控制债务风险，提升融资效率[8]。

参考文献：

[1] 周黎安. 中国地方官员的晋升锦标赛模式研究 [J]. 经济研究，2007，(7)：36 - 50.

[2] Hana Polakova Brixi., Contingent Government Liabilities：A Hidden Risk for Fiscal Stability [N]. World Bank Police Research Working Paper No

1989，1998（10）：1-31.

　　［3］芦亮. 新型城镇化背景下地方政府融资平台的债务风险问题研究［J］. 中央财经大学学报，2013，（9）：14-18.

　　［4］许成安，戴枫. 城市化本质及路径选择［J］. 淮阴师范学院学报，2002，（4）：444-448.

　　［5］郭玉清. 逾期债务. 风险状况与中国财政安全——兼论中国财政风险预警与控制理论框架的构建［J］. 经济研究，2011，（8）：38-50.

　　［6］唐荣华. 基于熵模型的地方政府债务风险动态监测研究［J］. 经济研究导刊，2013，（6）：76-78.

　　［7］李永刚. 地方政府债务规模影响因素及化解对策［J］. 中南财经政法大学学报，2011，（6）：1-5.

　　［8］蔡书凯. 新型城镇化下地方政府融资可持续机制构建［J］. 当代经济管理，2013，（12）：28-34.

安徽省小微企业集群信用评级研究

芮训媛

　　摘　要：小微企业融资难是制约其发展的重要原因，如何针对小微企业的财务特点进行授信，缓解小微企业融资难问题，是理论和实务界都需要解决的课题。文章在对安徽省部分地区小微企业进行实际调查的基础上，结合产业集群理论，全面分析和解剖当前安徽省小微企业融资难的现实问题，提出构建小微企业集群信用评级机制、进行集群授信、化单个企业信用价值内生化为信用价值外生共享，进而实现小微企业集群信用价值增值，以破解融资困境。

　　关键词：小微企业；集群信用；资信评级

　　十八届三中全会从国家高度阐述了构建普惠金融的目标，公平普惠的金融经济环境离不开小微企业的支持。改革开放以来，我国小微型企业迅速发展，已经成为社会主义市场经济的重要组成部分。随着国家针对小微企业一系列优惠政策的出台和 2013 年 1 月起小企业会计准则的实施，小微企业的发展越来越受到政府和社会的广泛关注。目前我国小微企业规模已近 5000 万家，为国家解决了大量的就业人口，在国民经济中的支撑作用越来越大。小微型企业出现数量加速扩张和质量渐进提升的趋势，但小微企业却长期遭遇"两高两难两门（成本高，税负高；用工难，融资难；玻璃门，弹簧门）"的困境，陷入一个"信用评级机制不健全→信贷歧视→贷款难融资难→发展受限"的怪圈。为此，国务院和各省都相应下发关于支持小微企业发展的专项文件，安徽省"十二五"产业集群镇发展规划则提出 5 年打造 200 个产业集群镇。

　　本文客观剖析小微企业信用受限的原因，找出小微企业集群发展的信用增值机会；立足于安徽实际，在实际调查的基础上，总结我省小微企业集群发展的特点，从集群信用的视角探索构建适应小微企业集群的资信评级指标，针对小微企业的风险离散型特点，提出集群授信、集群评级、集群融资的新思路，引导金融

　　作者简介：芮训媛（1972—），女，安徽含山人，铜陵学院金融学系副教授，经济学硕士。

资源的合理配置，破解小微企业融资难问题，实现我省小微企业产业集群的良性发展。

一、小微企业融资现状分析

（一）实际操作与理论研究

1. 小微企业团体贷款初试牛刀

国外对小微企业贷款早已有较为成熟的模式，典型的是孟加拉的乡村银行模式，推出针对妇女创业的农户互助贷款。而在国内，中国民生银行在中小企业金融服务领域首先提出了"小微企业"及"商户融资"的概念，并将其小微企业金融服务方案取名"商贷通"（将小微企业及其实际控制人统称为"商户"）。其他的各商业银行、小额贷款公司，甚至担保公司都纷纷推出了自己面向小型企业的金融服务品牌。国有银行中小企业金融品牌以中国银行的"中银通达"和建行的"速贷通"为代表；中国银行还针对小企业贷款推出了"中银信贷工厂模式"，建行温州分行推出的小微企业"信用贷-善融贷"、宁波银行的"小微融"信用贷款、工行的"小微便利贷"、徽商银行的"提升服务 助力小微"活动、民生银行的"美食贷"等。各股份制银行也推出了自己的小企业金融品牌，其中有很多品牌特色值得同行借鉴。比如：整贷零偿的还款方式、根据小企业的成长周期和业务流程提供差异化的产品、关注小企业投行业务资金需求、"联贷联保"的批量贷款模式等，都值得深入研究和学习。应该说，这些举措极大地促进了小微企业的发展，但总体来看，这些产品的客户定位大多是具有一定规模的中小企业，品牌属于公司金融产品，真正面向小微企业的金融服务仍然不足。

2. 信用评级制度抓大放小

目前国外信用评级方法的研究大致沿着两条路径在发展，一是理论界走的定性与定量分析相结合的思路，二是实业界走的风险最小化与收益最大化的思路。理论界的信用评级方法大致有三类：一是基于定性分析的传统信用评级法：5C法、5P法、5W法、4F法、LAPP法、CAMPARI法等；二是基于信用风险分析的统计模型法：Z评分模型（Altman，1968），ZETA评分模型（Haldeman，Narayanan，1977），巴萨利模型（Alexander. Bathory）等；三是基于因素分析的层次分析法（T. L. Staay，1970）等；另外还有一些补充的如神经网络风险分析法、支持向量机方法等。实业界主要有第三方评级与内部评级，前者如国际公认的三家专业信用评级机构穆迪、标准普尔和惠誉基本以"现金流量对债务的保障程度"为基础使用统计分析模型进行相关评级，后者如 J. P. 摩根集团 1997 年提出的 Credit Metrics 模型（计算违约概率），KMV 公司 1993 年开发的 KMV模型（期权定价），瑞士银行金融产品部 1996 年研发的 Credit Risk＋模型（分析违约行为），麦肯锡公司设计的 Credit Portfolio View 模型（离散多期宏观经济变量分析）等。国内的研究有中小企业集群信任研究（冯德连，2006），上市公司信息评级（欧志伟等，2002），债券、信贷、金融机构评级（李振宇，2003），主权、保险、企业、银行、基金评级（邬润扬，2005），保险信用评级（朱建平，2007），层次法分析小企业信用评级（王凯，2008），支持向量分析上市公司财务风险（刘云涛等，2005）。

这些企业信用评级研究的特点是：研究对象集中于大企业和上市公司，评级方法侧重于定性财务数据分析，评级工具依赖于计量方法的应用，分析基础建立在企业有较完备的财务制度基础上。国内走的是一条内部评级路线，主要是授信方对受信方的评级，注重于从防范风险的角度增加部门收益，立足于上市公司市场化风险研究。没有充分考虑小微企业的非财务因素主导型、风险离散型、财务制度非规范性等特点。同时国内还没有设计出较完备的专门针对小微企业集群信用风险的评级指标，小微企业的制度外发展造成金融资源配置市场上的非均衡性，从而形成不利于和谐发展的有失公平性。

我国处于经济转型和社会快速发展时期，二元金融体系所导致的金融资源的分配不公，已影响社会公平目标的实现及和谐社会的构建。建立普惠金融体系是顺应社会要求，调整社会矛盾的重要举措，传统信用资源不均衡所带来的分配不公，需要从制度上加以调整和纠偏，这就需要从根源上解决小微企业的融资难问题，这个根源则落脚于小微企业的信用评级制度的构建。

（二）小微企业的信贷需求特点剖析

总体上来说，小微企业贷款需求呈现出"短、小、频、急"四个特点。

一是贷款期限短，小微企业融资一般为流动资金贷款，满足短期资金周转需要。二是贷款金额低，小微企业的规模决定了其贷款金额需求不高。三是贷款频率高，小微企业的经营方式导致其容易产生临时性的贷款需求。四是贷款时效性强，小微企业受规模限制，内部资金腾挪空间有限，议价能力较弱，资金缺口难以通过应收账款及其他支付工具解决。在融资需求特点外，小微企业还普遍存在缺乏抵质押物的问题，无力为其融资需求提供有效的担保。具体来看，安徽省当前小微企业信贷需求的具有以下特点：

1. 缺口大，需求强

人民银行 2014 年 2 月 24 日发布的《2013 年金融机构贷款投向统计报告》显示，截止到 2013 年 12 月末，全国主要金融机构及小型农村金融机构、外资银行人民币小微企业贷款余额为 13.21 万亿元，占企业贷款余额的 29.4%。相比于小微企业的数量来说，这个贷款比例实不为高。

由于银行融资的限制性，部分小微企业主要通过民间融资、小额贷款公司等途径进行融资。经调查，有超过 40％的小微企业融资依靠民间借贷，超过 50％的小微企业有使用民间借贷应急的需求。

2. 渠道少，不通畅

一般来说，企业融资方式可分为内源融资和外源融资两类。内源融资主要是通过股东入股、折旧、留存收益、亲友借款等自有资本及职工集资等债务融资；外源融资则主要包括直接融资和间接融资两类方式：直接融资是指企业直接在证券市场上通过发行企业证券（包括股票和债券）取得资金，间接融资是指企业资金来自于银行、非银行金融机构的贷款等融资活动。

目前，大多数小微企业的资金需求主要依靠自筹，即内源融资。外源融资的高门槛让小微企业选择求助于民间金融市场。近年的民间融资风险事件频发现象，在很大程度上对民间融资市场造成了冲击。民间融资市场急需规范，融资增速放慢，且利率不断提高，使得小微企业融资成本压力加大，融资渠道不通畅。

3. 抵押难，可担保物少

目前我国各商业银行普遍实行抵押担保贷款制度，只有少数银行推出了非房产抵押担保类（如联保、信用等）的贷款方式。但是对于大多数小微企业来说，由于固定资产少，土地、机器、设备、房地产的所有权或使用权等传统抵押物缺乏，抵押能力不足，而且大部分小微企业因经营规模较小，经营状况不稳定等因素，而无法获得联保、信用等方式的融资。担保难和抵押难是小微企业向银行等金融机构贷款时面临的两大难题。

4. 成本高，机会少

由于银行融资规模受限，各银行普遍通过提高贷款利率来维持各自的利润空间。许多银行对小微企业的融资需求根本不予考虑，它们很难直接从银行获取贷款，信贷壁垒的存在是小微企业长期游离于正规金融机构的门槛之外。

(三) 小微企业融资难的原因分析

1. 信用等级低，缺乏抵押担保物

目前大多数小微企业的信用等级都很低，更有很多小微企业压根没有进行资信评级。银行要获利避险只有将信贷资金的安全性主要寄托于抵押担保，但小微企业资产中应收账款和存货所占比例较大，缺乏可抵押的不动产，也找不到有实力的担保人，银行基于审慎经营原则只有将小微企业置之于门外。

2. 外部环境不足

(1) 担保体系不健全。在现有的小微企业金融服务体系中，政府背景的担保基金或担保公司较少，目前占主导作用的民营融资担保机构虽然在一定程度上缓解了小微企业担保难的问题，但收取的担保费和采取的反担保措施等也在一定程度上提高了小微企业的融资成本，降低了小微企业向银行贷款融资的主动意愿。

另一方面，目前担保机构仍存在着公司治理不完善、内控制度不健全、经营不合规等问题，抗风险能力较弱，因此完全由民营担保公司为小微企业担保存在局限性，需要引入政府背景的担保公司。（2）企业信息体系不完善。目前国内银行业开展小微企业信贷业务所需的公共信息主要依靠人民银行的征信系统，能够查询企业在我国各银行业金融机构的信用情况，但小微企业的其他信息散落在其他行政部门和单位中，例如企业的缴税情况、水电等公共收费情况等，难以较低的成本快速地全面获取企业信息，而企业信息系统的不完善也阻碍银行有效甄别借款人的资质，银企信息不对称问题难以有效解决。（3）贷款风险分担体系不健全。小微企业贷款具有较高的风险，而目前小微企业贷款风险多由银行全部承担，制约了银行提升小微企业金融服务水平的能力，一定程度上减弱了银行的主动作为意愿，因此有必要由地方政府介入建立贷款的风险分担机制，通过地方政府、企业承担一部分贷款风险，增强银行的服务能力，激发银行的内生动力，从而扩大小微企业金融服务的覆盖面。

　　3. 金融机构服务不到位

　　（1）金融组织体系不完善。目前大部分的小微企业集中在县域，但目前县域金融服务能力仍显不足。大多数省内典型的县域金融机构网点配置就是工、农、中、建四大国有银行、邮储银行以及农信社，缺少中小银行业金融机构，无法有效地满足小微企业的融资需求。（2）信息传达不充分。由于金融组织体系的不完善，县域许多小微企业对银行的金融服务了解不多。我们调研发现，在未获得贷款的小微企业中，存在着相当一部分企业主有贷款需求但没有贷款意愿，因为他们不了解银行有什么产品适合自身需求，仍然保持着银行不为小微企业服务的老观念；即使银行贷款利率相对较低，在他们有短期资金需求的时候，也更愿意选择亲友借贷或民间融资而不是银行。这里主要是因为银行宣传不到位的原因。（3）服务创新能力有待提高。对于小微企业缺乏抵押物、贷款期限与企业经营周期不匹配等问题，仍需要更多的金融创新予以支持。此外，由于受信贷规模的限制，大企业、大项目的融资需求也在一定程度上挤占了小微企业贷款规模。

二、安徽省产业集群发展现状分析

　　产业集群专业镇是安徽省委、省政府为加快产业集群发展，鼓励和引导全省建制镇加快特色经济发展的重要举措。目前，产业集群专业镇在全省非公经济总量中的龙头作用日益明显。其中，中小企业在产业集群专业镇企业中占了绝对多数。产业集群专业镇发展迅速，中小企业高度集聚，呈现出产业聚集程度不断提高、块状经济发展加快、龙头企业带动性增强、集群产业链逐步延伸、产业主体向园区集聚等突出的特征，已形成电线电缆、电子、汽车配件、机械制造等特色经济板块，带动了资本、劳动、技术、信息、品牌的有效聚集，成为推动县域工业化、城镇化的重要力量。以专业镇主导产品命名的产业基地不断涌现：无为县高沟镇被认定为"国家火炬计划无为特种电缆产业基地"、当涂县博望镇被认定为"刃模具机床高新技术产业基地"、桐城市被命名为"中国包装印刷产业基地"和"中国塑料包装产业基地"等。

当前以中小企业高度集聚为特征的产业集群专业镇发展迅速，已从粗放式规模发展转向内涵整合提升阶段，成为推动县域工业化、城镇化的重要力量。一是产业集聚效应和经济规模显著放大；二是专业镇地域特征和产业特色日趋明显；三是龙头企业以大带小拉长产业链的作用日益突出；四是产业集群专业市场建设及配套功能得到增强。但是，还存在企业集群规模偏小、龙头企业带动能力较弱、企业创新能力不强等问题，特别是社会服务体系不健全，与产业集群的发展不相适应。专业镇普遍缺少资产评估、项目咨询、人才培训、产品检测、物流配送等方面的配套服务。突出的是金融服务方面，远远满足不了产业集群专业镇的发展需要。

三、小微企业集群融资模式探析

（一）现状分析

目前国内在小微企业融资业务营销及开展方面普遍适用的模式有两种：一种是单户营销，另一种是区分不同业态商业集群进行批量开发。两种开发或营销模式不存在优劣之分，只有适合与否、可操作与否之分。

单户营销或介入模式俗称"散单"，是小微企业融资业务发展的基本方案，但对于"零售业务批发做"的小微企业金融营销及发展思路来讲，立足于集群项目进行批量开发的模式更容易把小微企业金融做大做强。

在商业集群批量开发营销模式方面，民生银行的做法值得借鉴和推广。民生银行首先将小微企业融资业务的重点发展行业定位于"国家产业政策支持、区域优势明显、受经济波动和通胀影响较小、经营周期相对稳定、与大众生活密切相关、日常认知度高的行业"。在此前提下，紧紧围绕"商业圈""产业链""供应链"（一圈两链）集群进行批量的、系统性开发和授信。

（二）模式创新

1.从产业共生到信用共同体

产业集群具有规模效应和市场主导权，具有一定的区域品牌效应，是银行信贷投放新的增长点，因此迫切需要创新信贷产品，把产业优势转化为贷款优势，推动集群产业做大做强。

2. 提高产业集群中成长性较好企业资金可获得性

对于成长性良好的小微企业而言，由于新产品开发或新市场开拓需要大量资金投入，因此，如果资金供给不足会出现"矮化现象"。而产业集群正是需要利用旗舰企业的品牌效应吸引客户与供应商，提高其在产业市场中的地位。因此，对于集中于产业园区的产业集群企业，应由园区主管部门识别并为之争取与之相适应的科技扶持基金。利用产业园区的优惠政策，提高企业资金的可获得性。

3. 为收益相对平稳的产业集群构思小微企业联合债券发行

集群小微企业由于合作密切，沟通方便，因而更容易形成发债团体。特别是市场前景好、收益预期可观的集群企业，通过小微企业联合债券的发行，可以以较低的成本募集到规模较大的资金额。

4. 鼓励各金融机构创新金融产品，丰富小微企业的融资担保方式

安徽省目前产业集群内以小微企业为主，个体担保的实力较弱，承担风险的能力有限，因此不愿意为其他企业担保，也很难获得其他企业的担保。这种"困境锁定"的状态可以通过联保融资的方式破解。产业集群中由于沟通合作的机会较多，在进行其他业务往来过程中，企业间增进了彼此的了解，这样，信息沟通得就比较充分。企业联保融资初始合作的基础较好。

5. 信用共同体＋保证金模式

信用体成员企业按不低于融资额 10％至 20％的比例存入保证金，并实行专户管理，借款人出现违约行为时，优先从信用体成员保证金账户中扣除违约金额，保证金账户金额不足以抵偿的，向信用体其他成员追偿，并要求限期补足保证金账户金额或解除担保责任。

6. "信用共同体＋法定代表人或配偶连带责任"模式

通过增大小微企业法人代表或配偶的连带责任，增加企业贷款额度，满足企业的贷款需求。

7. 开辟高效"绿色"审批通道

将集群信用共同体小微企业信贷业务审批权下放至县支行，实行一次调查、一次审查、一次审批，缩短业务链条。

8. 建立风险防范屏障

（1）共同体成员自我监督。信用共同体实行信用互助，成员之间相互监督、相互制约，解决了集群小微企业贷款难、难贷款、担保悬空、故意逃避债务等问题。

（2）合理确定授信额度。授信额度参照资产、经营状况和各项收入、现金流量来确定，授信上限一般在企业净资产（可变现资产）的 30％之内，若库存、流动资产量大及当期一年内存款归行额高可控制在 50％以内。

（3）加强贷后管理。采取换人检查、实物拍照方式检查资金流向，分析企业有无挪用现象。按照信用共同体产业经营户贷款出现的不良比例，将风险级别划分为个别风险、局部风险、整体风险等类型。

参考文献：

［1］焦瑾璞．建设中国普惠金融体系——提供全民享受现代金融服务的机会与途径［M］．北京：中国金融出版社，2009.

［2］李冰洁．升华普惠金融［J］．中国农村金融，2013，（14）.

［3］吴晓灵．普惠金融是中国构建和谐社会的助推器［J］．科技创新，2010，（6）.

［4］杜晓山．小额信贷与普惠金融体系［J］．中国金融，2010，（10）.

［5］高连和．国内中小企业集群融资研究综述与展望［J］．经济体制改革，2013，（1）.

［6］聂强，杜晓山．小额信贷中团体贷款理论研究述评［J］．现代经济探讨，2011，（9）.

［7］陈旭炜．基于博弈论视角的产业集群内中小企业信用增级机制解析［J］．企业导报，2013，（19）.

［8］潘永明．基于集群信誉链的中小企业团体融资主体研究［J］．武汉金融，2014，（2）.

［9］冯德连．中小企业集群创新的动力机制研究［J］．商业经济与管理，2010，（12）.

通货膨胀之疯狂的纸币

汪　陈

摘　要：通货膨胀、CPI 等一度成为年度热词，有关通胀的话题一直是各界讨论的热点，2010 年至 2011 年以来通货膨胀的表现让大家对于纸币的购买力一度产生了怀疑。对此，文章以纸币的购买力作为切入点，着重梳理了目前经济学界对于通货膨胀定义的代表性观点，进一步分析了通货膨胀需求拉动、成本推动及结构性通胀的成因，并提出了相应的货币政策、财政政策及经济结构调整等方面的措施和建议，进而为实现经济的"软着陆"，为市场经济条件下通过间接调控体系切实解决宏观经济调控问题，保持国民经济健康稳定的发展提供有益的借鉴。

关键词：通货膨胀；需求；供给；货币政策

一、引　言

有许多人抱怨，现在生活必需品的价格越涨越高，为什么还不加息或者升汇？虽然国家统计局的 CPI 还保持在较低水准，但中国货币的实际购买能力可能大幅下挫。在现代社会中，通货膨胀同股票、货币和利率等词汇一样，成为人们司空见惯的经济术语。但究竟什么是通货膨胀，经济学家们对此所作的解释却不尽相同。《大英百科全书》也认为，"不存在一个唯一的、普遍接受的关于通货膨胀的定义。"

西方经济学界对通货膨胀的定义大致有两种倾向：一种是用物价总水平的持续上升来定义，代表人物是美国经济学家保罗·萨缪尔森，他认为，"通货膨胀的意思是：物品和生产要素的价格的普遍上升——面包、汽车、理发价格上升，工资、租金等等也都上升"。另一种观点则认为只有由货币数量的过度增长引起的物价上涨才是真正的通货膨胀。代表人物是美国经济学家米尔顿·弗里德曼。

作者简介：汪陈（1981—），男，安徽桐城人，铜陵学院金融学院讲师，硕士。

他认为,"通货膨胀总是而且在任何地方都是一种货币现象……它仅能由货币量的增长超过产出的增长来产生"。

在界定通货膨胀的含义中,理论界比较统一的观点是:

(1) 不能将通货膨胀与货币发行过多画等号。货币过多是相对于待实现的商品总量来说的,不可否认,货币过多会引起通货膨胀,但依据马克思的货币流通规律公式,决定流通中货币量的不单是价格总额,还有货币流通速度。就是在商品总量和货币量相适应的情况下,如果货币流通速度加快,也会使流通中货币过多。所以不能将通货膨胀与货币发行过多画等号。

(2) 不能将通货膨胀与物价上涨画等号。通货膨胀通常会引起物价上涨,但绝不能反过来讲,凡是物价上涨都是通货膨胀引起的。另外在一些采取程度不同的物价管制政策的国家,过多的货币供应并非都通过物价上涨表现出来。

由此,不妨对现实经济生活中通货膨胀下这样的定义:因流通中注入货币过多而造成货币贬值以及总的物价水平不同形式的(公开的或隐蔽的)持续上升的过程。

二、通货膨胀的表现

通货膨胀的表现不尽相同,根据不同的标准可以区分不同现象的通货膨胀。

1. 按照价格上升的速度划分

(1) 温和的通货膨胀(Moderate inflation):每年物价上升的速度低于10%。

(2) 爬行的通货膨胀:5%的通货膨胀率。通货膨胀率低于这个数时物价相对稳定,货币贬值不明显,能刺激经济发展。

(3) 奔腾的通货膨胀(Galloping inflation):两位数的上升速度。对经济有负面影响。

(4) 超级的通货膨胀(Hyper inflation):物价上涨水平超过100%的通货膨胀,又叫恶性的通货膨胀(Vicious inflation)。它能引起灾难性的经济动荡。例如一战后的1920—1923年:有德国、奥地利、波兰、苏联等国。二战后:有匈牙利、罗马尼亚、希腊、中国等国。20世纪80年代早期,以色列的通货膨胀率达到100%;80年代末,巴西、阿根廷等国的通货膨胀率甚至高达1000%!

2. 按通货膨胀的表现形式不同划分

(1) 隐蔽的通货膨胀,又称压制型通货膨胀或被遏制的通货膨胀,其特点是国家控制物价,主要消费品价格基本保持人为平衡,表现为隐蔽性的一般物价水平普遍上涨:市场商品供应紧张、凭证限量供应商品、变相涨价、黑市活跃、商品走后门等。

（2）公开的通货膨胀，又称开放式的通货膨胀。其特点是商品价格是开放性的，随市场供求自由涨落，只要出现通货膨胀，其价格水平就会明显上升。因此物价指数的变化能反映通货膨胀的程度。

3. 按通货膨胀产生的原因不同划分

（1）需求拉上型，即单纯从需求角度寻求通货膨胀的根源的一种理论。这种理论产生于 20 世纪 50 年代以前，这种观点认为通货膨胀是由于"太多的货币追求太少的货物"。需求拉上型通货膨胀可通过两个途径产生：一是在货币需求量不变时，货币供给增加过快。多数人持这种观点。二是经济体系对货币需求大大减少，即使在货币供给无增长的条件下，原有的货币存量也会相对过多。

（2）成本推进型，是指通货膨胀的根源在于总供给变化的一种理论假说。具体是指由于商品成本上升而使物价水平普遍上涨的一种货币现象。成本推进型通货膨胀可以归结为两个原因：一是工会力量对工资提高的要求；二是垄断行业中企业为追求利润而制定的垄断价格。

（3）结构型，即物价的上涨是由于对某些部门的产品需求过多，虽然经济的总需求并不过多，但最初由于某些经济部门的压力使物价和工资水平上升，于是便出现全面的通货膨胀。

（4）混合型，即一般物价水平的持续上涨，既不能说是单纯的需求拉上，也不能归咎于单纯的成本推进，还不能笼统地概括为社会经济结构的原因，而是由于需求、成本和社会经济结构共同作用形成的一种一般物价水平持续上涨的货币经济现象。

三、通货膨胀的效应

通货膨胀带来的影响，称为通货膨胀的效应，主要分为以下几个方面：

1. 收入再分配效应

由于社会各阶层收入来源不相同，在物价总水平上涨时，货币贬值，有人收入水平会下降，有人收入水平会提高。这种由物价上涨造成的收入再分配，就是通货膨胀的收入再分配效应。以工资和租金、利息为收入者，在通货膨胀中会遭受损害；而以利润为主要收入者，却可能获利。

2. 资产结构调整效应（财富再分配效应）

通货膨胀也会引起人们持有财富的再分配，又称资产结构调整效应，一个家庭的财富或资产由实物资产和金融资产构成。许多家庭同时还有负债，因此，家庭的财产净值是它的资产价值与债务价值之差。每个家庭的财产净值，在通货膨胀之下，往往会发生很大变化。

（1）实物资产，受通货膨胀的影响不大。

（2）金融资产，像存款、货币资产在通货膨胀中就要蒙受损失；金融资产中的股票，它的行市是可变的，但绝非通货膨胀中稳妥的保值资产形式。

（3）负债。通货膨胀会减少实际债务，负债者由此受益。一般来说，通货膨胀有利于债务人，而不利于债权人。

一般来说，小额存款人和债券持有人最易受通货膨胀打击；大的债权人，不仅有各种措施避免通货膨胀带来的损失，而且他们通常是大的债务人，可以享有通货膨胀带来的巨大好处。

3.强制储蓄效应

这里的储蓄是指用于投资的货币积累。这种货币积累的来源主要有个人、企业、政府三个部门。

从个人和企业的角度来看，储蓄的来源主要是收入与支出后的差额，它的总量在特定的阶段是一定的。而政府的储蓄来源主要有两个：一是用增税的办法，二是采用财政及信用上的扩张政策来实现。如采用宏观经济上的扩张政策，即政府向中央银行借债或透支，就会直接或间接造成增发货币，在公众名义收入不变、价格上涨、货币购买力下降的条件下，按原来的模式和数量储蓄，其实际额就会相应减少，其减少部分大体相当于政府运用通货膨胀实现强制储蓄的部分。通货膨胀实质上是一种变相的税收，可以称为通货膨胀税。或者说，通货膨胀是一种强制储蓄的手段。

4.通货膨胀的产出效应

关于通货膨胀对真实的经济投资和经济增长的影响，主要有三种观点：促进论，认为通货膨胀可以促进经济增长；促退论，认为通货膨胀会损害经济增长；中性论，认为通货膨胀对经济增长既有正效应也有负效应。

主张促进论的理由是当经济处于有效需求不足、生产要素尚未充分利用、劳动者未充分就业的状态时，如政府实施通货膨胀性政策，用增加赤字预算、扩张投资支出、提高货币供给增长率，并采取措施，保证私人投资不因此相应减少，就可以增加总投资量，促进经济增长。

主张促退论假说认为，持续的通货膨胀会经由降低效率的效应阻碍经济成长。较长时期的通货膨胀会导致投资率下降；较长时期的通货膨胀会影响产业结构、产品结构的合理配置；通货膨胀会降低借款成本，从而诱发过度的资金需求，迫使金融机构加强信贷配额管理，从而削弱金融体系的运营效率；通货膨胀持续一段时间后，在公众舆论的压力下，政府可能采取全面价格管制办法，从而使经济运行更加缺乏竞争性和活力。

主张中性论的理由是，由于公众预期，在一段时间内他们会对物价上涨作出合理的调整行为，因此，通货膨胀各种效应的作用就会相互抵消。

5. 恶性通货膨胀将导致经济社会危机

恶性通货膨胀会对生产和流通造成极大的破坏，导致经济社会危机，甚至导致整个国民经济的彻底崩溃。恶性通货膨胀的后果往往是政治的动荡。最严重的恶性通货膨胀会危及货币流通自身：纸币流通制度不能维持；金银贵金属会重新成为流通、支付的手段；经济不发达地区则会迅速向经济的实物化倒退。从1935 年国民党政府的法币改革到 1949 年，且看 100 元法币的购买力变化过程：1937 年，可买大牛 2 头；1941 年，可买猪 1 头；1945 年，可买鱼 1 条；1946年，可买鸡蛋 1 个；1947 年，可买油条 1/5 根；1948 年，可买大米 2 粒。

四、通胀的成因及治理

通货膨胀的成因和机理比较复杂，对此各国经济学家从不同的角度出发做出了各种分析，较为流行的有四种，即：需求拉上说、成本推进说、供求混合推进说和结构学说。由于通货膨胀对一国国民经济乃至社会、政治生活各个方面都会产生严重的影响，因此各国政府和经济学家都将控制和治理通货膨胀作为宏观经济政策研究的重大课题加以探讨，并提出了治理通货膨胀的种种对策措施。宏观紧缩政策是各国对付通货膨胀的传统政策调节手段，也是迄今为止在抑制和治理通货膨胀中运用得最多、最为有效的政策措施。其主要内容包括紧缩性货币政策和紧缩性财政政策。

1. 需求拉上型通胀及其治理

这是西方经济学界较早出现的理论，认为在经济尚未达到充分就业时，如果货币数量增加，从而使社会总需求增加，则能促使就业和产量增加，而不会导致一般物价水平显著上升；而在充分就业的条件下，总需求超过总供给，使得"过多的货币追求过少的商品"而引起的物价水平持续上涨的现象。对于总需求过大的原因又有两种解释。其一是凯恩斯主义的解释，强调实际因素对总需求的影响，如过度的消费、投资和政府支出等，其中主要是过度投资；其二是货币主义的解释，强调货币因素对总需求的影响。

对于需求拉上型通胀，主要采用紧缩的宏观经济政策进行治理，其基本原则就是收缩货币，减少需求。如紧缩性货币政策：减少货币供给；提高利率；提高商业银行法定准备率等。如紧缩性财政政策：增税和削减政府支出。另外，有针对性地增加供给也是治理方法之一。

2. 成本推进型通胀及其治理

按照需求拉上的理论，经济在未达到充分就业时，需求增加会产生物价和产出同时上升的"半通货膨胀"。但到了 20 世纪 70 年代后期，资本主义国家出现了失业率和物价同时上升的"滞胀"现象，对此，需求拉上论理论无法解释。因此，经济学家提出了通货膨胀成因的新理论——"成本推进论"。该理论认为，通胀的根源不在于总需求，而是由于供给减少或产品成本上升，从而导致物价总水平持续上涨，引发通货膨胀。而成本推动型通胀分为三种：一是工会力量对于提高工资的要求（工资推进型通货膨胀）；二是垄断行业中企业为追求利润制定垄断价格（利润推进型通货膨胀）；三是汇率变化导致的成本推进。工资推进型通货膨胀理论是以存在强大的工会组织，从而存在不完全竞争的劳动市场为假定前提。当工资由工会和雇主集体议定，这种工资会高于竞争工资，并且由于工资的增长率超过劳动生产率，企业就会因人力成本的上升而提高产品价格，以维持盈利水平。工资提高引发物价上涨，物价上涨又引起工资提高，由此形成工资—价格螺旋上升机制。利润推进型通货膨胀的前提条件是存在物品和服务销售的不完全竞争市场。在完全竞争市场上，商品价格由供求双方共同决定，没有哪一方能任意操纵价格。但在垄断存在的条件下，卖主就有可能操纵价格，使价格上涨速度超过成本支出的增加速度，以赚取垄断利润。如果这种行为大到一定程度，就会形成利润推进型通货膨胀。

工资推动型通胀的治理对策是紧缩性收入政策：确定工资-物价指导线、管制或冻结工资、运用税收手段即增加个人所得税等。利润推进型通货膨胀的治理对策：主要是制定反托拉斯法、限制垄断高价；冻结物价，如同企业签订反涨价合同、约谈等。汇率变化导致的成本推进：货币适当升值。

3. 供求混合型通胀及其治理

这种观点认为，在现实经济社会中，通货膨胀的原因究竟是需求拉上还是成本推进很难分清：既有来自需求方面的因素，又有来自供给方面的因素，即所谓"拉中有推、推中有拉"。当非充分就业的均衡存在时，就业的难题往往会引出政府的需求扩张政策，以期缓解矛盾。这样，成本推进与需求拉上并存的混合型通货膨胀就会成为经济生活的现实。供求混合型通胀治理即需要混合治理，双管齐下。

4. 结构失调性通胀及其治理

结构失调性通胀是指因为国民经济部分结构不适应变化了的需求结构，由于部门间发展的差异和不平衡导致了通货膨胀。其治理措施是推进经济结构调整，改善资源配置。

总之，治理通货膨胀是一个十分复杂的问题，不仅造成通货膨胀的原因及其影响是多方面的，而且其治理过程也必然会涉及社会经济生活的方方面面，影响到各个产业部门、各个企业、各个阶层和个人的既得利益，因此不可能有十全十美的治理对策。尤其是我国通货膨胀的治理，必须从我国的特殊国情出发，认真分析通货膨胀的成因，既要从宏观经济整体出发，保持国民经济较快的增长和总供给的不断增长，解决因产业结构调整和社会劳动生产率提高而出现的失业率提高的问题，又要适度控制流通中的货币总量和总需求，防止经济过热导致通货膨胀升温；既要通过推进经济体制改革、整顿经济秩序等综合治理措施，消除通货膨胀的环境因素，又要根据具体原因，采取一些针对性较强的有力措施。在这一正确思想的指导下，20世纪90年代后期我国政府终于成功地控制了通货膨胀并实现了经济的"软着陆"，为我国市场经济条件下通过间接调控体系，切实解决宏观经济调控问题，保持国民经济健康稳定的发展取得了有益的经验。

参考文献：

[1] 迪恩．克罗绍．货币银行学［M］．吕随启，译．北京：中国市场出版社，2008.

[2] 李键．金融学［M］．北京：高等教育出版社，2010.

[3] 黄达．金融学［M］．北京：中国人民大学出版社，2008.

[4] 博迪．金融学［M］．北京：中国人民大学出版社，2010.

[5] 于敏，肖华东．金融学［M］．北京：高等教育出版社，2010.

企业价值的衡量工具

——现代企业价值评估

张　凌

摘　要： 文章比较了收益现值评估方法、相对比较评估方法、实物期权评估方法和基于资产的评估方法等四种企业价值评估方法在国内外应用情况，阐述了四种企业价值评估方法的理论依据，分析了四种评估方法的优点及不足、适用对象，为企业价值评估理论研究和方法运用提供了一定借鉴。

关键词： 企业价值；价值评估；方法

经济金融化是当今经济发展的趋势之一，围绕资本市场展开的企业外部产权交易和企业内部投融资活动都离不开企业价值评估，企业价值评估不仅为企业并购重组、上市等外部产权交易提供科学、合理的价值尺度，而且是企业内部价值管理的重要工具，企业价值成为资本市场各方关注的焦点。

一、问题的提出

现行企业价值评估方法主要有四类：收益现值评估方法、相对比较评估方法、实物期权评估方法和基于资产的评估方法。在欧美市场经济发达国家，收益现值评估方法一直是企业价值评估的主流方法；相对比较评估方法虽在理论上有一定制约，但由于使用简便，在实务界也得到广泛应用；实物期权评估方法产生较晚，目前主要应用于高新技术初创企业价值评估，对一般企业的价值评估尚无法应用；基于资产的评估方法在理论上只适用于很小范围，如衰退企业、危机企业、破产清算企业等的价值评估，在评估实务中应用较少。而在我国，恰恰相反，基于资产的评估方法（又称成本加和法）目前仍是企业价值评估主流方法；收益现值评估方法和相对比较评估方法只是基于资产评估方法的辅助方法；实物期权方法则尚未得到应用。为什么在主流评估方法使用上中国和欧美发达国家会

作者简介： 张凌（1968—），男，安徽桐城人，铜陵学院会计学院副院长，副教授，博士。

出现如此悬殊的差异呢？为什么在理论上早已被否定的基于资产的评估方法在我国仍占据主导地位呢？一般可归纳为以下三方面原因：

其一，我国资产评估行业形成较晚（1989 年），企业价值评估理论研究薄弱，评估机构执业水平较低，对西方企业价值评估理论和方法有一个引进、消化、吸收的过程。

其二，市场环境限制了我国收益现值评估方法和相对比较评估方法的应用。

其三，基于资产的评估方法虽然从理论上讲在大多数情况下是不妥的，但由于单项资产评估结果能够利用市场信息进行检验，例如企业设备、房产、土地使用权等单项资产都可利用市场价格进行评估和验证，资产评估行政管理部门对基于资产的评估方法得出的评估结果较为放心，评估机构为规避风险倾向于采用此方法。

除市场环境的客观原因外，收益现值评估方法和相对比较评估方法在我国得不到推广应用的主要原因应归结为评估方法和模型本身的不完善。理论假设和模型规范方面的不完善导致评估人员在实务中要么无所适从，要么随意操纵评估结果。对企业价值评估方法、模型的研究尚不够深入。

二、企业价值评估理论

收益现值评估方法体现的是企业内在价值，其理论基础是内在价值理论；相对比较评估方法体现的是企业市场价值，其理论基础是有效市场理论。

（一）企业、企业权益索取者

评估企业价值，必须对企业经营活动运作、价值增值以及将价值反馈给投资者过程有个全面了解。股票代表所有者权益或股东权益，这种索取权是在企业其他索取权被满足之后，对企业价值的剩余索取权，和债券索取权相比，股票索取权定价即股票定价是最为困难的。债券索取权只是对利息和本金的索取权，定价相对简单。

（二）现代金融理论与企业价值评估

现代主流金融经济学是在理性人假设基础上发展起来的，它确立了在最优投资组合决策和资本市场均衡状态下各种证券价格如何决定的理论体系。企业价值评估的科学性和可操作性正是建立在现代金融理论基础之上，没有现代金融经济学的发展，企业价值评估就只剩下一个毫无意义的理论躯壳。

1. 有效市场理论与企业价值评估

市场有效性假说（Efficient Markets Hypothesis，EMH）最基本的结论建立在以下三个理论假设之上：理性投资者假设、随机交易假设、有效套利者假设。市场有效性假说是企业价值评估中相对比较评估方法应用的理论依据，即只有在市场有效的情况下，才能利用可比上市公司的股票价格对非上市企业价值进行评估。在市场有效的前提下，被评估企业评估结果的误差主要来自同可比公司之间的差异因素调整，而不是可比上市公司股票价格。

另外，市场有效性假说也是套利定价理论（Arbitrage Pricing Theory，APT）、布莱克-斯科尔斯（Black - Scholes）期权定价模型成立的必要条件，而套利定价理论和 Black-Scholes 期权定价模型则在企业价值评估中占据着重要地位。正如萨缪尔森所言，如果金融经济学是社会科学王冠上的一颗明珠，那么 EMH 将占去它的一半光彩。

2. 投资组合理论、资产定价理论、套利定价理论与企业价值评估

投资组合理论由马科维茨（Markowitz）于 1952 年提出，它的提出被称为华尔街的第一次革命和现代金融学的发端，其基本思想是通过分散化投资对冲部分风险，其最大贡献是对投资组合风险的度量和控制进行了系统研究。在投资组合理论和无套利假设基础上，夏普（Sharpe）于 1964 年提出的资本资产定价模型（Capital Asset Pricing Model，CAPM）是现代金融经济学发展历程中的又一重要里程碑，它给出了在市场均衡状态下如何确定风险资产的市场价格以及如何对单一资产风险进行合理度量的方法，并使投资组合理论应用于实践成为可能。

资本资产定价模型（CAPM）属于单因素模型，股票的期望收益率只与单一因素即股票的 β 系数有关，而事实上，收益与风险之间关系是错综复杂的，影响投资者期望收益率的因素也错综复杂。罗斯（Ross）为了将其他影响收益率水平的因素引入定价模型，提出了套利定价理论 APT，在 APT 中，罗斯并没有明确指出影响收益率波动的具体因素，因此，APT 又被笼统称为多因素定价理论。

（三）企业内在价值理论与企业价值评估

企业内在价值理论是收益现值评估方法的理论基础，通过收益现值评估方法得到的企业价值称作企业内在价值（Intrinsic Value），它是企业未来收益和折现率的函数。不论是未来收益变量，还是折现率变量，二者均是企业价值创造能力的反映。

1. 企业价值驱动因素

根据 MM 定理，企业价值创造的根本活动是企业投资经营活动，那么投资经营活动是如何创造价值的呢？根据项目投资决策的净现值（NPV）法则，当把企业看作是由不同投资项目组成的整体时，企业价值增值将主要来自于投资创造的价值。只有投资项目收益实现最大化，企业价值最大化目标才能实现。因此，从投资决策的净现值法则来看，企业价值创造的关键在于：首先，企业投资收益水平要大于企业所有者要求的最低收益水平（加权平均资本成本），只有这样，投资才能创造价值；其次，在企业投资收益水平大于企业资本成本前提下，

要不断扩大投资规模。由此可看出影响企业价值的三个关键因素是：投资收益率、增长率和资本成本。

2. 股利政策与企业价值

在财务和金融学界，股利和企业价值间的关系一直存在较大分歧，Black 将此称作"股利之谜"。相关理论有股利无关理论、在手之鸟理论、纳税差异理论、信号理论、代理成本理论等，其中影响最大的是米勒和莫迪格利亚尼（Modigliani and Miller，MM）1961 年提出的股利不相关理论。该理论认为企业价值取决于企业的基本盈利能力及风险程度，而与盈利如何在股利和留存收益间分配无关，股利政策实际上是分蛋糕，至于如何分，不同企业有不同政策。

三、现行企业价值评估方法比较

企业价值评估方法主要有收益现值评估方法、相对比较评估方法、实物期权评估方法和基于资产的评估方法，不同评估方法有着不同的思想和理论依据，如收益现值评估方法体现的是企业内在价值，它通过收益途径获取企业价值；相对比较评估方法体现的是企业市场价值，它通过市场途径获取企业价值；基于资产的评估方法体现的是企业成本价值，它通过资产重置途径获取企业价值。

（一）收益现值评估方法

未来收益可以是企业未来股利收入、未来现金流收入、未来剩余收益收入中的一种，相应的收益现值评估方法包括股利折现模型、现金流折现模型和剩余收益模型。

股利折现模型的实质是股利决定股票价值，这种观点又称作"在手之鸟"理论。该理论认为到手的股利比用于再投资的留存收益更有价值，股东投资股票的根本目的在于获取股利，在永久持有的情况下，股利是股东投资股票获得的唯一现金流，因此股利是决定股票价值的主要因素，而盈利等其他因素对股票价值的影响只能通过股利间接表现出来。"在手之鸟"理论招致了许多批评，批评者认为：留存收益会不会提高公司风险不是由股利政策决定的，而是由留存收益再投资方案决定的，如果再投资收益大于企业的目前收益，企业就应少派发股利。"在手之鸟"理论混淆了投资决策与股利政策对股票价格的影响。

股利折现模型虽然简单并符合直观逻辑，但股利折现模型在实务中存在如下问题：（1）许多公司不支付股利，股利折现模型应用受到限制；（2）股利支付受公司股利政策的人为因素影响，导致股利预测较为困难；（3）股利相对于收益明显滞后。实证研究发现，股利折现模型除了适用于少部分股利政策稳定、股利支付率高的企业外，该模型并不能很好地用于企业价值评估。股利折现模型对于那些支付能力强而实际支付股利一贯较低的企业来说，有低估企业价值的倾向。所以，DDM 不适用于无股利支付或低股利支付的企业价值评估。

1995 年，费尔森和奥尔森（Feltham and Ohlson）以股利折现模型为基础，利用等式推导出剩余收益模型（Residual Earnings Model）。费尔森、奥尔森及之后的佩曼等人进一步的研究成果使剩余收益估价模型赢得了会计界和金融界的极大关注和赞誉，它的主要贡献在于从一个全新视角阐述了会计数据与企业价值的关系，应计会计下的会计数据作为估价变量直接纳入估价模型中，驳斥了长期占统治地位的股价与会计信息不相关理论。剩余收益模型为打破传统的关注股价行为解释的研究方法，转向关注盈利和账面净资产预测提供了理论依据，从而为以市场为基础的会计研究开辟了新的道路。

不管是传统的股利折现模型，还是主流的现金流折现模型，抑或最新的剩余收益模型，为应用于评估实务，均需对未来股利、现金流和剩余收益变化进行各种假设，如零增长假设、二阶段增长假设、H 增长假设、三阶段增长假设等。因此，收益现值评估方法应用成功与否很大程度上取决于对未来预测的准确性，如果预测不当，将导致评估结果严重扭曲。但由于持续经营假设的存在，需要进行无限期预测，所以不管怎样模拟价值影响因素的长期演化趋势，都不可能得出一个精确的评估结果，这也是收益现值评估方法饱受争议的症结所在。

收益现值评估方法最大的缺陷在于其长期预测的不准确性，进而导致评估结果可操纵，例如参数拍脑袋，预先确定评估价值然后进行参数调整等。我们以权益现金流折现模型为例说明，公式包括两个部分：明确预测期的价值和明确预测期后的价值。所谓明确预测期就是从预测的科学性上能够进行较为准确预测的时间区间，在评估实务中明确预测期 N 一般为 5 年，最多不超过 10 年；所谓明确预测期后就是指第 N 年以后直至无穷，这段时间无限长，从预测的科学性上讲，已经超出了许可的误差范围。明确预测期后一般采用的评估手段是简化预测，否则评估结果量化将无从谈起。其次，假设企业无限期持续经营，也就是说 T 趋于无穷，企业长生不老，现实经济中的企业果真如此吗？第三，要想对企业进行长期收益预测，又必须以行业预测为基础，必须假定企业长期主营业务和所处行业保持一致，因此，收益现值评估方法暗含企业主营业务不变假设。主营业务不变假设和现实生活中的企业经营战略相符吗？第四，持续经营假设还暗含着企业会永久获取超额收益或零超额收益，否则，企业不可能长期生存下去，这种隐含假设在逻辑上成立吗？因此，持续经营假设和主营业务不变假设的合理与否就成了收益现值评估方法是否科学可行的关键。

（二）相对比较评估方法

相对比较评估方法是根据可比公司的市场价值，通过差异调整得出被评估公司价值。使用相对比较评估方法必须具备两个条件：一是必须在一个相对基础上进行，即必须将市场价格标准化，通常是把市场价格转化为每股收益、每股账面资产净值或销售收入的乘数。由于企业股份可进行拆分，因此，不同企业的股票价格不具有可比性，要想对市场中的可比公司进行价格比较，必须对市场价格进行标准化；二是市场上必须存在可比公司，才能根据可比公司市场价值进行差异调整。

相对比较评估方法由于使用简单、易于理解而在实践中得到广泛应用。但相对比较评估方法的优势也是它的缺陷：一是根据一个乘数和一组可比公司进行评估，容易忽略关键的价值决定变量如风险、成长性、收益等，导致评估结果和内在价值不符；二是由于相对比较评估方法是根据可比公司的市场价格展开的，当可比公司普遍被高估（低估）时，评估结果也随之高估（低估）；三是虽然每种方法的评估结果都有一个偏差范围，但由于相对比较评估方法在根本假设方面缺乏透明度，评估结果被操纵的可能性更大。

（三）实物期权评估方法

在传统净现值方法（NPV）中，不确定性意味着风险，不确定性越大，风险也就越大，相应地未来现金流折现率就越高，净现值也就越低，这样使得许多管理者直觉上认为可行的战略投资项目一经估值就变得不可行。传统的 NPV 方法暗含这样的假设：项目要么马上就做，要么永远不做，因为决策必须立即决定；而且项目一旦执行，就要一直执行下去。该假设和现实经济中的实际投资决策存在严重背离，因为 NPV 方法忽略了以下因素：管理者有延期投资的权利，在项目执行过程中，公司有扩张、压缩或终止项目的权利。

1977 年，梅耶斯（Myers）首先提出了实物期权思想，凯斯特（Kester）和平迪克（Pindyck）进一步丰富了这种思想。他们认为只要管理者拥有管理的灵活性（管理柔性），而不是像 NPV 方法中假设的那样被迫进行僵硬式管理，那么，管理者就可通过有效管理将经营风险和不确定性转化为价值创造机会。管理柔性就在于管理者随时可根据获得的信息做出下一步判断（也叫或然决策），尽可能选择创造价值机会，避免损毁价值的投资。大多数投资项目都具有或可被注入某种管理的柔性，例如，公司兼并中，某公司取得了优先购买权意味着该公司可在有利情况下优先投资，情况不利也可放弃投资。上述选择权使项目投资具有了期权性质，这种权利与金融期权类似，同时，它又隐藏在企业实物资产中，因而这种权利被称为实物期权。

实物期权方法从动态角度考虑问题，着眼于描述实际项目投资中的真实情况，对不确定性的处理方式和 NPV 方法有着本质区别。NPV 方法对不确定性是厌恶的，它把不确定性当作风险处理，不确定性毁损价值。而按照实物期权思想，不确定性则意味着机会和权利，不确定性越大机会越多，成功的可能性越大，不确定性实际上增加而不是降低了项目价值，因为价值波动使向上增长的潜能大大增强，同时管理者又可利用投资机会隐含的实物期权规避风险。所以，实物期权方法对不确定性是偏好的，它把不确定性当作权利处理，不确定性创造价值。传统 NPV 方法由于忽视了项目投资中存在的各种实物期权，有低估投资价值的倾向。

实物期权评估方法是对传统净现值（NPV）方法在评估思想上的一次超越和完善。虽然该方法已广泛应用于项目投资决策评估，但除了高科技初创企业外，尚未能真正应用于一般企业价值评估。高科技初创企业由于经营具有较大的不确定性，并且现金流和收益都为负，传统收益现值评估方法很难应用，但高科技初创企业从规模上讲类似于一个项目，作为一个项目处理，实物期权评估方法就能发挥其优势。一般较大型企业往往由众多投资项目组成，包含的实物期权纵横交错，实物期权方法很难得以应用。

从实物期权思想来看，该方法在企业价值评估中具有巨大的潜在应用价值，但从量化角度考虑，距离实际应用仍有很大差距。实物期权方法不仅比收益现值方法复杂得多，而且应用实物期权方法的过程就是一个识别、构建实物期权的过程，对评估人员知识结构、能力水平要求很高，因此，大范围应用目前并不现实。但是，实物期权方法动态化的观点，以及对不确定性的处理思想对于收益现值评估方法的改进将起到启迪和推动作用。

（四）基于资产的评估方法

基于资产的评估方法也称作重置成本法、成本加和法。其理论基础是"替代原则"，即任何一个精明的潜在投资者，在购置一个企业时所愿意支付的价格不会高于重新建造一个与所购置企业具有相同功能的企业所需的成本。因此，企业价值可由企业各单项资产的评估值加总得到。

在清算假设下，例如合资企业经营到期而发生清算时，使用基于资产的评估方法是合适的，这时候可能需要单独评估企业单项资产的价值并分别进行拍卖处理。在清算假设下，清算面临时间限制，如破产清算还要在资产市场价格基础上进行变现折价处理，同时扣减清算成本。

在持续经营假设下评估的是企业各项资产的在用价值。一般从会计核算角度调整企业资产负债表，将会计核算的资产账面价值调整为市场价值，包括在资产负债表上加减一些项目，如一些无形资产中自创商标、软件著作权、专利等按照会计原则不记账，这时需要评估入账。

在持续经营假设下使用基于资产的评估方法往往导致评估结果出现较大偏差，甚至是错误，根源在于把评估和会计两个不同的专业混同化。基于资产的评估方法把企业价值评估视为会计资产负债表中各项资产评估值的加总，忽略了企业作为一个系统存在的整合效应。例如在资产构成方面完全相同的两个企业，由于管理等软因素差异可能导致两个企业盈利能力相差很大，显然，投资者对它们的估价肯定也会相差很大。因此，使用该方法容易导致两方面问题：一是仅从投入（即构建资产）角度考虑企业价值，而未从企业实际盈利能力考虑，可能对企业价值造成低估或高估；二是由于无形资产中自创商标、软件著作权、专利等按照会计原则不记账，可能造成无形资产漏评或估计不足。该方法特别不适用于无形资产占比较大的企业。

参考文献：

[1] Afford, A. W. The effect of the set of comparable firms on the accuracy of the price-earnings valuation method [J] . Journal of Accounting Research, 1992, 30 (1), 94 - 108.

[2] Black Fischer, Scholes, Myron. The pricing of options and corporate liabilities [J] . Journal of Political Economy, 1973, 81 (3), 637 - 654.

[3] Franco Modigliani, Merton H. Miller. The cost of capital, corporation finance, and the theory of investment [J] . The American Economic Review, 1958, 48 (3)：261 - 297.

[4] 王晶，高建设，宁宣熙. 企业价值评估指标体系的构建及评价方法实证研究 [J] . 管理世界，2009，（2）.

[5] 李娜，王静敏. 基于价值创造的企业价值评估方法——Ohlson 模型 [J] . 财会月刊，2010，（24）.

解码《论语》中的管理学思维

王彦长

摘　要：《论语》是我国古代智慧的经典，文章通过解读《论语》中的金句来指导企业正确地开展各项管理活动。企业管理者在做出有关企业经营的各项决策时，论语中的思想是一个有力的引导力量。从而对企业的发展有着极深刻的影响作用。学习是管理者最重要也是最基本的素质之一，学习态度、学习型组织的构建、加强企业文化建设、如何适时适地适人适事地采取合宜的行动，准确把握市场行情，提高企业效益等，在《论语》中都能找到阐述。学习《论语》，对做大做强企业有很大的帮助。

关键词：解码；论语；管理学；思维

　　《论语》是我国古代智慧的经典，在构建汉民族文化心理结构的历史过程中，起到了无可替代的重要作用，两千多年来一直被后人奉为知识宝库中的上品，时时学习，常常反思，从中悟出许多做人做事的道理，指导现代人的生活和工作。《论语》中讲的"道理""规则"和主张、思想，已代代相传，长久地渗透在中国两千多年来的政教体制、社会习俗、人们的心理习惯和行为、思想、言语活动中了。在管理学科领域，近年来，人们也从《论语》著作的学习中，领悟到许多管理思维，指导企业正确地开展各项管理活动。企业管理者在做出有关企业经营的各项决策时，论语中的思想是一个有力的引导力量。从而对企业的发展有着极深刻的影响作用。我们从中采摘一些金句来加以管理学的分析：

　　【原文】　　子曰："学而时习之，不亦说乎？有朋自远方来，不亦乐乎？人不知，而不愠，不亦君子乎？"[1]

　　【解码】　　宋代著名学者朱熹对此章评价极高，说它是"入道之门，积德之基"。本章这三句话是人们非常熟悉的。三句话，一句一个意思，前后句子也没有什么连贯性。但也有人指出这里的"学"不是指学习，而是指学说或主张；

作者简介：王彦长（1963—），男，安徽庐江人，铜陵学院工商管理学院副教授。

"时"不能理解为时常，而是时代或社会的意思，"习"不是温习，而是使用，引申为采用。而且，这三句话不是孤立的，而是前后相互连贯的。这三句的意思是：自己的学说，要是被社会采用了，那就太高兴了；退一步说，要是没有被社会所采用，可是很多朋友赞同我的学说，纷纷到我这里来讨论问题，我也感到快乐；再退一步说，即使社会不采用，人们也不理解我，我也不怨恨，这样做，不也就是君子吗？[2]这种解释可以自圆其说，而且也有一定的道理。

原文提出以学习为乐事，做到人不知而不愠，反映出孔子学而不厌、诲人不倦、注重修养、严格要求自己的主张。

我们再从管理学的角度来分析原文。现代企业的发展离不开经营智慧，企业要想在经济的海洋中不呛水，不断成长壮大，不学习是不行的，现代企业的竞争是知识的竞争。《论语》中的这段原文和美国管理学家彼得·圣吉的学习型组织理论是相吻合的。可以看出，这里的"学"我们可以理解为企业的学习行为，指的是要打造学习型组织，"习"是习惯、是常势、是新常态。把企业打造成学习型企业应该成为21世纪企业管理的新常态。这里的"朋"，我们理解为资金、利润。它是古代的货币单位。（上古时代，曾经有过用贝壳做货币的历史，所以有宝贝一说。象形字"宝"字作"珤"，大概是指玉石做的器皿，后来演变为繁体字"寶"，就泛指一切宝贵之物了。）两贝为一朋——《诗经·小雅·菁菁者莪》里有这样的句子："既见君子，锡我百朋。""锡我百朋"，就是赏给我一百朋钱。一朋是两贝，那么，朋字的那两个半边，就可能是"贝"的象形符号，后来简化为"月"了。在晋商的票号密码中，就把"朋"作为现金的。《论语》后面的篇幅中也有"与朋友交而不信乎"这样的名言。企业要发展才能获得大量的利润，企业管理好了，发展壮大了，利润就多了，有朋自远方来，你不高兴吗？分红时，你不乐乎？原文中用了"说"和"乐"两个字，极有讲究，这里的"说"同悦，"乐"同现代意义上的乐大概一致。这两个字，反映了人世间的快乐，悦是内心的快乐，乐是外表的快乐，要求我们在企业管理中，做到快乐管理，构建快乐文化。这里的快乐，是指我们在管理中要以人为本，履行社会责任，企业要为广大民众造福，为他们提供健康快乐的产品，来解除他们物质上的烦恼，企业在市场中要做"君子"，做到管理有方、管理有序，为广大消费者提供健康实惠、质量过得硬的产品，奉献社会。这里的"悦"和"乐"，是指三方面的快乐，一是企业员工快乐地工作，二是企业本身快乐地发展，三是社会快乐地和谐。这种快乐是由心及表的乐，这也是管理的极高境界。《论语》提醒我们，打造学习型组织是现代社会企业发展的一个必然。未来真正出色的企业将是能够设法使各阶层人员全心投入并有能力不断学习的组织——学习型组织。

【原文】　　子曰："学如不及，犹恐失之。"[1]

【解码】　　本篇是讲学习态度的问题。孔子自己对学习知识的要求十分强烈，他也同时这样要求他的学生。孔子说：闻"圣人之道"，见"圣人之道"，"对照""圣人"，在现实社会中不断地"校对"而不能达到尽善尽美，是因为踌躇、恐惧、疑虑使它迷失而不能承担。在信息时代的今天，知识正在以惊人的速度倍增和传播，如果一个管理者没有学习的热情，整天忙于日常事务，不但原来的知识甚至思维习惯等会停滞不前、迅速陈旧，而且眼光和心胸都会变得越来越狭隘，反应也会越来越迟钝。尤其是在市场经济的今天，一个企业如果不能随着市场的变化不断进步，随时都可能被淘汰。企业要进步，没有管理者的学习提高和进步是不可想象的。《论语》告诉我们，学习是生活中最重要的事，原文中孔子这句话的意思是：学习好比老赶不上趟，即便如此还是担心会有所缺失。

学习是管理者最重要也是最基本的素质之一，不热爱学习的人不可能成为一个高素质、高水平的管理者。在一本美国出版，由 51 位世界顶尖管理大师的文章汇编而成的《未来的组织》（*THE ORGANITION OF THE FUTURE*）中写道"最理想的雇员是具有能力及勤学好思的人。学习过程正是开始于受雇之日。健康组织的雇员将把日常学习作为个人及公司成功的关键要素。"没有学习意愿的人，不可能是一个合格的管理者。学习还要讲究其有效性，有效性的学习是一种挑战、一种实践，你既不挑战自己的目标，又不去应对市场的挑战，就不会有学习有效性的动力和压力。

学如不及，犹恐失之。孔子两千五百年前的这句警言，好像窖藏的老酒，越久越香。

【原文】　　子曰："譬如为山，未成一篑，止，吾止也。譬如平地，虽覆一篑，进，吾往也。"[1]

【解码】　　孔子在这里通过"堆山"这样一个具体的例子，形象生动而又简单明了地把"文化学习和道德追求贵在坚持"这一抽象的道理表达了出来。孔子说的意思是：譬如用土堆山，只差一筐土就完成了，这时停下来，山就永远不能堆成。譬如在平地上面堆山，虽然只倒下一筐，只要继续，就一定能堆成山。荀子则在《劝学篇》中以排比的形式对孔子的这一观点进行了发挥："积土成山，风雨兴焉；积水成渊，蛟龙生焉；积善成德，而神明自德，圣心备焉。故不积跬步，无以至千里；不积小流，无以成江海。"许多人的成功，往往都贵在"坚持"二字，许多成功案例，都是在给"坚持"注释。

在企业管理中，提高管理水平也一样离不开坚持和积累。没有人天生就有管理才能，没有一个从事管理工作的管理者不希望提高自己的管理水平，或者成为管理方面的专家，但是为什么真正成功的管理者总是少数，人们耳熟能详的企业家如杰克·韦尔奇、李嘉诚、松下幸之助、张瑞敏、柳传志、董明珠、周鸿祎等，他们多年来一直是学习、学习、再学习，最起决定性的因素依然是"坚持"二字。只要你持之以恒，就能成为管理方面的行家里手。

我们再来看一看著名的"蝴蝶效应"。气象学家洛伦兹在1963年提出了一个"蝴蝶效应"概念，其大意为：一只南美洲亚马孙河流域热带雨林中的蝴蝶，偶尔扇动几下翅膀，可能两周后在美国德克萨斯州引起一场龙卷风。其原因在于：蝴蝶翅膀的运动，导致其身边的空气系统发生变化，通过层层叠加的连锁反应，最后引起了巨大的变化。"蝴蝶效应"在社会学界用来说明：一个坏的微小的机制，如果不及时地加以引导、调节，会给社会带来非常大的危害，同样一个好的微小的机制，只要正确指引，经过一段时间的努力，将会产生轰动效应，或称为"革命"。小的变化之所以会引起大的变化，关键依然在于积累和叠加，增加到一定的程度，就会产生意想不到的结果。

管理者在某一天的某一次学习，说不定会引发改变企业命运的"蝴蝶效应"。

管理者只有对学习有兴趣，并且心甘情愿去学，才会感受到学习的快乐。正如孔子所说："知之者不如好之者，好之者不如乐之者。"管理者管理工作的"有效性"，主要取决于"自我管理的有效性"，在很大程度上取决于管理者的意识和思维方式，包括整体意识、贡献意识和成果意识。而这些意识的凝练，便是来自于平时的知识积累。

【原文】　子曰："其为人也孝弟，而好犯上者，鲜矣；不好犯上，而好作乱者，未之有也。君子务本，本立而道生。孝弟也者，其为人之本与？"[2]

【解码】　文中的"弟"，古代读音和意义与"悌"（音 ti）相同，文中的"孝弟"：即弟弟对待兄长的正确态度。孝，奴隶社会时期所认为的子女对待父母的正确态度；在这里，孝、悌是孔子和儒家特别提倡的两个基本道德规范。旧注说：善事父母曰孝，善事兄长曰悌。

人们如果能够在家中对父母尽孝，对兄长顺服，那么他在外就可以对国家尽忠，忠是以孝悌为前提，孝悌以忠为目的。在春秋时代，周天子实行嫡长子继承制，其余庶子则分封为诸侯，诸侯以下也是如此。整个社会从天子、诸侯到大夫这样一种政治结构，其基础是封建的宗法血缘关系，而孝、悌说正反映了当时宗法制社会的道德要求。自春秋战国以后的历代封建统治者和文人，都继承了孔子的孝悌说，主张"以孝治天下"，汉代即是一个显例。他们把道德教化作为实行封建统治的重要手段，把老百姓禁锢在纲常名教、伦理道德的桎梏之中，对民众的道德观念和道德行为产生了极大影响，也对整个中国传统文化产生深刻影响。孝悌说是为封建统治和宗法家族制度服务的，对此应有清醒的认识和分析判别，抛弃封建毒素，继承其合理的内容，充分发挥道德在社会安定方面所应有的作用。

现代管理理论与孝悌有直接影响，引申来看，就是主张加强企业文化建设，企业文化也是企业管理的一个重要方面。当企业刚创立的时候，内部管理主要靠亲情；当企业刚走上路时，内部管理主要靠制度；当企业发展壮大了，内部管理一定要靠企业文化。把企业文化作为企业管理的法宝是日本人的一大发明，后来美国企业也重视企业文化建设，二十世纪八十年代"企业文化"理论也传到中国大陆，现在企业管理中都非常重视企业文化建设。我们知道，企业规章制度只能从行为上约束人们的行为，但员工的思想你是约束不了的，作为一个大企业，员工的思想不统一，是不行的，心凝聚不到一块，企业各项工作是做不好的。"人心齐，泰山移"，凝心共聚，齐心共力，做事的效果是不一样的。苏宁的文化经典是"至真、至诚、阳光服务"。海尔的文化经典是"忠诚到永远""赛马不相马""今日事今日毕"。格力的文化经典是"人是企业中最重要的资源"。公司领导早就意识到这一点，一直把提高人的素质、增强企业凝聚力作为企业发展战略的重要组成部分，其质量方针就是"注重发挥创造精神，以人为本，敬业为先"。经过几年的努力，格力已初步建立起独具特色的员工培训体系和企业文化体系，为公司的快速发展奠定了坚实基础。格力加强员工的管理培训，促进企业的高速成长。格力关心员工的业余生活，广泛开展丰富多彩的文体活动。格力重奖科技人员，永远提供人才的上升通道。企业文化建设是企业文化相关的理念的形成、塑造、传播的过程，要突出在"建"字上，切忌重口号轻落实、重宣传轻执行。企业文化对形成企业内部凝聚力和外部竞争力所起到的积极作用，越来越受到人们的重视。企业竞争，实质是企业文化的竞争。当前，面临全球经济一体化的新挑战和新机遇，企业应不失时机地搞好企业文化建设，从实际出发，制定相应的行动规划和实施步骤，虚心学习优秀企业文化的经验，努力开拓创新。

【原文】 曾子曰："吾日三省吾身。为人谋而不忠乎？与朋友交而不信乎？传不习乎？"[2]

【解码】 儒家十分重视个人的道德修养，以求塑造成理想人格。而自省，则是自我修养的基本方法。

在春秋时代，社会变化十分剧烈，反映在意识领域中，即人们的思想信仰开始发生动摇，传统观念似乎已经在人们的头脑中出现危机。于是，曾参提出了"反省内求"的修养办法，不断检查自己的言行，使自己具有完美的理想人格。《论语》书中多次谈到自省的问题，要求孔门弟子自觉地反省自己，进行自我批评，加强个人思想修养和道德修养，改正个人言行举止上的各种错误。这种自省的道德修养方式在今天仍有值得借鉴的地方，因为它特别强调进行修养的自觉性。

　　在这里，曾子还提出了"忠"和"信"的范畴。忠的特点是一个"尽"字，办事尽力，死而后已。如后来儒家所说的那样，"尽己之谓忠"。"为人谋而不忠乎"，是泛指对一切人，并非专指君主。就是指对包括君主在内的所有人，都尽力帮助。因此，"忠"在先秦是一般的道德范畴，不止用于君臣关系。至于汉代以后逐渐将"忠"字演化为"忠君"，这既与儒家的忠有关联，又有重要的区别。"信"的含义有二，一是信任，二是信用。其内容是诚实不欺，用来处理上下等级和朋友之间的关系，信还与言论有关，表示说真话，说话算数。这是一个人立身处世的基石[3]。

　　在企业管理中，企业也要每日三省吾身，关心顾客，了解供应商，研究竞争对手。要勤思我们的产品是否满足了顾客的需要，我们的服务是否还有提升的空间，我们的成本是否还有缩减的余地，我们现在的竞争对手在做什么改变，竞争对手的营销策略有什么变化，潜在对手有哪些，我们的管理是否卓有成效。有效的管理者的自我提高，是组织发展的关键所在[4]，企业机构如此，政府机构如此，其他社会机构莫不如此。这是所有组织迈向成功的必由之路，管理者不断提高自身的管理水平，实行卓有成效的管理，则整个企业的绩效会上一个台阶，企业的视界又是另一番景象。

　　【原文】　子曰："君子不器。"[3]

　　【解码】　这里的"器"，大多数学者认为是器具。引申一点看，有两种含义，一种就是君子不像器具那样，只有某一方面的用途，他应该不断学习，掌握各种本领。"君"字是会意字。从尹，从口。"尹"，表示治事。从"口"，表示发布命令。合起来的意思是：发号施令，治理国家。《春秋繁露》上说："君也者，掌令者也。"《荀子·礼论》上说："君者，治辨之主也。"[3]所以，在古代，"君子"有指"管理者"的意思。君子是孔子心目中具有理想人格的人，君子应当博学多识，具有多方面才干，不只局限于某个方面，因此，他可以通观全局、领导全局，成为合格的领导者。另一种含义就是君子思想不僵化，不像器具那样固形，而是处理各种问题时，灵活机动。

　　在现代管理中，原文提醒我们，企业就是社会大潮中的"君子"，"君子不器"，就是告诉我们，在企业管理中，不应像器物一般定型不变，而应适时适地适人适事地采取合宜的行动。要掌握市场行情，提高企业效益。器具的容量是固定的，企业的市场容量不是固定的，随着社会经济的发展，企业可以适时拓展全国市场、亚洲市场、国际市场。当前，我国政府提出的"一带一路战略"，给很多企业拓展市场提供了发展空间，提供了可利用的商机。"君子不器"对于管理者来说还有另外一层意思，那就是工作中要有主动性，不能只做一个单纯的接受和执行命令的传令兵。要想真正做到"君子不器"，唯一的正途依然是通过持续的学习成为一个博学多才的人，成为一个卓有成效的管理者。

参考文献：

［1］李泽厚．论语今读［M］．合肥：安徽文艺出版社，1998.

［2］杨树达．论语疏证［M］．上海：上海古籍出版社，1986.

［3］杨伯峻．论语译注［M］．北京：中华书籍，1980.

［4］［美］彼得·德鲁克．卓有成效的管理者［M］．北京：机械工业出版社，2014.

CEO 性别会影响公司现金持有行为吗？

许晓芳

摘　要：本章首次研究了 CEO 性别对公司现金持有行为的影响，并考察了其影响在政府干预程度不同条件下的差异。我们发现：在政府干预程度较高的环境中，CEO 为女性的公司现金持有水平较高，但是，在政府干预程度较低的环境中，CEO 为女性的公司现金持有水平会较低。上述研究结果表明，CEO 性别对公司现金持有行为的影响存在两种相反的效应，CEO 性别与公司现金持有水平之间的关系依赖于公司所处地区的政府干预程度。

关键词：性别；政府干预；现金持有；预防性动机；交易性动机

一、引　言

现金在公司所有资产中占有非常重要的地位。Bates et al.（2009）[1]对 13599 家美国公司的研究表明，从 1980 年到 2006 年，现金占资产比例的平均数由 10.5% 上升到 23.2%，显示现金在公司资产中的重要性程度越来越高。近期，由于经济危机在世界范围内的蔓延和我国持续一段时间的银根收紧政策，更是突显了现金持有对企业生存与发展具有非常重要的影响，因而受到了企业管理者和政府部门的高度重视。不仅如此，由于现金持有直接关系到投资、融资与股利分配等公司财务行为，从而可能与其他许多重要研究领域发生关联。因此，公司现金持有行为的影响因素成为学术界研究的热点领域。

性别是决定个体行为的先天性、基础性的因素。大量研究表明，男性和女性的行为存在系统性的风险偏好差异（Sundén and Surette，1998[2]；Barber and Odean，2001[3]；Rachel and Gneezy，2009[4]等）。既然如此，那么我们可以预期男性 CEO 和女性 CEO 在公司经营决策过程中的行为也会有显著的差异。现金持有量对公司生产经营活动的正常运转具有重要影响，因此，CEO 作为公司

作者简介：许晓芳（1986—），女，江西石城人，铜陵学院讲师，管理学博士。

具体生产经营管理事务的最高执行官和主要责任人，既有动机关心公司现金持有量，也有能力影响公司现金持有量。由此引发的问题是：CEO 性别是否会影响公司现金持有行为？如果会，什么因素会影响 CEO 性别与公司现金持有行为之间的关系呢？我们认为，研究 CEO 性别是否会影响公司现金持有行为，不仅对企业经营管理具有直接的实践意义，在学术研究上，也具有重要的价值。

一方面，尽管现有文献主要基于权衡理论、优序融资理论或自由现金流理论，已经从公司财务特征（Kim et al.，1998[5]；Opler et al.，1999[6]）、公司治理结构（Ozkan and Ozkan，2004[7]；Harford et al.，2008[8]）、企业组织形式（Duchin，2010[9]；Subramaniam et al.，2010[10]）、市场竞争（Haushalter et al.，2008[11]）、金融发展（Guney et al.，2003[12]）、货币政策（Custódio et al.，2005[13]；祝继高和陆正飞，2009[14]）、税收制度（Foley et al.，2007[15]）、经济周期（Custódio et al.，2005[13]；江龙和刘笑松，2011[16]）和法律对投资者的保护程度（Dittmar et al.，2003[17]；Guney et al.，2003[12]）等角度，已经对公司现金持有行为的影响因素进行了深入系统的研究，但是，关于公司现金持有行为的影响因素，无论是权衡理论、优序融资理论，还是代理理论，都没有考虑决策者的风险偏好差异。然而，风险偏好对个体行为具有重要影响，对公司现金持有可能会产生重要影响。

另一方面，高管性别与公司行为之间的关系正日益受到学术界的重视，成为近期学术界研究的一个热门话题。现有文献已经围绕 CFO 性别与公司并购（Huang and Kisgen，2012[18]）、CFO 性别与盈余管理（Barua et al.，2010[19]）、董事性别与融资成本（Gul et al.，2010[20]）、董事性别与信息披露（Gul et al.，2011[20]；Sirinidhi et al.，2011[21]）、董事性别与公司并购（Ahern and Dittmar，2012[22]）、董事性别与公司投资行为（祝继高等，2012[23]）、CEO 性别与资本结构（Faccio et al.，2012[24]）等众多话题对高管性别与公司行为之间的关系展开了非常深入的研究。然而，现金持有行为作为一种重要的财务行为，与公司投资、融资等财务行为均有着直接的关系，既可能受到公司投资、融资行为的影响，也可能对公司投资、融资等财务行为产生重要影响。因而研究高管性别与公司现金持有行为之间的关系，不仅可以直接增进我们对于公司现金持有行为的认识，还可以帮助我们理解高管性别与公司投资、融资等财务行为之间的关系。可是，尚无文献研究 CEO 性别对公司现金持有行为的影响。

本文认为，不同性别 CEO 的风险偏好差异，会同时对不同的现金持有动机产生影响，进而对公司现金持有行为的影响存在两种方向相反的效应：一方面，女性 CEO 由于风险规避程度较高，持有现金的预防性需求动机可能会较强，同时，根据资产组合理论，个体风险规避程度较高时，投机性现金需求也会增加

（Tobin，1958[25]），进而提高公司现金持有量；另一方面，女性 CEO 风险规避程度较高导致的过度自信问题较少、行为比较保守，持有现金的交易性需求动机可能较弱。此外，我们还认为，在中国，政府行为对企业生存与发展具有重要影响，研究中国的企业行为，不得不考虑政府因素。政府干预，通过影响企业经营或财务风险，可能会对 CEO 性别与公司现金持有行为之间的关系产生重要影响，因此，研究 CEO 性别与中国公司现金持有行为之间的关系，需要考虑政府干预的潜在影响。我们利用中国 A 股上市公司 1999－2011 年间的 16097 个公司年度数据，对 CEO 性别与公司现金持有行为之间的关系进行了统计检验。结果发现：在政府干预程度较高的地区，CEO 为女性的公司现金持有水平较高，但是，在政府干预程度较低的地区，CEO 为女性的公司现金持有水平会较低。这说明 CEO 性别对公司现金持有的影响存在两种相反的效应，CEO 性别与公司现金持有水平之间的关系依赖于公司所处地区的政府干预程度。

　　本文的贡献主要体现在以下三个方面：（1）首次研究了 CEO 性别对公司现金持有行为的影响，不仅丰富了公司现金持有行为影响因素方面的文献，也丰富了高管性别与公司行为之间关系的研究，可以提高我们对于公司现金持有行为、CEO 性别对公司财务行为影响方面的认识；（2）本文的结论表明政府干预对公司现金持有行为的影响受到 CEO 性别的影响，这可以拓展我们对政府干预与公司行为之间关系的理解；（3）本文提供的证据既在一定程度上符合 Keynes（1936）[26]的"交易性动机假说"和"预防性动机假说"的预期，又在一定程度上符合资产组合理论关于风险偏好与流动性偏好关系的预期（Tobin，1958[25]）。本文从 CEO 性别与公司现金持有关系这一新的角度，为这些重要理论找到了新的证据。

　　下文的结构安排如下：第二部分为理论分析与研究假说；第三部分介绍本文的研究设计；第四部分介绍描述性统计结果；第五部分对回归结果进行了分析；最后一部分是文章的研究结论。

二、理论分析与研究假说

（一）CEO 性别与公司现金持有行为

关于公司现金持有行为的影响因素，目前主要存在如下几种理论：

（1）货币需求动机理论（Keynes，1936[26]）。

（2）资产组合理论。Tobin（1958[25]）的研究表明，当经济主体的风险规避程度较高时，会倾向于持有更多的流动性较高、风险较低的资产，如现金。

（3）权衡理论。

（4）优序融资理论（Myers and Majlu，1984[27]）。

（5）自由现金流理论（Jenson，1986[28]）。与其他资产相比，现金更加容易被滥用（Myers and Rajan，1998[29]）。

不同性别的 CEO，由于其风险偏好存在系统性的差异，可能会对公司现金持有行为产生重要影响。大量的研究发现，相比于男性，女性的风险规避程度更高（Sundén and Surette，1998[2]；Barber and Odean，2001[3]；Holt and Laury，2002[30]；Rachel and Gneezy，2009[4]；Croson and Gneezy，2009[31]等）。CEO 性别通过如下机制，对公司现金持有行为的影响可能具有两种相反的效应：一方面，女性 CEO 可能会提高公司现金持有水平。这是因为：首先，根据 Keynes（1936）[26]的预防性需求动机假说，任何公司在未来都可能发生一些未曾预料到的紧急现金支付需要，如果公司没有足够的现金以应付这些紧急支付需求，将可能给企业带来较为严重的损失，由于女性 CEO 的风险规避程度较高，因此，女性 CEO 为避免公司没有足够的现金以应付这些紧急支付需求而给企业带来风险的动机就会更加强烈。其次，即便企业当时能够通过负债融资及时地筹集到足够的资金以应付那些紧急支付，但是，负债融资会增大企业财务风险，因此，从这一角度来看，女性 CEO 也会提高公司现金持有水平。再次，根据资产组合选择理论，当经济主体风险规避程度提高时，会持有更多的风险较低、流动性较强的资产（Tobin，1958[25]），这也意味着女性 CEO 会提高公司现金持有水平；另一方面，女性 CEO 也可能会降低公司现金持有水平。这是因为，女性风险规避程度较高，意味着她们的行为会比较保守、过度自信问题会比较少，进而能够减少公司部分交易行为。例如，Huang and Kisgen（2012）[18]研究了 CFO 性别对公司并购行为的影响，发现 CFO 为女性时公司并购频率较低；Faccio et al.（2012）[24]研究了 CEO 性别对公司投资效率的影响，发现由于女性风险规避程度较高，CEO 为女性的公司投资不足问题较为严重；祝继高等（2012）[23]研究了董事性别对公司投资行为的影响，发现在金融危机期间，女性董事比例较高的公司，公司投资水平下降得更快。无论是实施并购还是其他的投资活动，公司可能都需要在事前有一定的现金储备，因此，根据 Keynes（1936）[26]交易性需求动机假说，这些交易活动的减少，将会弱化公司持有现金的交易性需求动机，从而减少公司现金持有水平。根据以上分析，我们提出如下一组对立假说：

H1a：CEO 为女性的公司现金持有水平会较高；

H1b：CEO 为女性的公司现金持有水平会较低。

（二）政府干预对 CEO 性别与公司现金持有之间关系的影响

对于企业而言，政府具有两面性，既有可能是一只"掠夺之手"，也有可能是一只"帮助之手"（Shleifer and Vishny，1998[32]）。政府对企业的干预是作为

"掠夺之手"还是"帮助之手"，对 CEO 性别与公司现金持有之间的关系的影响机制可能不同。

一方面，政府若是作为一只"掠夺之手"干预企业时，那么，政府干预会干扰企业正常的生产经营活动、增加企业的负担，进而增大企业的经营风险或者财务风险。徐浩萍和吕长江（2007）[33]曾指出，政府干预会使政府将其政治目标纳入企业生产经营目标中去，政府干预程度的提高，将会增大企业面临的政治风险，提高企业经营环境的不确定性。例如，Fan et al.（2006）[34]的研究表明，政府官员因腐败受到惩处时，与之相关联的一些企业无论是在融资上，还是在业绩上，都会面临困境。由于女性风险规避程度比男性要高，那么，从预防性动机和资产组合选择理论的角度来看，政府干预企业给企业带来的额外风险会促使企业提高现金持有水平，而这在 CEO 为女性的情况下会较强。这也意味着，随着政府干预程度的降低，女性 CEO 提高企业现金持有水平的作用会减弱。这样一来，如果 CEO 为女性的公司现金持有水平较高，那么，随着政府干预程度的降低，这种趋势就会减弱；相应地，如果 CEO 为女性的公司现金持有水平较低，则随着政府干预程度的降低，这种趋势会变强。但是，若是从交易性动机角度来看，风险提高会使 CEO 为女性的公司投资水平会下降得更快（祝继高等，2012[23]），此时，政府干预的提高会使女性 CEO 降低企业现金持有水平的作用会增强，换句话说，随着政府干预程度的降低，女性 CEO 提高企业现金持有水平的作用会增强。这样一来，如果 CEO 为女性的公司现金持有水平较高，那么，随着政府干预程度的降低，这种趋势就会增强；相应地，如果 CEO 为女性的公司现金持有水平较低，则随着政府干预程度的提高，这种趋势会减弱。

另一方面，当政府作为"帮助之手"干预企业的生产经营活动时，将能够帮助企业解决生产经营过程中面对的困难，减少企业面临的经营风险或财务风险。这是因为：首先，市场并不总是有效率的，也可能会出现失灵的问题。在市场失灵的情况下，企业可能会面临较为严重的市场风险，而政府干预可能可以弥补市场失灵的缺陷，帮助企业发展。例如，政府利用行政权力限制市场准入资格或者直接创造稳定的市场需求，以缓和市场过度竞争带来的经营风险，或者，在企业难以从资本市场筹集资金的情况下，直接为企业提供资金补贴或融资便利，降低企业财务风险（徐浩萍和吕长江，2007[33]）。其次，在法律制度不健全的情况下，政府干预可以作为法律制度的一种替代，在企业融资的过程中，能够在一定程度上起到担保的作用，帮助企业获得外部融资（孙铮等，2005[35]）。再次，政府干预对当地企业可以起到某种"地方保护主义"的作用，保护当地企业免受外部企业的竞争。有研究表明，我国各地区地方保护主义比较严重且长期存在（周黎安，2004[36]；李善同等，2004[37]）。Norton（1985）[38]对美国电力行业的研究表明，地方政府的保护主义降低了本地企业的系统风险。相应地，由于女性风险规避程度比男性要高，从预防性动机和资产组合选择理论的角度来看，政府干预程度的提高通过减少企业风险会促使企业减少现金持有，这种效应在 CEO 为女性的情况下会较强。在这种情况下，随着政府干预程度的降低，女性 CEO 提高企业现金持有水平的作用会增强。因此，如果 CEO 为女性的公司现金持有水平较高，那么，随着政府干预程度的降低，这种趋势就会变强；相应地，如果 CEO 为女性的公司现金持有水平较低，则随着政府干预程度的降低，这种趋势会变弱。但是，从交易性动机角度来看，政府干预程度的提高通过降低企业风险，会促进企业投资，进而增加企业交易性现金需求，从而促使企业提高现金持有水平，且这种效应在 CEO 为女性的情况下会更加明显。在这种情况下，随着政府干预程度的降低，女性 CEO 减少企业现金持有水平的作用会增强。因此，如果 CEO 为女性的公司现金持有水平较高，那么，随着政府干预程度的降低，这种趋势就会变弱；相应地，如果 CEO 为女性的公司现金持有水平较低，则随着政府干预程度的降低，这种趋势会增强。

根据以上分析，我们可以提出如下一组对立假说：

H2a：随着政府干预程度的降低，CEO 为女性的公司现金持有水平较高（低）的关系会变弱（强）；

H2b：随着政府干预程度的降低，CEO 为女性的公司现金持有水平较高（低）的关系会变强（弱）。

三、研究设计

我们构筑了如下模型，以检验本文的研究假说（具体指标计算等因篇幅限制省略）：

$$Cahold = \beta_0 + \beta_1 Gender + \beta_2 Gender * Gov + \beta_3 Gov + \beta_4 NSOE + \beta_5 First +$$

$$\beta_6 Ndual + \beta_7 Age + \beta_8 Bsize + \beta_9 Indir + \beta_{10} Size + \beta_{11} Lev + \beta_{12} OCF + \beta_{13} Div + \beta_{14} NWC$$

$$+ \beta_{15} PPE + \beta_{16} Inta + \beta_{17} Growth + \sum \beta_l Industry_i + \sum \beta_k Year_k + \varepsilon$$

四、描述性统计和回归结果

Cahold 的平均值（中位数）为 -2.064（-1.976），最小值和最大值分别为 -5.911 和 0.444，标准差别为 1.126，说明不同公司之间现金持有水平存在较大差异；Gender 的平均值为 0.049，意味着大约有 4.9％的 CEO 为女性，表明我国上市公司女性 CEO 的比例非常低；Gov1 的平均值（中位数）为 5.399（4.807），最小值和最大值分别为 0.952 和 8.761，说明各地区之间政府对企业的干预程度存在较大差异；NSOE 的平均值为 0.329，说明我国大约 32.9％的公司为非国有控股公司。

全样本的回归结果。在第（1）次回归结果中，Gender 的回归系数不显著异于 0，说明 CEO 性别对现金持有影响的两种效应可能相互抵消了，使得我们难以观测到 CEO 性别对公司现金持有行为的影响。在第（2）次回归结果中，Gender 的回归系数为 0.253，在 1％水平上显著为正，支持了 H1a，表明当公司所处地区政府干预程度较高时，公司 CEO 为女性时的现金持有水平较高；Gender * Gov1 的回归系数为 －0.041，在 1％水平上显著为负，支持了 H2a，表明随着政府干预程度的降低，女性 CEO 所在公司的现金持有水平较高的趋势会减弱，会逐渐趋向于低于男性 CEO 所在的公司。在第（3）次回归结果中，Gender 的回归系数不显著异于 0，在第（4）次回归结果中，Gender 的回归系数为 0.121，在 5％水平上显著为正，表明 CEO 为女性公司的现金持有水平显著更高；Gender * Gov2 的回归系数为 －0.182，在 1％水平上显著为负。可见，第（3）次回归和第（4）次回归结果分别与第（1）次回归结果和第（2）次回归结果类似。表明不管是使用 Gov1 来衡量政府干预，还是 Gov2 来衡量政府干预，都不会改变文章的研究结论。

我们根据 Gov2 的取值方式，将全样本分作政府干预程度较高和较低两个子样本，分别进行了回归。表 4 报告了相关的回归结果。在 Gov2＝1，即政府干预程度较低的子样本中，Gender 的回归系数为 －0.084，在 10％水平上显著为负，支持了 H1b，表明在政府干预程度较低的地区，CEO 为女性公司的现金持有水平较低，这符合"交易性动机"的预期，说明由于女性 CEO 的行为更加保守，能够通过减少公司部分交易行为而减少公司现金持有。在 Gov2＝0，即政府干预程度较高的子样本中，Gender 的回归系数为 0.107，在 5％水平上显著大于 0，表明在政府对企业干预程度较高的地区，CEO 为女性公司的现金持有水平高于 CEO 为男性的公司，这符合"预防性动机"和"资产组合理论" （Tobin，1958[25]）的预期。

综合以上结果我们可以看出，CEO 性别对公司现金持有行为具有重要影响，女性 CEO 由于其风险规避程度较高，既有可能提高公司现金持有水平，又有可能降低公司现金持有水平；女性 CEO 究竟是提高公司现金持有水平还是降低公司现金持有水平，在一定程度上依赖于公司所处地区的政府干预程度；当政府干预程度较低时，女性 CEO 倾向于降低公司现金持有水平，当政府干预程度较高

时，女性 CEO 倾向于提高公司现金持有水平。（由于篇幅限制，相关系数表格、回归结果表格均省略）

五、结　论

现金持有是一种重要的财务行为，其影响因素受到了理论界的密切关注。由于性别对个体的行为有着显著影响，而 CEO 既有动机也有能力影响公司现金持有行为，因此，CEO 性别对公司现金持有可能会有重要影响。尽管现有文献已经对公司现金持有影响因素和高管性别与公司行为之间的关系展开过深入系统的研究，但尚无文献研究过 CEO 性别对公司现金持有行为的影响。

鉴此，本文以中国 A 股上市公司 1999—2011 年的数据为样本，检验了 CEO 性别对公司现金持有行为的影响，并且考虑了政府干预对 CEO 性别与公司现金持有行为之间关系的影响。我们的检验结果表明，性别差异所造成的 CEO 风险偏好差异，会通过影响公司现金持有的动机，对公司现金持有行为产生两种截然相反的效应；政府干预通过影响公司的经营风险和财务风险，会影响 CEO 性别与公司现金持有行为之间的关系。我们发现：当政府干预程度较高时，CEO 为女性的公司会持有较多的现金；而当政府干预程度较低时，CEO 为女性的公司会持有较少的现金。

本文通过丰富公司现金持有行为的影响因素研究和高管性别与公司行为之间关系的研究，对后续研究具有重要的启示意义：第一，本文的研究表明高管性别是影响公司现金持有行为的重要因素，研究公司现金持有行为及其相关问题，不能忽视高管性别的影响；第二，高管性别对公司现金持有行为的影响，说明决策主体的风险偏好差异对于公司现金持有行为具有重要影响，现有实证文献及其主要依赖的理论均基本忽视了这一问题，后续研究应当重视决策主体的风险偏好对公司现金持有行为的影响；第三，高管性别对公司现金持有行为的影响比较复杂，存在两种相反的效应，这意味着高管性别与公司现金持有行为之间的关系究竟如何，可能会依赖于其他因素，本文的结果显示政府干预和公司产权属性可能会对高管性别与公司现金持有行为之间的关系产生影响，因此，后续研究在考察高管性别与公司现金持有之间的关系时，应当考虑其他因素可能对其的潜在影响；第四，高管性别与公司现金持有之间的关系，依赖于其他因素，这同时也意味着其他因素对公司现金持有行为的影响，可能会受到高管性别的影响，因此，后续研究其他因素与公司现金持有行为之间的关系时，可能也需要考虑高管性别对这种关系的潜在影响；第五，现金持有与公司投资、融资和股利分配等诸多财务行为都直接相关，既然高管性别对公司现金持有行为有重要影响，这预示着高管性别可能对公司其他的财务行为也会有重要影响，因此，后续研究可以进一步拓展研究领域，考察高管性别对公司其他财务行为的影响。

参考文献：

[1] Bates，T.，Kahle，K，Stulz，R. Why do U. S. firms hold so much more cash than they used to? [J] . Journal of Finance，2009，(64)：1985 - 2021.

[2] Sundén，A. E.，and Surette，B. J. Gender differences in the allocation of assets in retirement savings plans. American Economic Review [J] . 1998，(88)：207 - 211.

[3] Barber，B. M.，and Odean，T. Boys will be boys：Gender，overconfidence，and common stock investment [J] . The Quarterly Journal of Economics，2001，(116)：216 - 292.

[4] Rachel，C.，andGneezy，U. Gender differences in preferences [J] . Journal of Economic Literature，2009，(47)：448 - 474.

[5] Kim，C.，Mauer，D. C.，and Sherman，A. E. The determinants of corporate liquidity：theory and evidence [J] . Journal of Financial and Quantitative Analysis，1998，(33)：305 - 334.

[6] Opler，T.，Pinkowitz，L.，Stulz，R.，and R. Williamson. The determinants and implications of corporate cash holdings [J] . Journal of Financial Economics，1999，(52)：3 - 46.

[7] Ozkan，A.，and Ozkan，N. Corporate cash holdings：An empirical investigation of UK companies [J] . Journal of Banking and Finance，2004，(28)：2103 - 2134.

[8] Harford，J.，Mansib，S. A.，and Maxwell W. F. Corporate governance and firm cash holdings in the US [J] . Journal of Financial Economics，2008，(87)：535 - 555.

[9] Duchin，R. Cash holdings and corporate diversification [J] . Journal of Finance，2010，(65)：955 - 992.

[10] Subramaniam，V.，Tang，T. T.，Yue，H.，and Zhou，X. Firm structure and corporate cash holdings [J] . Journal of Corporate Finance，2010，(17)：759 - 773.

[11] Haushalter，D.，Klasa，S.，and Maxwell，W. F. The influence of product market dynamics on a firm's cash holdings and hedging behavior [J] . Journal of Financial Economics，2007，(84)：797 - 825.

[12] Guney，Y.，Ozkan，A.，and Ozkan，N. Additional international

evidence on corporate cash holdings [J]. Working paper, University of Surrey, 2003.

[13] Custódio, C., Ferreira, M. A., and Raposo, C. Cash holdings and business conditions [J]. Working paper, ISCTE Business School, 2005.

[14] 祝继高，陆正飞. 货币政策、企业成长与现金持有水平变化 [J]. 管理世界，2009，(3): 152 - 158.

[15] Foley, C. F., Hartzell, J. C., Titman, S., and Twite, G. Why do firms hold so much cash? A tax-based explanation [J]. Journal of Financial Economics, 2007, (86): 579 - 607.

[16] 江龙，刘笑松. 经济周期波动与上市公司现金持有行为研究 [J]. 会计研究，2011，(9): 40 - 46.

[17] Dittmar A., Mahrt-Smith J. and Servaes H. International corporate governance and corporate cash holdings [J]. Journal of Financial and Quantitative Analysis, 2003, (38): 111 - 133.

[18] Huang, J., andKisgen, D. Gender and Corporate Finance: Are Male Executives Overconfident Relative to Female Executives? [J]. Journal of Financial Economics (JFE), Forthcoming, 2012, (7): 822 - 839.

[19] Barua, A., Davidson, L. F., Rama, D. V., and Thiruvadi, S. CFO gender and accruals quality [J]. Accounting Horizons, 2010, (24): 25 - 39.

[20] Gul, F. A., Sirinidhi, B., and Ng, A. C. Does board gender diversity improve the informativeness of stock prices? [J]. Journal of Accounting and Economics, 2011, (51): 314 - 338.

[21] Sirinidhi, B., Gul, F. A., and Tsui, J. Female directors and earnings quality [J]. Contemporary Accounting Research, 2011, (28): 1610 - 1644.

[22] Ahern, K. R., and Dittmar, A. The changing of the boards: The impact on firm valuation of mandated female board representation [J]. Quarterly Journal of Economics, 2012, (127): 137 - 197.

[23] 祝继高，叶康涛，严冬. 女性董事的风险规避与企业投资行为研究 [J]. 财贸经济，2012，(4): 50 - 58.

[24] Faccio, M., Marchica, M., and Murac, R. CEO gender, corporate risk-taking, and the efficiency of capital allocation [J]. Working paper, Purdue University, 2012.

［25］Tobin，J. Liquidity preferences as behavior towards risk ［J］. Review of Economic Studies，1958，(25)：65 - 86.

［26］Keynes，J. M. The General Theory of Employment，Interest and Money ［J］. Harcourt Brace，London，1936.

［27］Myers，S.，and Majluf，N. Corporate financing and investment decisions when firms have information that investors do not have ［J］. Journal of Financial Economics，1984，(13)：187 - 222.

［28］Jenson. Agency cost of free cash flow，corporate finance and takeovers ［J］. American Economic Review，1986，(76)：323 - 329.

［29］Myers，S. C.，andRajan，R. G. The paradox of liquidity ［J］. The Quarterly Journal of Economics，1998，(113)：733 - 771.

［30］Holt，C. A.，andLaury，S. K. Risk aversion and incentive effects ［J］. American Economic Review，2002，(92)：1644 - 1655.

［31］Croson，R.，and Gneezy，U. Gender differences in preferences ［J］. Journal of Economic Literature，2009，(47)：448 - 474.

［32］Shleifer，A.，and Vishny，R. The Grabbing Hand ［M］. Cambridge，Massachusetts：Harvard University Press，1998.

［33］徐浩萍，吕长江. 政府角色、所有权性质与权益资本成本 ［J］. 会计研究，2007，(6)：61 - 67.

［34］Fan，J. P. H.，Rui，O. M.，and Zhao，M. Rent seeking and corporate finance：Evidence from corruption cases ［R］. Working paper，The Chinese University of Hong Kong，2006.

［35］孙铮，刘凤委，李增泉. 市场化程度、政府干预与企业债务期限结构 ［J］. 经济研究，2005，(5)：52 - 62.

［36］周黎安. 晋升博弈中政府官员的激励与合作 ［J］. 经济研究，2004，(6)：33 - 40.

［37］李善同，侯永志，刘云中，陈波. 中国国内地方保护问题的调查与分析 ［J］. 经济研究，2004，(11)：78 - 84.

［38］Norton S. Regulation and Systematic risk ［J］. Journal of Law and Economics，1995，(28)：671 - 686.

中美市场营销本科专业应用型人才培养模式比较研究

王 亮

摘 要：中美两国具有不同的文化背景、不同的价值取向和国情，这就决定了中美两国的教育观念、教育模式和教育方法必然存在着较大的差异。作者通过美国访学实证调研，结合多年来人才培养工作实践，进行市场营销应用型人才培养的比较研究，提出将中美两种教育模式的优势相融合，建立适合中国国情、反映中国社会文化内涵的现代化教育。

关键词：访学；铜陵学院；路易斯安那学院；人才培养模式

一、问题的提出

教育部思政〔2012〕1 号文件《教育部等部门关于进一步加强高校实践育人工作的若干意见》中明确指出："党和国家历来高度重视实践育人工作。坚持教育与生产劳动和社会实践相结合，是党的教育方针的重要内容。坚持理论学习、创新思维与社会实践相统一，坚持向实践学习、向人民群众学习，是大学生成长成才的必由之路。"[①] 20 世纪末，我国高等教育迅速从精英化教育向大众化教育过渡，目前我国高等教育毛入学率虽与发达国家比较尚有差距，高等教育大众化尚处于初级阶段，但已经发生了历史性的跨越。在此过程中，我国高等教育出现了办学多样化的现象，应用型本科高校得到极大的发展并占据半壁江山。应用型本科高校面向地方经济和社会发展需要，设置应用型学科专业，培养具有一定理论基础和技术能力，为党政机关、企事业单位等基层单位管理服务的应用型人才[②]。应用型本科高校的迅速崛起适应了社会经济文化发展的需要，其人才培养

作者简介：王亮（1980—），男，安徽六安人，铜陵学院工商管理学院副教授，硕士。

① 中华人民共和国教育部等部门．教育部等部门关于进一步加强高校实践育人工作的若干意见 [EB/OL]．http://www.moe.gov.cn/publicfiles/business/htmlfiles/moe/s255/201202/129911.html.2012 - 01 - 10.

② 孔繁敏等．建设应用型大学之路 [M]．北京：北京大学出版社，2006：33.

质量至关重要，直接影响到人才服务地方的能力。

　　铜陵学院是一所地方性应用型本科高校，其办学宗旨是"地方性、应用型、开放式"，2009 年被批准为安徽省示范应用型本科院校立项建设单位。市场营销专业从 2002 年开始招收本科生，是学院第一批本科专业、第一批院级特色专业及第一批省应用型联盟特色专业，2014 年又获批省级卓越营销师培养计划。如何培养高素质应用型人才，如何彰显专业的办学特色，如何不断提升社会对人才的满意度，这是我们一直在思考和探索的重大问题。2011 年 9 月至 11 月，笔者在美国访学期间深入调研了路易斯安那学院、休斯敦大学、拉默尔大学、路易斯安那州立大学、杜兰大学、洛约拉大学等高校，重点学习美国市场营销应用型人才培养模式，本文对中美高校进行对比研究，希望为提升国内市场营销人才培养质量建言献策。

二、中美教育观念的比较

1. 美国的教育理念

　　美国是一个移民国家，各民族文化上的相互渗透及相互包容，使年轻的美国充满生机和活力。在这个联邦制国家中，各州的权力很大，联邦教育部无法统一全国各州的考试标准。由各州自行制定的教育标准，着重于满足各个民族、各个阶层对教育的不同需求。美国教育倡导从小培养孩子的自信、个性发展及创造性，自信心是课堂教学的重要内容，美国文盲的标准是能不能读懂美国宪法。

　　美国教育十分重视对个人主义价值趋向和个人能力的培养。美国的资本主义和个人主义至上的社会环境，鼓励社会中各个公民进行个人奋斗并获得自我价值实现，以此来推动全社会的发展进步。社会各个领域内，社会成员之间为生存和发展的竞争是激烈的。对任何社会成员来说，自信心、独立工作的能力和创造性能力都是其生活事业取得成功的先决条件，都是实现其人生价值的先决条件。美国的教育为适应美式资本主义社会的现实，特别强调培养学生的个人主义价值观，并在这种个人主义价值观的指导下培养学生的创造性能力，激发学生对自我价值实现的渴望。在具体的教学活动中，他们鼓励学生产生自己的见解，提出自己的方法，教师引导学生进行独立的个性化思维活动，对有关政治、宗教、历史、地理和文学方面的很多问题禁止教师提供"唯一正确的答案"，要鼓励多种不同见解的存在，不许教师代替学生思维。在考试的时候，考核的重点也不是看学生表现出的分析能力的强弱，而要看其分析答案自身的合理性。

2. 中国的教育理念

　　中国历来有重视教育的传统，中国古代特有的科举考试制度，鼓励读书人"学而优则仕"。这种通过考试选拔文官的制度，需要考生阅读背诵大量的历史文献，掌握理解大量的历史知识和典故，因此教师总是要求学生"两耳不闻窗外事，一心只读圣贤书"，教育学生"劳心者治人，劳力者治于人"。激励学生学习的动力是金榜题名，是"十年寒窗无人问，一举成名天下知"。成绩成了评判学生优劣的决定性标准。

我国现行的学校教育是努力培养"学业智商高"的人才，注重积累知识的能力以适应各种标准化考试的选择，培养的是学习型人才，而忽视了培养社会所需的多层次创造型人才。国内的教学使得学生虽然基本功扎实，但是缺乏实践和创新的能力，许多学生的个性和特长受到抑制，即使是在开展探究性学习的时候，学生的思维也不够活跃，想象力也很有限。今天的中国教育，从某种程度上来说，仍没有走出应试教育的桎梏。学生依靠大量的机械重复的作业和练习，以及枯燥无味地死记硬背等方式来获取知识。这种教育方法忽视了每个学生的个人特点和兴趣爱好，忽视了每门课程自身的特色。在这种教育体制的长期熏陶下，受教育者会把不断的重复劳动当成一种乐趣，会把对上级和规则的绝对服从当成一个习惯，学生仅仅是知识的容器。中国人形成了一种思维定式，注重文凭，重视学历，它在很大程度上决定了人们的职业、收入、财富、社会地位和将来的发展空间。而整个社会的用人体制也是重学历轻能力，这也使得社会过度强调考试的唯一性和重要性。

三、中美教育体制、培养目标的比较

1. 美国教育体制和培养目标

美国在高等教育国际化的战略指导下，吸收了全世界各种元素，吸纳了全球众多推动社会发展和进步的精英，其教育大国的地位毋庸置疑。为了迎接新世纪的挑战，20世纪90年代以来，美国加快了教育体制的改革，其目的是提高教学质量和管理效率，为社会和经济的发展做出更大的贡献。美国政府的政策制定者掀起了新一轮的面向新世纪的高等教育改革，将促进高等教育的发展作为国家目标的重要战略举措；总体思路是要建立一个更高的教育体系，适应未来的多项改革和时代的需求。政府更加重视培养学生的实践能力，培养学生能够建立扩展知识体系的综合能力。为了实现普及高等教育的战略目标，美国在采取了一系列改革措施的基础上大幅增加对教育的创新：一方面推行小班教学，加强双语教学，使大学毕业生更具有竞争力，更能适应社会需求；另一方面，着手提高教师的素质，要求教师整合传统媒体和现代媒体，采用现代化的教学方法。

2. 中国教育体制和培养目标

与美国高等教育相比，中国高等教育的目标是能够基本实现教育现代化及形成学习型社会，其战略目标是进入人力资源的强国之列。具体表现为：高等教育要实现更高水平的普及教育，合力形成惠及全民的一种公平教育，同时提供优质完备的教育体系和体制。不难发现中国高等教育的侧重点在知识的形成、灌输和积累，意在培养学生的尊重知识和继承的能力，建设知识体系。而我国大学在很长的一段时间内，专业课程缺乏变化，不能按照社会的需求建立课程体系。所以，一方面，学生对所学专业关注度不够，多数学生对专业缺乏了解；另一方面学生往往缺乏明确的学习目标，对于自身未来的发展没有明确的定位。因此，若将我国的高等教育体制的改革方向和目标进行对比，确有值得完善的地方：首先，高等院校要把提高教学质量作为学校发展的核心；其次，要稳步提高教育质量及优化结构，突出自身的办学特色。另外，需要加强学校和教师队伍建设，人才培养体制和办学体制等方面也要深化改革，力争将大学生培养成具有成熟心理素质、良好人际沟通能力、德才兼备的有用人才。

四、中美教育模式及方法的比较

1. 美国的教育模式及方法

美国的学校从小就重视和尊重孩子的自尊心和自信心，学生在课堂上随时可以与老师进行对话、表达自己的观点，讨论甚至辩论，课堂氛围自由、宽松，是典型的以学生为主的教学模式。这个过程中学生从小就养成了"生而平等"的人格感，在活动、游戏、讨论、实践等各个环节中学会独立动手、动脑分析解决问题，学会如何与人相处团队精神。美国教师上课的风格大都具有戏剧性，在课堂上，学生上课可以吃东西，跷二郎腿；有的教师讲课时嘴里还嚼着口香糖；有些老师讲到兴致处，还会坐上讲台，讲得有声有色，全无中国人所看重的课堂仪表。美国教师讲课大多缺乏系统性，一个问题尚未解释清楚，又跌到另一个问题，一堂课下来，七零八落的，不知道在讲些什么，非常没有条理性，经常讲与课文无关的内容。美国没有全国性的课程标准，但各州、郡甚至学区都可以自行编订课程标准。从总体上看，美国的课程设置相当灵活，内容广而不深，强调生活的基础，关注生活经验，引导多元发展，更多的是从社会需求和学生生存需要考虑，重视学生的实践能力、思维能力以及认识问题和解决的能力的培养。美国的教材重视知识面上的拓宽，轻视对知识深度的过分挖掘；重视学生的实践能力、动手能力的训练，轻视对知识的死记硬背；重视对学生学习的自主性、独立性和创造性等方面能力的培养，轻视求同思维的过分培养。其教材大多图文并茂、生动形象、题材多样。每一题材都由不同时代、不同类型和风格的文章组成，还配有背景报道、作者介绍等相关内容，并专门列有相关文章的网址，从而方便学生的课外阅读。

从笔者在美国高校的实际调研情况来看，美国的大学习惯上分为两年制学院

（社区学院）、四年制学院和综合性大学，我国的地方应用型高校更加接近于美国四年制学院的办学模式。美国高校普遍注重学生博雅教育，重视课堂教学，以学生为中心，致力于把学生塑造成具备完善人格和良好素质的人才，学生无论是何种专业，都普遍学习宗教、音乐、美术、体育、历史、生物、数学、化学、物理等博雅教育课程。教师在教学过程中的地位及作用突出，在组织教学中有很大的能动性。课堂教学互动性强，往往由教师阐释理论，让学生举例验证或情景模拟。学校皆为小班教学，少则 3～4 人，多则 30～40 人，教室的学生座椅围成长方形，以体现对于每个学生的关注。课堂教学气氛轻松愉快，教学容量小，师生不断交流，不仅是教师引导学生，学生也经常向教师提问，学生和学生之间也随时会展开讨论，小班制教学及全面学分制使得教师有充分的时间和精力与学生交流（见图 1）。教师具有良好的修养和全面的素质，具有优秀的语言表达能力、组织协调能力，这也从侧面说明，美国高校教师的选聘要求很高，不仅有学历职称的要求，也有对于综合素质的要求。教师在教学中很少板书，黑板往往成为摆设，很大程度上依赖于多媒体及讲义。教师可以自由安排和调节教学时间跨度、教学内容。以时间跨度为例，少则 35 分钟/1 课时，多则 80 分钟/1 课时，完全根据教学的具体需要来决定，早上、中午、下午、晚上皆有授课。

图 1　路易斯安那学院课堂教学情景

2. 中国的教育模式及方法

中美教育除了自我定位问题的差异之外，在学业课程的选择上还有很大的区别。在我国，学校开学和放假，都是由教育主管部门具体安排，课堂教学都有统一的课程设置标准、统一的教学大纲，各地教育主管部门根据上级安排及本地的实际情况，再制定出当地相对统一的教学内容及教学进度。我们的课堂教学是典型的以教师为主的教学模式，注重培养学生对知识和权威的尊重，老师习惯于以权威、监督者的形象，严肃地站在学生面前训话、布道，这种"一言堂"的课堂教学模式知识容量大，对学生要求高，在教学的严谨性、严肃性方面都是无懈可击的。但这种"满堂灌"的方式，也让学生养成了只知道被动记忆，不爱提问的习惯，从而使他们在学习中习惯于过多地依赖教师和课本。同时也带来了课堂不够活跃、课堂氛围比较严肃、学生阅读面不广、自主学习能力较弱和实际操作水平不高的弊端①。

通过上述比较，我们可以看出中美两国有着极为不同的教育传统，中国的教育窄而深，侧重于知识的静态接受，而美国的教育广而博，侧重于知识的动态掌握；中国的教育注重知识的积累和灌输，注重培养学生对知识本身的掌握，而美国的教育则注重培养学生运用知识解决实际问题的能力，注重培养学生对知识的拓展和创新；中国的教育注重培养学生的求同思维，培养学生严格、严密、严谨的精神，而美国的教育注重培养学生的批判性思维和发散性思维，培养学生的自信、自主和自立精神。

五、中美市场营销专业课程设置的比较

1. 美国高校的课程设置

第一，课程结构类似，分为基础课程、商学核心课程、专业核心课程、专业选修课程。第二，重基础、淡专业。重视文科基础课程、科学技术基础课、商学基础课程，学生在大学一、二年级不分专业进行一些基础和商学课程学习，只有在高年级时才开始进行细分专业，专业课程所占比重只占 10% 左右，一般就四五门专业课程外加三四门专业选修课。第三，课程设置上每个学校都有自己的特色，都比较宽泛。第四，学生选课灵活，可以根据自己兴趣、个性、经历来选择自己的专业，同时不满意还可以换专业。第五，重视学生批判性思维方式、商务沟通技巧和对环境（包括商业环境、法律环境、组织环境等）的要求。

2. 中国高校的课程设置

一是课程体系大体相同，都是通识课程、学科基础课、专业必修课、专业选修课。二是各个学校课程设置大同小异，没有特色，课程同质率比较高。三是学生从新生入校就选定专业，也不能随意更改专业，学生对课程也没有多少选择余地。这也造成很多学生一开始就学习自己不喜欢的专业，最终导致学业的不成

---

① 胡灵敏. 中国教育的困惑与中美教育差异比较［J］. 洛阳师范学院学报，2013，（8）.

功。四是在通识教育课里面除了国家规定的思想政治课外，大学语文课、大学英语、大学计算机、大学体育课都是中国特色的课程。数学课程（微积分、线性代数、概论论与数理统计）课程开设要比美国大学要多、要难。五是通识课程、学科基础课程和专业课程基本上按照 30％的比例开设。

教育，是一种文化现象，不同的教育反映的是不同的社会文化内涵。其实最理想的教育是将中美两种教育模式的优势相融合，这样将既有扎实深厚的基础又有创新。但是由于这两种教育模式是基于不同的文化传统和社会背景，所以融合起来有着相当大的难度①。中国的基础教育和高等教育目前确实都存在着一些问题和弊端，美国的教育的确存在许多优点和先进之处，值得中国教育借鉴和学习。但这并不意味着中国的教育改革就要完全以美国教育为榜样，中美两国的教育体制是根植于两国的文化传统、历史背景以及价值取向上的。中国的教育必须建立在适合中国国情的基础上，反映中国的社会文化内涵，中国的教育传统也必须根植于中国的文化传统。如何探索出既能适应中国社会又能汲取世界教育精华的教育模式，是教育研究的重要内容，也是研究的难点，总之，我们需要的是本土化与国际化相结合的现代化教育。

参考文献：

[1] 中华人民共和国教育部等部门.教育部等部门关于进一步加强高校实践育人工作的若干意见［EB/OL］.http：//www.moe.gov.cn/publicfiles/business/htmlfiles/moe/s255/201202/129911.html.2012 - 01 - 10.

[2] 孔繁敏，等.建设应用型大学之路［M］.北京：北京大学出版社，2006：33.

[3] 胡灵敏.中国教育的困惑与中美教育差异比较［J］.洛阳师范学院学报，2013，（8）.

[4] 刘荞伟.中美教育观念碰撞下的思考［J］.中国音乐教育，2011，（1）.

---

① 刘荞伟.中美教育观念碰撞下的思考［J］.中国音乐教育，2011，（1）.

语言·文体

散文诗如何回应现实

崔国发

摘　要：直面现实，干预生活，聚焦人生，让散文诗在"接地气"中"添底气"，在"聚人气"中"增大气"，在"新写实"的深度上，重建散文诗与现实之间的关联，实现散文诗从幻想型向感时型转变，从诗思型向诗史型转变，从虚妄型向真实型转变，使诗人在对现实真相的揭示中，达到为主体生命与生活经验的有效看护。

关键词：散文诗；回应；现实；"新写实"

　　一个散文诗人，对于当下与自己所处的这个时代的新风，应有高度敏锐的感受性，应该抱有更多的热忱与激情，成为现实生活大家庭中亲爱的、真正的、让人信赖的一员，而不可游离于栩栩如生的、真善美的、接近本真的、千变万化的生活图景之外，把自己闭锁在几乎与外界隔绝的象牙之塔里，于某种艺术定式中进行虚伪造作的、与大千世界相脱节的、重复式的劳动。我们真的难以想象那种迷醉于"过去时"而非"现在进行时"更非"将来时"的写作方式，能给散文诗带来多少大的突破与腾跃。

　　关于散文诗如何回应现实的话题，不是什么新鲜的东西。我在上大学的时候，就听到文学理论课老师多次谈到别林斯基的"镜子"说，强调诗歌是一面镜子，既然是镜子，就要反映富有特征的客观生活，必须始终保持与现实生活之间亲密的血肉联系；谈到车尔尼雪夫斯基艺术对现实的审美关系，车氏虽然强调审美地、艺术地再现生活，美是生活，终究还是不能不描画或以更完美的形式呈现生活，不信先验的"假设"而必须"尊重现实生活""说明生活"；谈到杜勃罗留波夫关于人民性

　　作者简介：崔国发（1964—），男，安徽望江人，铜陵学院党委副书记、纪委书记、高级政工师，中国散文诗研究中心特聘研究员。

渗透的问题，他尤其强调文学应反映生活的主要动向，回答当代的尖锐问题，描写生活的本来面目，指出艺术是客观现实在意识中的反映，作家的主要价值在于描写的"真实"；谈到皮萨列夫的"现实主义者"——即便是一个热情的、敏感的、有着天生的巨大才华的诗人，也应当知道和了解他的时代和他的人民，"一方面要了解社会生活的每一次脉动的十分深刻的意义，同时也一定要用全力来爱他认为是真、善、美的东西，来恨那妨碍真、善、美的思想获得血肉并变成活生生的现实的大量卑鄙龌龊的勾当。"（皮萨列夫：《现实主义者·十四》，伍蠡甫主编《西方文论选·下卷》第 456 页，上海译文出版社 1982 年版）。后来，我又读到了诺贝尔文学奖获得者、诗人塞弗尔特的诗观。他说，每个人都应该看到自己生活在某个历史背景中，应作为一个对历史负责的人那样生活；我们的生活应该与我们认识的现实、我们凭良心发现的现实相一致；"逃避具体事物和当前的现实，无助于诗人。那会使他自己的人生变得不真实和不自然。"（引自王诜编《世界著名作家访谈录》第 150 页，江苏文艺出版社 1991 年版）……

几十年过去了，我所学过的文艺理论，作用于当下的散文诗，为何还具有一定的现实意义和针对性？原因就在于，我们尚有不少散文诗人，没有认识到这个问题的重要性，他们喜欢把笔触伸向那些易写或过去人们无数次表达过的一些东西，喜欢在前人的故纸堆中解释与阐述，喜欢在个人的情绪或内心苦闷中寻找一些廉价或空虚的寄托，甚至喜欢东拼西凑、东剪西贴、东张西望而没有属于自己对于新的生活与新的时代体验到的独特的、个性化的表达，他们的散文诗作品给人们的感觉依然是那么的陈旧，那么的似曾相识，那么的陈陈相因，而作者对当下城市、农村生活中出现的新事物、新变化、新人物、新思想却熟视无睹，难怪在越来越多的散文诗作品中，严重短缺或稀有人们所期待的"现代性""当下性""时代性"，严重短缺或罕见那种敦厚朴实、真淳自然、素面朝天的"质朴的气韵"，那种与灵魂"里应"兼与现实"外合"的艺术笔墨，那种倾力以赴现实生活气势宏大的"第一现场"而能够如诗人穆木天所曾说过的"捉住现实"的美学承袭、调整与改变。有鉴于此，穆木天曾经有言："诗人，为了对于自己忠实起见，是必须对于客观的现实忠实的。真正地认识客观现实的人，真正地认识社会动向的人，是才能获得崇高的真实感情的。"（穆木天：《诗歌与现实》，1934 年 6 月《现代》第 5 卷第 2 期），我想，穆木天的这一诗观对于今日散文诗如何回应现实，无疑具有一定的启示作用，聚焦"客观现实"，聚焦"社会动向"，或许就能使散文诗在"接地气"中添"底气"，在"聚人气"中增"大气"——散文诗需要严肃地关注现实，需要写"平凡的世界"中那些老百姓的喜与乐、哀与痛，需要充满对民众的深挚厚爱，说出人间的不平，如耿林莽先生那样"为世界喊痛"，一点儿也没有所谓的"高蹈"与清高自许，对底层苦难和土地或人民表示热情的关切，需要关注"大地上的事情"，或如当年胡风先生评说艾青诗歌所追求的那样，"平易地然而是气息鲜活地唱出了被现实生活所波动的他底情愫，唱出了被他底情愫所温暖的现实生活的几幅面影。"（胡风：《吹芦笛的诗人》，1937年《文学》第 8 卷第 2 期）。正是这种温暖与力量，使散文诗在现实生活的维度上找到了繁荣、发展的契机与再次崛起的可能。

　　前些时候，我在 2013 年第 6 期《写作》杂志上，读到了教育部社科中心研究员马建辉先生的宏论《现实主义写作与我国当前的文学思潮》。此文把当下现实主义创作思潮概括为底层文学思潮与非虚构思潮两种。就底层文学思潮而言，作家深入底层和民众生活的第一线，真实地展示了底层群众生活的艰难困苦和弱势群体的所思所想，体现了作家强烈的社会责任感和人文关怀。就非虚构思潮来说，以关切现实、展现原生态场景为基本特质。马建辉研究员进而在论文中阐论，以现实主义为内核的文学思潮所体现的内涵主要表现在：现实的人道主义关怀；抽象人性论的退潮与作家对人性社会现实生成观的认同；文学本土意识的增强和文学本土问题意识的增强等等。马建辉的这篇文章，虽然是从现实主义文学创作思潮的角度综论的，但它对散文诗创作中的"底层新写实"或"非虚构"的尝试，我以为有着一定的借鉴意义——我们之所以强调现实生活的介入，就是因为散文诗需要回归到生活的原点，回归到人文关怀与人性抒写上来，回归到对本土人与事、词与物、情与理的观照上来，而不能揪住头发脱离土地、脱离"人"及"人生"乃至于"人性"，从这个意义上说，散文诗作品干预生活的深度，就是人文关怀的深度，就是人道主义的深度，就是人性与社会的深度，就是化古而不泥古、化洋而不西化的深度。我们真的祈盼着散文诗作家更深地接触现实、感悟现实、植根于现实，勇于构建从现实切入心灵的那些瞬间、那些场景、那些人物、那些事件、那些对话、那些意象、那些素材，甚至于是那些喧嚣、那些消费主义时代和市场时代的社会与人性的某些病象，采取现实主义或批判现实主义的创作手法，真正地使散文诗变得丰富起来、复杂起来、斑驳起来，在难度写作、深度掘发与厚度穿透中，崛起思想与技艺的高度；在虚与实的巧妙结合中，处理好如耿林莽老师所说的"生活、叙事与诗意的关系"；在散文诗的底层文学渗透与非虚构文本构建中，实现更大的突围与进化。

　　2008 年秋天，参加"帕米尔诗歌之旅"的中外诗人，曾经前往黄山黟县，围绕"诗歌如何回应现实"这一主题展开了讨论。后来，我先后读到了诗人王家新的文章《诗歌，现实与语言之旅》、诗人宋琳的论文《诗与现实的对称》和波兰诗人达留什·托马斯·莱贝达的《真实生命的诗歌》。王家新在文章中，谈到了诗歌回应现实或许与"现代性"有关系，他还说，作为一个诗人，我们当然不能不关注现实，但诗的写作与其说是来自于对现实的回应，不如说来自于对个人经验的挖掘和转化，用另一种说法，诗来自于语言的"回忆"。（参见王家新：《雪的款待》第 138 页，北京大学出版社 2010 版）。宋琳在文中则如此写道："诗歌要在现实之上建立一种更高的秩序——这是我所理解的超越"，在复杂多变的现实面前，宋琳说诗人的选择主要是两种，成为新的隐逸派或向屈原和杜甫学习，关心天下事，"不使亲历者的历史记忆与见证散逸于语言之外"。"二者的交互影响或许还产生出第三种，即着眼于启示未来的、更博大的综合，它们取决于诗人个人的抱负与时代的机遇"。（唐晓渡、西川编：《当代国际诗坛（四）》第278－279 页，作家出版社 2010 年版）莱贝达指出："在某种真正的意义上，诗是诗人自己所拥有的生命经验和他接近存在本质方式的总和。"（同上，第 289页）这三位诗人，在论及"诗歌如何回应现实"这一问题时，都涉及了现实、时代、生命、经验、存在本质、语言等关键词，说到底，文本中的现实与实际生活中的现实相互渗透，他们不可能不牵连到生命体验，不可能不牵连到同样来自于生活、来自于现实之中的语言。这恰恰说明，要使诗歌介入现实生活，不是平面的、机械的、单调的、照相式的反映，而是积极的、能动的、审美的、富有创造性的反映，散文诗在回应现实或介入生活中又何尝不如是呢？或许它在回应现实时确实需要靠诗人敏锐的感受力来领悟，在我们这个转型发展的新时代，散文诗可以见证现实，可以用语言的现实来表现社会的现实，洞见纷繁复杂的现实，可以在本源上重建散文诗与现实之间的关联，实现散文诗从幻想型向感时型转变，从诗思型向诗史型转变，从虚妄型向真实型转变，使诗人在对现实真相的揭示中，达到为主体生命与生活经验的有效看护。在理想与人道的二律背反中破解现实的难题。有时，贴近现实的平民意识，感同身受地切入真实的生活状态，赋予散文诗以博大而深沉的现实关怀，反而能给读者带来强烈的心灵震撼。

现实的情况是，老一辈散文诗作家耿林莽、许淇、陈志泽、蔡旭等在回应现实方面为我们做出了示范。耿林莽关注现实民生，尤其是底层民众的疾苦，特别是写打工族的《走过，走过街头》、写年幼失学的卖花女孩的《窗口鲜花》等，不仅读来令人感到悲悯与同情，而且体现了诗人的高尚人格、道德良知与强烈的社会责任感。许淇的《城市交响》，写城市雕塑、酒吧、地铁、剧场、喷泉、月票等大量城市现实生活场景与物象，以及调酒师、时装模特儿、芭蕾舞蹈家、陌生女郎、农民工、时尚诗人、流浪汉等城市里的各色人等，扑面而来的是现代城市现实生活的清新之风，对此，许淇在他的散文诗集自序中如是说："我虽然重表现不重写实，但因为源泉从生活的底层喷涌；我们生存，我们活着，因而我们写作，不可能让内心和客观世界完全隔离。"其实他的城市体散文诗，多侧面地展示出城市现实的斑斓与多姿多彩，是散文诗回应现实生活的一大典范。陈志泽的散文诗集《热土·乡音·人》把散文诗的镜头聚焦到海峡两岸尤其是泉州那片热土，聚焦闽南侨乡，聚焦船长、惠安女、海外赤子、刻纸大师等人物，这些人物不是不食人间烟火的"神"，而是拨动了作家心弦的栩栩如生的形象。陈志泽先生谈到这些作品创作时说，涉及散文诗的时代感和对于现实生活的关注，生活点燃散文诗作家的创作激情，怎能不捧出火的光焰，特别是经历了饱含人生五味的生活，有了深刻的体验，那是无法抑制的。蔡旭或许是正式出版散文诗集最多的作家，他积几十年之功，已出版了 20 多部散文诗集，从近年他寄给我的《熟悉的风景》《顺流而下》《生活的炊烟》《温暖的河流》《沉淀物》《简单的生活》等专集来看，他的散文诗零距离地切入了他所熟悉的日常生活，举凡自然、社会、人生，以及那些他所熟悉的人、熟悉的事、熟悉的景、熟悉的物等等，都纷纷地走进了他的诗里行间，乃是诗人抒情地吟唱社会与人生的艺术记录，也是他长期以来对生活与现实的感悟与思考。

　　中青年散文诗作家群中，在"新写实"方面比较突出的有韩嘉川、李松璋、方文竹、黄恩鹏等诸位。生活在青岛的诗人韩嘉川，以大海为背景，无论是写渔民与港湾，还是写城市与人，都浸润着浓郁的生活气息，对城市生活的抒写与海洋文化的体悟透出了强烈的现代感；现居深圳的李松璋，有着对时代、社会、现实的强烈关注与异常敏感，耿林莽老师说他是"为数不多的几位关注现实、敢于向邪恶发出'不'的声音的作家之一"，河南文艺出版社在出版其散文诗集《羽毛飞过青铜》的内容推介中说，李松璋"对现实景象的准确捕捉，如静水深流，穿透力锐利而持久，具有鲜明的个人风格"。近年来，他的由国内外新闻而触发的散文诗系列，更是直接面对现实和新闻现场，把"生活写真"与"诗体评述"相结合，匠心独运地融入了现实的因素，文本间性的运用，产生了"互文"式的奇妙效果。方文竹是诗论兼擅的散文诗作家，提出过许多独创性的散文诗论语，在散文诗如何回应现实上，他撰写的论文《现实生活的介入与散文诗的突破》所标举的论点可谓发人深省，把对现实生活的新书写上升到散文诗的新突破的高度，文竹兄的创见一针见血，一下子便找准了问题的关键，为长期以来困扰我们的散文诗如何突破的难题指点迷津，找到了一条通往艺术新径的康庄大道。就他个人的创作而言，从他的《东方智慧》系列、《今生今世》，到干预现实的《城市突围》《城市空白》，到与现实生活短兵相接的《纪实体散文诗》，再到近年推出的《月牙湾诗篇》系列，可谓步步为营，全面逼近现实生活的堂庑，其散文诗创作别开生面，独树一帜，使现实主义散文诗创作向纵深发展，很多篇章涉及的表现对象都是第一次面对，写他人之所未写。他的实验品格极为珍贵，他对散文诗的识见与实践，开辟了散文诗新写实与非虚构的新境界。黄恩鹏是散文诗坛深具功力而倡导"自然中心主义"的一位健将，是对散文诗如何回应现实、对人类应有的生活本态有着独特理解的艺术翘楚，自2001 年他开始滇西之行走进怒江大峡谷时起，恩鹏兄每年都花一定的时间走出书斋，深入生活的现场，采集到许多鲜活的、来自现实的"第一手资料"，为他散文诗创作的丰富与发展，超拔到一个新的标高。他在《过故人庄》自序《谁是谁的果实》开头即写道，十几年来，他"迷恋上了这种栉风沐雨式的行走：翻越高黎贡山，暴走金沙虎跳，逐浪澜沧江水，探寻茶马古道，踯躅偏僻乡村，甚至探险当年中越边境险象环生的堑壕、无人涉足的草地山林，走近胼手胝足的农人。这种自虐式的游历，脱掉了我身上的世俗硬壳，使我轻捷地融入了自然"。如果没有这种"暴走"与对"现实"魅力的新发现，就没有他那脍炙人口的《滇西写意》；如果没有这种"探寻"与"踯躅"，便不可能有他那极富民族风情与艺术风韵的长篇散文诗名篇《去黔东南一个叫高增的侗寨》！不经一番风霜苦，哪得寒梅吐清香？大千世界丰富多彩，现实生活光怪陆离，就看你是否下苦功夫体验生活，回到现实生活之中，你会发现那些"原生态"的生存本相，那些五花八门的人生图景，那些丰沃肥美的生活土壤，原来是如此地让你受用无穷！

曾记否，《散文诗》杂志主编皇泯先生提出的《伪散文诗的八大特征》；曾记否，方文竹诗家若干年前列数的散文诗在表现现实生活方面的缺失，他说："再翻读一下目前的散文诗吧，我们看到大量的作品动不动就是风花雪月，小资情爱，古诗词改写，个人小感触，词语游戏，节假祝贺，等等，有多大意思？有多少发展前景？平浅，平庸，套路，自我重复，个性泯灭。甚至很多成名作者也难免摆脱症。若这样下去，何言散文诗的发展？该是值得我们这些搞散文诗的同仁认真深思的时候了！"可是，我们大家"深思"了近十年，翻看当下的散文诗，却还是"涛声依旧"，手持一张旧船票，仍未介入新现实与新生活的那条"客船"！我们不妨重温一下皇泯和文竹先生的"忠告"——直面现实，干预生活，聚焦人生，不做时代精神的"睁眼瞎"。我们不妨听取著名评论家张韧的一席话："文学如果远离底层人的生存状态，与人之存在价值疏淡，作品无疑失掉了血脉"；底层文学"突现了以人为本和以'人的文学'为基点，作家面对底层不是居高的俯视，也不是站在'边缘'的观赏与把玩，而是以平民意识和人道精神对于灰暗、复杂的生存境况发出质疑和批判，揭示底层人悲喜人生与人性之光。"（《从新写实走近底层文学》，《文学星空的求索》第 510、511 页，作家出版社 2005 年版），不仅仅是张韧先生这样说，就连现代派经典作家阿尔贝·加缪也说过这样的话："没有现实，艺术就是子虚乌有的东西"；"文学应当表达大家都明了的东西，表达我们大家都密切相关的现实。"加缪还强调指出："一旦与自己的社会相隔绝，他就只能创作出形式主义或抽象的作品。"（同上书，第 504 页）因此，我衷心地希望，当下的散文诗作家们，都要增强对现实的意识，增强现实的忧患，增强道德良知与社会责任感；作为散文诗爱好者，我也真诚地祈盼，现实生活对咱们散文诗的发展走向，产生越来越深刻的影响。

莫言小说艺术肌理与 21 世纪中国文学发展的可能

瞿华兵

摘　要：莫言小说有其独特的艺术特征。莫言获得诺贝尔文学奖，在中国当代文学史上具有划时代的意义，对当代中国文学产生了重大影响。同时，莫言的创作给当下的文学创作提供许多有价值的启示。

关键词：莫言小说；艺术特征；价值意义；启示

2012 年 10 月 11 日，瑞典文学院宣布中国作家莫言获得 2012 年诺贝尔文学奖，获奖理由是"通过幻觉现实主义将民间故事、历史与当代社会融合在一起"。消息一出，举国欢腾，莫言立刻成为社会、媒体关注的焦点和追踪的对象。这是中国本土作家第一次获得诺贝尔文学奖，终于圆了中国人近百年来诺贝尔文学奖的梦想。激动过后，待一切平静下来，我们应该思考的是莫言为什么能够获得诺奖，莫言小说的特质、特征有哪些，莫言获奖对中国文学有怎样的价值和意义；同时，莫言的获奖和他的创作为中国文学的发展提供了怎样的启示。我想这才是我们走近莫言、认识莫言的最好方式，才是我们对待诺奖应有的态度，对推动中国文学下一步的发展才有重要的价值和意义。

一、莫言小说的艺术特征

莫言的创作时间长达 30 余年，迄今为止有 11 部长篇小说、100 多部中短篇小说，若干部散文集、评论、演讲集和话剧、影视剧本创作，作品总量达 800 多万字，获得过各类文学大奖，可谓体量庞大，成果丰厚，风格多样，品质高超。概括起来说，莫言小说的艺术特征主要体现在以下三个方面：

首先，文化主题上的人类精神。莫言小说基本上以其故乡山东高密乡的人和事为原型，展开丰富的艺术想象，在立足于本土生活的基础上传达出人类普世的

基金项目：安徽省教育厅人文社科项目"新时期以来小说创作本土化流变研究"（SK2013B535）。

作者简介：瞿华兵（1978—），男，安徽枞阳人，铜陵学院文学与艺术传媒学院副教授，南京师范大学文学院博士研究生。

思想和价值。具体来说，有以下两点：其一是关注生活的苦难，对弱者寄予深切的同情。人类精神的一个重要立足点就是人道主义精神，就是展示弱者的苦难，并给予他们深切的同情。出生于乡村的莫言对苦难有着切身的感受，他的许多作品直接描写现实的苦难，蕴含着强烈的人道主义情怀。《白狗秋千架》、《枯河》、《透明的红萝卜》、《爆炸》、《欢乐》、《天堂蒜薹之歌》、《生死疲劳》、《蛙》等小说就揭示出现实乡村的多种苦难，并对小说中的人物表达出深切的怜悯之情。即使是一些历史题材的小说也有同样的倾向，例如《红高粱》《檀香刑》中的对刑罚的描写，《丰乳肥臀》中对母亲上官鲁氏遭受各种苦难的展示，显示出作者对苦难者的关怀和同情。其二是批判和否定恶的势力，对人类自由和理想精神的张扬。莫言的作品总是对恶的势力给予强烈的批判，极力弘扬自由、理想的人类精神。《天堂蒜薹之歌》中作者直接为农民代言，对置农民利益于不顾、肆意抓捕农民的地方政府和官员提出强烈的批判。《四十一炮》通过一个孩子的视角真实地展示中国农村向城镇化转型过程中"原始积累"的残酷，基层干部的肆意妄为，金钱对人的异化，其批判的精神不言而喻。与此相对，是对自由、理想精神的张扬和维护。《红高粱》中通过"我爷爷"和"我奶奶"的故事，彰显了农民无拘无束、自由奔放的生命精神。《生死疲劳》中农民蓝脸在全国合作化运动的浪潮下，承受着来自各方难以想象的压力，坚持他的"全国唯一的单干户"，张扬了农民自由、独立的思想精神。莫言获得诺贝尔文学奖后，有人对他创作的政治色彩加以质疑和批评，认为他的创作缺乏批判精神，是为现实政治服务的，这其实是对莫言的误解。相对于早期人道主义精神和强烈的批判色彩，莫言近期小说的主题更加含混和复杂，批判的锋芒似乎有所弱化。譬如《檀香刑》、《生死疲劳》、《蛙》等作品的主题就相当含混，读者对这些作品的主旨有不一致甚至完全相反的理解。其实，这不是莫言对现实的妥协和对作为知识分子作家责任的放弃，而是他有意的追求和对文学认识深化的结果。正如作者所认识到的："我在写作《天堂蒜薹之歌》这类逼近社会现实的小说时，面对着的最大问题，其实不是我敢不敢对社会上的黑暗现象进行批评，而是这燃烧的激情和愤怒会让政治压倒文学，使这部小说变成一个社会事件的纪实报告。小说家是社会中人，他自然有自己的立场和观点，但小说家在写作时，必须站在人的立场上，把所有的人都当作人来写。只有这样，文学才能发端事件但超越事件，关心政治但大于政治。"[1]因此，只不过是近期莫言作品的主题更加丰富，批判的姿态委婉曲折了，给人以更大的解读空间，其内在的人道主义情怀和批判精神却是一脉相承的。

其次，艺术手法上的中西融合。莫言小说在艺术上成功吸取了古今中外的经验，形成了融合中西的艺术特色。一是特别擅长的感觉描写。莫言小说往往把感觉描写放到最突出的位置，他总是丢开故事与人物叙述，抓住一切机会进入感觉描写，把读者直接带进具体的"场景"中去。因而莫言小说叙事的时间链条经常出现断裂，叙事在时间上的完整性、封闭性和单一向度被打破，过度膨胀的瞬间感觉让时间暂时终止，形成一个大的膨胀区。如《红高粱》中少年豆官在高粱地里对浓雾感受的描写，《欢乐》中主人公齐文栋进城赶考遭遇堵车时的生理感受和心理活动的描述，打破了原本故事的叙事时间，极度膨胀的感觉占据了全部的叙事空间，故事的叙事时间出现暂时的停顿，让位于感觉的呈现。在表现手法上，作者借鉴西方现代派，综合运用意识流、夸张、通感、象征、变形、隐喻和反讽等艺术手法，来丰富感觉的描写。二是独具特色的叙事方式。莫言的每一部小说在叙述方式上都是独特的，在文体上都有重大创新。《红高粱》中运用第一人称"我"限制性叙事和第三人称全知全能性叙事相结合的方式，以"我"的口吻叙述"我爷爷""我奶奶""我父亲"余占鳌、戴凤莲和豆官的抗战经历。"我"时而充当一个不加判断，只能原生态呈现生活的窗口，遵守着第一人称限制性叙事视角规则，有时"我"又近乎是一个魔幻般的全知全能视角，深入到实际上不可能达到的"我父亲""我爷爷""我奶奶"的内心，呈现他们的内心世界，时刻对发生的一切发表评论。这种特殊的叙述方式，一方面使整个作品给人很强的真实感和亲切感，另一方面又获得了叙述的开阔视野。正如金汉在评价《红高粱》对中国小说艺术演变的贡献时指出："作品中'我'尽管在叙述故事，但更多地是叙述'故事以外的故事'，而故事则通过叙述者的父亲——剧中叙述者豆官的视角进行叙述。"[2]《檀香刑》中让所有人物登场，表达人物自己的声音，将人物置于平等的位置，作者的多种话语系统得到了很好的实践。结构上则采用传统的凤头、猪腰、豹尾的方式。这种结构方式正是古人小说创作所讲究的开篇简洁、引人入胜，中间饱满圆实、扣人心弦，结尾刚劲有力、回味无穷，是莫言向传统有意识地回归："这种回归，不是一成不变的回归，《檀香刑》和之后的小说，是继承了中国古典小说传统又借鉴了西方小说技术的混合文本。小说领域的所谓创新，基本上都是这种混合的产物。"[1]《生死疲劳》运用动物视角叙事，采用传统的章回体方式，在对传统章回形式的现代运用中传达出对古典小说技巧的尝试。对此，有论者给予高度评价："章回体基本上是死掉的文体，也是一种特定的叙事态度，现在《生死疲劳》是要让它活过来重振尊严。"[3]《蛙》的结构新颖而缜密，由剧作家蝌蚪写给日本作家杉谷义人的五封信构成，前四封信写的是当了50多年妇科医生姑姑的长篇叙事，当中也加入了蝌蚪本人的生活故事，第五封信则是一部关于姑姑和蝌蚪自己的话剧。因此，这是一部将书信、元小说叙事和话剧巧妙地融合杂糅为一体、拓宽了小说艺术表现空间的作品。三是丰富多样的语言表达。莫言有着良好的语言感觉，他能够娴熟地操持多种语言进行创作。既有雄奇有力、汪洋恣肆式的，如《爆炸》《红蝗》《丰乳肥臀》《四十一炮》

《生死疲劳》等作品，净是话语的狂欢，滔滔不绝，如大江大河，有奔腾不息之态；也有节制放纵、朴素简约式的，如《透明的红萝卜》《冰雪美人》《倒立》《蛙》等小说，讲究语言的平实直白，回归传统的叙述方式，注重对人性的挖掘，同样显示出不凡的力量。在《檀香刑》中则运用山东高密的猫腔叙事，节奏明快，韵律和谐，再现了传统戏文的古典韵味，是莫言在语言上的一次大胆尝试和创新。

最后，思维观念上的中国方式。每个民族都有自己看待世界的方式，莫言的思维观念体现出中国人独特的思维方式。《檀香刑》中对封建刑罚的浓墨重彩的描述，由于缺乏明确的价值观念而遭到一些人的质疑和批判。对此，莫言却有自己的理解："你不能因为狮子吃了羊羔或者鳄鱼吞了小鸟就说它们不悲悯。你不能说它们捕杀猎物时展现了高度技巧、获得猎物时喜气洋洋就说他们残忍。只有羊羔和小鸟的世界不成世界；只有好人的小说不是小说。即使是羊羔，也要吃青草；即使是小鸟，也要吃昆虫；即使是好人，也有恶念头。站在高一点的角度往下看，好人和坏人，都是可怜的人。小悲悯只同情好人，大悲悯不但同情好人，而且也同情恶人。"[4]正是这种价值观念，使莫言放弃了非善即恶的道德观，客观地对待作品中的每一个人物，不但书写美好和善良，也呈现丑陋和邪恶，对每个人物都持有悲悯之心，表现出中国人独特的悲悯观（《金瓶梅》就是显著的例子）。《生死疲劳》中的地主西门闹被枪毙后，历经六道轮回，转生为驴、牛、猪、狗、猴，最后托生为大头婴儿蓝千岁，再次讲述他身为畜生时的种种奇特感受，以及地主西门闹一家和农民蓝解放一家半个多世纪的悲欢故事。这种结构显示出中国式的历史循环论观念："轮回是一种东方想象，西方想象是地狱与天堂、拯救与救赎，是一条直线；而在东方想象中，世界和生灵是在一个圆轮上，循环不息，这种想象曾是中国人基本的精神资源，在古典小说中比比皆是，但在现代小说中基本上被摒弃掉了，《生死疲劳》使这种古老的、陈旧的想象重新获得了力量。"[3]随着西门闹一次次地轮回，他作为人的记忆渐渐消失，在人世间的仇恨也慢慢消失了。中国佛教中的六道轮回就是让人遗忘，让人不要"执着"，最终一切来自土地，也回到了土地。这是中国古典文学的精髓，莫言凭借《生死疲劳》恢复了中国人想象世界的方式。当然，莫言并不是要泯灭善恶，搁置是非，恰恰相反，莫言是个儒家学说的信奉者。小说中他人鬼不分、人物和动物不分，生命可以轮回，但是不管怎么变化、怎么轮回，善恶秩序是不变的，他非常尊重最基本的秩序。这一点也典型地体现于莫言在诺贝尔文学奖颁奖典礼上所作的讲演词中。

莫言站在人类的立场上，在艺术上融合中西，用中国人的思维方式呈现出独特的民族文化精神，传达出普世人性价值，具有了人类整体的关怀。因此，他的作品既能为国内广大读者所喜爱，又能超越国界，被更广泛的人们所接受和认可，最终赢得了诺贝尔文学奖，进入世界经典文学的殿堂。

二、莫言获奖的价值与意义

莫言获得诺贝尔文学奖，给了中国人强烈的自信心，在中国当代文学史上具有划时代的意义，必将对当代中国文学产生重大影响。在我看来，主要有以下三个方面的价值与意义：

第一，当代汉语文学得到世界的认同。诺贝尔文学奖从其诞生之日起，就因其局限性和政治、文化的偏见而饱受争议，世界文坛的一些大家像托尔斯泰、高尔基、契诃夫、左拉、瓦雷利、易卜生、茨威格、乔伊斯、普鲁斯特、劳伦斯、哈代、芥川龙之介、三岛由纪夫、卡夫卡、博尔赫斯、卡尔维诺、里尔克、纳博科夫、庞德等也由于各种原因而没能获得诺贝尔文学奖，但从总体来看，诺奖还是基本涵盖了 20 世纪世界级的优秀作家，它的相对客观性和公正性也得到公众的普遍认可。可以说，迄今为止，还没有一种文学奖能像诺奖一样产生如此强大的影响力，引起如此强烈的世界关注。诺奖无疑是当今世界最高规格、最权威的文学奖项，获得诺奖，就表示得到世界的认可。中国新文学一直都有着强烈的"诺奖焦虑症"，进入新时期以后这种"焦虑症"更加明显，走向世界，一直是百年中国文学的梦想。虽然现代文学史上鲁迅、林语堂、老舍、沈从文等著名作家都曾得到诺奖的提名，但最终都失之交臂。莫言获得诺贝尔文学奖，对他个人来说，是一项无上崇高的荣誉，对整个中国文学来而言，表明以莫言为标高的当代中国文学得到了世界文坛的接受和认同。从此以后，全世界必将对中国文学刮目相看和重新考量，中国必将有更多作家和作品进入世界的视野。

第二，改善中国当代文学的生存环境和增强民族文化的自信心。随着读图和网络时代的到来，加上商品社会的功利原则，文学遭遇到巨大的挑战，日益边缘化，许多人对文学已相当疏远，不再阅读文学。即使是在文学内部，也有部分人士抱着游戏文学的态度，自轻自贱，自我贬低，加之部分海外汉学家的歧视，如德国汉学家顾彬关于中国当代文学的"垃圾论"，中国当代文学遭遇到前所未有的危机，生存环境日益恶化。一方面，莫言的获奖，不但给当下中国的作家们和理论家们以极大的鼓舞，让他们重新寻找属于自己的历史方位和目标设定，而且激发更多的人关注文学，阅读文学，在一定程度上可以改善中国当代文学的生存环境；另一方面，增强了中华民族文化的自信心。长期以来，我们和西方文化交流时存在着严重的自卑心理，认为西方文化是高级文化、中心文化，中华文化则是低级文化、边缘文化，以黄河为代表的黄色文明已经衰落，而以海洋为表征的西方文明则是世界的未来，纪录片《河殇》就是这种心态的典型反映。体现在文学上就是一直跟在西方文学的后面亦步亦趋，抛弃自己的文学传统，一味向西方学习，甚至照抄照搬。20 世纪 90 年代以后，这种状况有所改变，民族自信心高涨，但极度的自信其实包含的仍是极度的自卑。因为真正的自信是开放和包容，而不是狭隘和自大。莫言的获奖是一个重要转折点，自此以后，我们和西方文化交流时的自卑心态将不再有，因为中国文学同样可以抵达人类精神的最深处，创造出人类最高的艺术成就，中国文化（文学）将在平等、开放的心态下和世界文化（文学）进行对话和交流。

第三，加大"走出去"文化战略的实施力度，进一步向世界展示中国文学的实力。我们说中华文化源远流长、博大精深，但外国人对中国文化一直缺乏真正的理解，世界对我们的认同和了解，远远没有达到我们的现有成就。就以中国当代文学为例，在数量众多的当代文学作品中，能够被翻译介绍到国外的其实非常有限，能够被外国读者接受和认可的就更少，那些有幸被翻译的作品基本上是被大学图书馆收藏和作为研究者研究的对象。莫言如果不是获得诺贝尔文学奖，他在国外的知名度，还不如虹影、卫慧、棉棉这样一些作家，这些作家在西方的知名度要远远高于我们一些著名的作家。如莫著译者陈安娜撰文称，瑞典只译了《红高粱家族》《天堂蒜薹之歌》《生死疲劳》三本书，除诺奖评委外，一般读者完全不了解莫言，而除日文外其他语种所翻译的莫言作品恐怕加起来还不到其总量的二分之一，当今世界文坛对莫言的认识还远远不够。有人说，莫言能获奖是因为葛浩文和陈安娜等人翻译得好，此种说法有一定的道理。许多海外知名的学者在接受采访时都强调"翻译"对中国文学走向世界的重要性。因此，国家要在这一块加大投入，加大宏观调控和扶持的力度，让世界更全面、更深刻地了解中国文学。正如有的学者所说："为了使中国现当代文学更好地'走向世界'，必须把'走出去'的战略考量与夯实'中国学'基础结合起来予以通盘考虑，以使中国现当代文学在域外传播得更长久、更有实效。质言之，我们需要从翻译层面、译介学层面、国家与社会支援层面以及中国学学科层面规划中国文学域外传播的战略方案。"[5]当然，真正要让全世界懂得中国文化的博大、精深、精妙，我们还需要耐心。

三、莫言创作对当下文学的启示

莫言获得诺贝尔文学奖让国人自豪，表明中国当代文学进入国际的视野，当代汉语文学得到世界的认同。但可以说世界对中国文学还缺乏真正的了解，中国文学走向世界还有漫长的路要走，尤其是在全球化时代的今天，中国文学应该怎样和世界文学进行对话和交流，应该坚持怎样的发展道路，我以为，莫言的创作给了我们许多有价值的启示：

首先，要立足于本土的生活。全球化时代的到来，许多人认为文学应揭示普世的人性价值，表现世界性的主题，立足于本土的生活，未免过于狭隘和落伍。其实，这是对文学全球化的错误认识，因为文学的任何主题和关怀都不是表现为抽象的理论，而是要落实到具体的人和事物上，体现在具体的生活场景、文学意象和文学情感中，只有在这一基础上，其人类的关怀才可能是真实的深切的。同时，文学全球化也不是某种单一的主题模式，而是由众多具有独特个性的本土生活构成，失去了具体丰富的生活，全球化必然会单调、枯涩。也就是说，没有具体本土化的民族生活和文学场景，就谈不上真正的文学世界性的主题，本土生活是"世界性主题"的承载者和传达者。当然，立足于本土的生活需要深入生活的背后，揭示生活的真相和规律，发现生活的潜流，呈现出独特的民族精神和文化传统，才能在对本土生活的书写中传达出人类世界性的主题。对此，俄国著名文艺理论家别林斯基有着卓越的见解："对于一个诗人来说，如果他希望自己的天才到处被一切人所承认，而不仅为他的本国人所承认，民族性应该是首要的，但不是唯一的条件：除了是民族的之外，他还得同时是世界的，就是说，他的作品的民族性必须是人类思想之无形的精神底形式、骨干、肉体面貌和个性。"[6]他还特别指出："只有那种既是民族性的同时又是一般人类的文学，才是真正民族性的；只有那种既是一般人类的同时又是民族性的文学，才是真正人类的。"[7]所以，立足于本土的生活，深入生活的内部，呈现出独特的民族个性和民族精神，也就揭示出普世的人性价值，表现出世界性的主题，具有了人类整体的关怀。

其次，坚持现代性的立场。立足于本土的生活，呈现独特的民族文化和民族精神，需要坚持现代性的立场。我们过去常说"越是民族的便越是世界的"，并不是不加选择地将本土文化中糟粕的、落后的、原始的东西展示出来就越具有民族性，恰恰相反，我们所推崇的是民族传统文化的精华，是符合人类文明发展方向的民族精神。因此，用现代性的眼光来审视一切民族文化遗产，既能展示民族精神、民族品格，显示出独特的自我，又能丰富、推动人类文明的进步，汇入世界文明合唱的潮流。近些年，随着中国经济的快速发展，中国的国际地位日益提高，民族的自信心高涨，加之海外"新儒学"的影响和后殖民理论在国内的流行，民族文化主义思想有所抬头，体现在文学创作中就是对传统文化和道德一味加以肯定和褒扬，缺乏必要的审视和批判。例如以唐浩明的《曾国藩》和二月河的"清代帝王系列"等历史小说在展示封建帝王将相、名流重臣的雄韬伟略、忠君仁义时，却对封建专制和奴化心理缺乏必要的洞察和有力的批判。张炜的《柏慧》《家族》和张承志的《心灵史》都极力肯定和推崇传统的旧道德、旧文化，希望以此来对抗人文精神的消失和伦理道德的滑坡，构建民族精神的未来。姜戎的《狼图腾》张扬狼性而否定人性，试图将狼性作为民族精神来加以建构。这些小说所张扬和试图构建的民族精神，因为违背了人类的现代人文精神，遭到许多学者的否定和批判。中国是个有着几千年封建历史的社会，既创造了众多辉煌灿烂的人类文明，也产生出大量落后、反动的文化糟粕，我们的文化中有不少与现代文明和人类普世性价值不相兼容不可通约落后愚昧的东西，是我们必须清醒认识到的，也是我们必须抛弃的。因此，坚持现代性的立场就是要将本土立场与世界潮流、本土精神与现代文明统一起来，在审视和超越中构建民族精神，最终抵达人类精神的深邃处，推动人类文明的进步。

第三，寻求传统与现代、本土与世界的契合点。全球化时代的文学面临本土与世界、传统与现代的多重考验，既要加深与传统文学之间的联系，也要借鉴世界文学先进的经验，实现传统与现代、本土与世界的融合。中国古代文学有许多值得我们借鉴的宝贵经验，但也有发展不完备的地方，且它根植于古人的生活，反映着古人的审美情趣和阅读习惯，其中有些已不适应新的时代要求，不符合现代人的审美习惯。因此，当下文学要想继承民族文学的传统，不断推动文学向前发展，需要借鉴和吸收西方文学的优长，促进传统精神和现代技巧的融合，在丰富和创新中拓展自己。当下有许多小说借鉴传统资源，表现出向传统回归的倾向，但效果并不令人满意，最主要的原因是过于注重外在的技巧与方法，而忽略了内在精神的沟通与联系，缺乏必要的创新。文学创作的最高目标是创新，而不是对传统的继承和固守，一味固守方法，传统就会僵化，失去魅力和活力，文学也就得不到发展。对此，部分作家已经有所警醒："中国古典文学的真正传统就是先锋精神。从更高的意义上说，我们现在提出回归中国古典文学传统不应该是回归文学传统的形式逻辑，而应该是回归到以中国古典文学经典始终疏离主流意识形态为基本根脉的革命化传统体系中来，包括对现实的反叛、个性生命勇气的呼唤、精神出口的寻找、生命信仰的重塑。我觉得，这些才应该是我们继承中国文学传统的根脉所在，而不应该单单指那些所谓重构传统的宏大叙事之类的巨型概念。"[8]所以，我们既要借鉴古典文学遗产，也要吸收西方文学先进的经验，在民族风格和现代技巧、在民族审美精神和西方文学风格之间寻找平衡，创造出属于本民族独特的艺术风格。

四、结　语

在文学全球化时代的今天，怎样在本土与世界、传统与现代之间找寻契合点，将本土经验转化为世界经验，莫言的创作无疑给我们树立了榜样，给了我们许多有价值的启示。正如莫言自己所认识到的，伟大的文学"要求我们确实还是要继续谦虚地学习所有国家、所有民族的优秀文学作品，学习我们中国传统文学作品，更要深入到日常的最普遍的生活当中去，亲身体验，写出自己感触最深的、心中最痛的感觉，那么我们作品才有可能具有世界文学的价值，否则很难说我们写的到底是什么东西。"[9]因此，我们的创作既要立足于现实生活与民族传统，又要面向世界，吸取世界一切优秀的文学经验和遗产，同时又要在现代性视野中审视民族精神，只有这样，才能创造民族文学的新辉煌，引领未来世界文学的潮流。

参考文献：

[1]莫言.讲故事的人——在诺贝尔文学奖颁奖典礼上的讲演[J].当代作家评论，2013，（1）.

[2]金汉.中国当代小说艺术演变史[M].杭州：浙江大学出版社，2000：84.

[3]李敬泽.向中国古典小说致敬[N].新京报，2005-12-29.

[4]莫言.捍卫长篇小说的尊严——"小说的现状与可能性"笔谈[J].当代作家评论，2006，（1）.

[5]杨四平."走出去"与"中国学"建构的文化战略[J].解放军艺术学院学报，2013，（2）.

[6]别林斯基.亚历山大·普希金的作品[M]//别林斯基论文学.上海：上海新文艺出版社，1958：93.

[7]别林斯基.对民间诗歌及其意义的总的看法[M]//别林斯基选集（第3卷）.上海：上海译文出版社，1980：187.

[8]高晖.中国古典文学的真正传统是先锋精神[J].当代作家评论，2012，（2）.

[9]莫言.优秀的文学没有国界——在法兰克福"感知中国"论坛上的演讲[J].上海文学，2010，（3）.

汉字与中国传统文化漫谈

姚小烈

摘　要：汉字是用来记录汉语的视觉符号系统，记载了中华民族几千年的历史，中国传统文化都可以说是汉字文化。而汉字独特的物质形式本身，也就是汉字的形、音、义，承载着汉民族认识事物的特定思维方式和审美情趣，蕴含着丰富的文化内涵。文章通过对一个个汉字的拆解与阐释，对中国古代的饮食文化和婚姻习俗进行了解读。

关键词：汉字；饮食文化；古代婚俗

语言是人类最重要的交际工具，它以声音为载体，通过人的听觉来感知。而文字是人类创造的用来记录语言的视觉符号系统，是人类书面的交际工具。从没有语言到语言的产生，是人类进化史上的一次飞跃；从没有文字到文字的产生，是人类进化史上的又一次飞跃。周有光先生对此有精辟的论断，他说："语言使人类别于禽兽，文字使文明别于野蛮，教育使先进别于落后。"正是文字的出现，在我们生活的这个蓝色星球上才闪耀着文明的第一缕光芒。

汉字则是用来记录汉语的视觉符号系统。作为世界上历史最悠久、最古老的文字之一，汉字和中华民族五千年的历史、和中国的传统文化血肉相连、水乳交融。汉字记载了中华民族几千年的历史，正是由于汉字的传承使用，中华文明才得以绵延不绝。从这个意义上说，中国传统文化都可以说是汉字文化。当然，这是广义上的汉字文化，并不能突出汉字的特点。而狭义上的汉字文化则是指汉字以其独特的物质形式，也就是汉字的形、音、义所体现出的汉民族认识事物的特定思维方式和审美情趣，汉字本身所蕴含的丰富的文化内涵。饶宗颐在《符号·初文与字母——汉字树》中指出："汉字已是中国文化的肌理骨干，可以说是整个汉文化构成的因子，我认为必须对汉文字有充分的理解，然后方可探骊得珠地掌握到汉文化深层结构的认识。"汉字本身就是一种文化。我们通过对一个个汉

作者简介：姚小烈（1978—），男，安徽铜陵人，铜陵学院文学与艺术传媒学院教师，博士。

字的拆解与阐释，可以重建古人的生活。

一、汉字与中国古代饮食文化

《礼记·礼运》说："饮食男女，人之大欲存焉。"饮食文化属于人类的本能文化范畴，因为饮食是人类生存所必需的。人类与饮食不可分离，我国古代的先民早已意识到了这一点。《汉书·郦食其传》："王者以民为天，而民以食为天。""天"在我国古人的意识中是神圣不可侵犯的，象征着至高无上的权力，然而"食"却能与"天"相提并论，其重要性可见一斑。"吃"在中国人的思想观念中占据着极其重要的地位，因而"有饭吃"则表示生活有了保障。人们常说的"吃什么饭？"即靠什么生活，故有"靠山吃山""吃大锅饭""吃房租"等说法。中国人还喜欢从"吃饭"的角度来观察个人在社会环境里受到的各种对待：得到良好待遇时说"吃香"、"吃得开"；遭受恶劣的对待，也就会出现"吃了哑巴亏"、"吃了一顿拳脚"等说法。此外，中国人使用最频繁的日常礼貌用语"吃了吗？"表达了对他人生活的关心，传达出一种亲密的情意，这同样是一种文化理念使然。

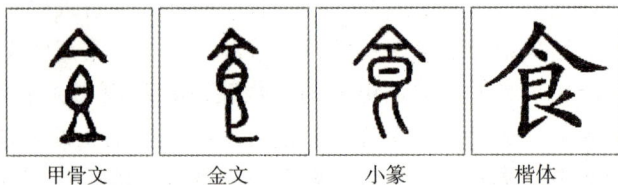

甲骨文　　　　金文　　　　小篆　　　　楷体

同"吃"有关的另一个字便是食物的"食"字了。"食"，包括偏旁"飠""饣"，均读 shí，像人张口冲着古代的食具"豆"吃饭状。后来篆体写成似人头顶食具状，用它做偏旁创造了大量与饮食有关的字。"豆"字在古代不是代表如今的豆类植物，它是一件盛东西的器皿，大多是陶制的，也有木制、漆制和青铜制品。"豆"一般是用来盛食物的，有时也作礼器用，也就是中国古代贵族在举行祭祀、宴飨、征伐及丧葬等礼仪活动中使用的器物。《说文解字》曰："豆，古食肉器也。"

"豆"的质地不同，叫法也不一样。《尔雅》："木豆谓之豆，竹豆谓之笾，瓦豆谓之登。""豆"字作为一种容器，与杯、碟、碗、盆一样，既可以做名词，又可以做量词。《左传·昭公三年》就记载说，齐国有豆、区、釜、钟四种容量单位，"四升为豆"，即四升等于一豆。《周礼·考工记》："食一豆肉，中人之食也。"《孟子·告子上》："一箪食，一豆羹，得之则生，弗得则死。"这里的"豆"字都是应该做量词来理解的。

　　饮食进入文化的范畴，要从熟食开始。燧人氏钻木取火的传说已经在考古资料中得到了印证。自从学会用火之后，人类才告别了"茹毛饮血"的蛮荒时期，从而真正步入文明时代。早期先民们主要的熟食是肉食，直到进入农业社会，人们的饮食结构才由原来的以肉类食物为主逐渐改变为以粮食为主。

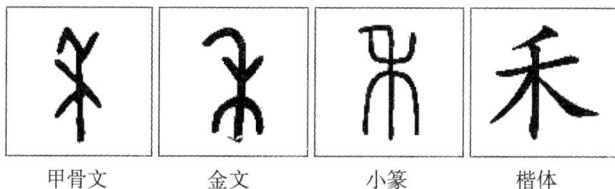

| 甲骨文 | 金文 | 小篆 | 楷体 |

　　禾，象形。金文字形，像垂穗的禾本科农作物。汉字部首之一。从"禾"的字多与农作物有关。本义：谷类作物的总称。古代指粟，即今之小米。"禾"是古代谷物的总称，所以许多与吃有关的字都常常以它为偏旁。"禾"字派生出了许多与粮食相关的字，但是后来词义却逐渐发生转移，比如年、秀。

| 甲骨文 | 金文 | 小篆 | 楷体 |

　　"年"是会意字，甲骨文字形上面是"禾"，下面是"人"，禾谷成熟，人在负禾。小篆字形，从禾，千声。本义：年成，五谷成熟。《说文解字·禾部》："秊，谷熟也。"《穀梁传·桓公三年》："五谷皆熟为有年也。"在古代农业社会，禾谷是人们最重要的食物，禾谷的成熟就意味着这一年的辛劳都没有白费。所以，当人们收割完庄稼后，往往要庆贺一番，过一个丰收的节，而这个节日就是我们常说的"年"。"年"的确定，正是农业社会先民的一种文化心理的显现。

　　"秀"字是属"禾"部，同样跟禾谷脱不开干系。"秀"石鼓文上为"禾"，下像禾穗摇曳，本义为谷物抽穗扬花。古代先民看到长相"秀茂"的庄稼，心中便掩饰不住地高兴，将一切美好的事物都用以"秀"字修饰，"秀"字引申意为好，优异，如："后起之秀"字面上指抽穗较迟但长势喜人的谷穗，现则指后来出现的或新成长起来的优秀人物；"秀丽"用来形容人的容貌姿态或景物美丽脱俗；"优秀"则多指人品德美好。而当一个人资质聪颖而不幸早死，或才能出众而功业不就，则为"秀而不实"，就如同庄稼只开花而不结果实。

二、汉字与中国古代的婚俗

汉字的构形形象地记录了上古时代的社会风俗，我们可以从汉字字形上去考察古代社会面貌。如："男""女"两字的字形，就是男耕女织社会面貌的真切反映：

甲骨文	金文	小篆	楷体

甲骨文	金文	小篆	楷体

"女"字字形，甲骨文是一跪坐的人形，给人一种安然、闲适的感觉；"男"字的甲骨文字形则是上"田"下"力"，"力"是后来"犁"的初文。《说文解字》："丈夫也。从田从力。言男子用力于田也。"在农业社会中，男子多"用力于田"，而女子主要是以室内劳动为主，如纺织、洒扫等。"妇"本义为已婚的女子，《说文解字》："妇，服也。从女，持帚，洒扫也。会意。谓服事人者。"要补充一点的是，有一种观点认为，"女"字是跪坐的人，体现的是封建社会男尊女卑的思想，这种认识纯粹是望文生义，是不了解古代文化的结果。古人的坐姿和今人不同，古人是席地而坐，这种坐姿至少保持到汉代甚至到唐代，因为从现代日本人的坐姿就能看出那时汉人的习俗。

婚姻形式是一定的经济基础的产物，所以随着物质文明的进步及人类社会的发展，婚姻形式也经历了种种变异。我们祖先的婚姻形式大多已不为今人所知，特别是史前婚姻形式，今天就更难弄清楚了。而汉字正是诞生于史前我们的先人从蒙昧走向文明之时，通过对汉字的分析，我们应该能够找到上古婚姻形式的一些蛛丝马迹。

汉字与人最直接的联系就是人的姓名，一个人的名字是相对开放的，可以自由选择的，但是一个人的"姓"却是不能选择的。《说文解字·女部》："姓，人所生也。从女，从生，生亦声。""姓"标明人由谁所生，是一种血统的标记。

"姓"从女从生，表明在母系氏族社会，孩子血统仅仅维系在母亲身上。《白虎通·号篇》："古之时未有三纲六纪，民人但知其母不知其父……。"《吕氏春秋·恃君览》："昔太古尝无君矣，其民聚生群处，知母不知父，无亲戚、兄弟、夫妻、男女之别，无上下长幼之道，无进退揖让之礼。"张舜徽在《说文解字约注》中说："古之所谓姓，即近世史家所称原始氏族制也。而母系氏族为最先，每一母系氏族，皆必有名号以相区别，此乃姓之所由兴。故姓字从女也。一姓皆有一始祖母，如殷之简狄，周之姜原，是已。太古无嫁娶之礼，男女群婚，民但知有母，不知有父。简狄之子契，姜原之子稷，皆无父而生。非无父也，莫由知其孰为己父耳。后人因神其说，谓为感天而生。或言吞食鸟卵，或言践履人迹，皆语涉荒诞，不足信也。"

姓的出现并受到重视，在于标明血缘关系。《通志·氏族略》曰：三代（夏商周）以前，姓氏分而为二，男子称氏，妇人（女子）称姓。氏所以别贵贱，贵者有氏，贱者有名无氏。姓所以别婚姻。氏同姓不同者，婚姻可通；姓同氏不同者，婚姻不可通（天下同姓是一家，故而同姓不婚）。

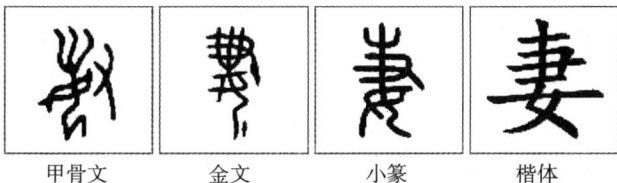

| 甲骨文 | 金文 | 小篆 | 楷体 |

同现代婚姻自由、男女平等的观念相悖，我们祖先对待婚姻的方式，亦会令现代人瞠目结舌。例如"妻"字，其结构像一只手抓住一个女子的头部。这只手不是女子自身的手，而是象征外力强制性作用的手。（甲骨文中从人形偏旁又从手的字，都有外力强制的意思。如"俘"字古文作手牵子形，可以想见上古时代有捕获异族部落的孩子以补充战争伤亡的风俗。）这说明妻子是某一部落男子到另一部落抢来的。抢婚是族内婚发展到族外婚时出现的一种婚俗。

| 甲骨文 | 金文 | 小篆 | 楷体 |

"娶"字是男子接妻之义。《说文解字·女部》"娶，取妇也，从女从耳，取亦声"。"取"的结构也是画一只手抓住耳朵。《说文·又部》："取，捕也。从又

从耳。周礼：'获者取左耳。'"可知"取"也有外力强制的意思。娶与取在甲骨文中就已经都出现了，但先秦文献中"娶"往往写作"取"。在古人观念中，两个字的意义"婚娶"与"捕取"界限较为模糊，不是十分明确。可见抢婚的风俗在"娶"字上也有表现。

"婚"字古文作"昏"，说明结婚与黄昏时分有关。《说文解字·女部》："婚，妇家也。礼：娶妇以昏时。妇人阴也，故曰婚。从女从昏，昏亦声。"为什么要在黄昏时娶妻呢？刘申叔《古政原始论》认为："其行礼必以昏时者，则以上古时代用火之术尚未发明，劫妇必以昏时，所以乘妇家之不备，且使之不复辨其为谁何耳。"男方乘黄昏时分光线暗淡去抢亲，这又是古代抢婚风俗之证。故《礼记》有"嫁女之家，三夜不熄烛，思相离也。取妇之家，三日不举乐，思嗣亲也"、"昏礼不贺"之语。

掠夺婚盛行于以男性为中心的游牧时代。此时因女子已是男子的所有物，所以成为部落与部落、民族与民族发生斗争时的掠夺对象。对偶婚制实行"夫从妇居"，男子"寄人篱下"，难以树立性别权威，无法改变传统的继承制度。随着男子在社会生产中的地位日趋重要，他们要求不再"嫁"出去，而将女子"娶"回来。但由"妻"方居住改变为"夫"方居住，并非轻而易举之事，其间存在着尖锐的对立和激烈的斗争，"抢劫婚"就是以暴力掠夺手段来实现的变革。

古汉字所描述的原始文化，是汉民族历史文化的生动镜像和珍贵的遗迹。它最直接地表现了汉字的浓郁的人文精神，其发达的形态本身也反映了汉民族历史的发生和发展。对古汉字的文化历史解读，不仅是了解和继承中国古代文化传统的重要手段，而且是建设中国新文化的必要途径。

参考文献：

[1] 饶宗颐. 符号·初文与字母——汉字树 [M]. 香港：商务印书馆，1998.

[2] 王文锦. 礼记译解 [M]. 北京：中华书局，2013.

[3] 许慎. 说文解字 [M]. 北京：中华书局，2013.

[4] 杨天宇. 十三经译注：周礼译注 [M]. 上海：上海古籍出版社，2014.

[5] 杨伯峻. 孟子译注 [M]. 北京：中华书局，2012.

[6] 承载. 十三经译注：春秋穀梁传译注 [M]. 上海：上海古籍出版社，2004.

[7] 陈立. 新编诸子集成：白虎通疏证 [M]. 北京：中华书局，1994.

[8] [汉] 高诱. 吕氏春秋·恃君览 [M]. [清] 毕沅，徐小蛮，校. 上海：上海古籍出版社，2014.

［9］张舜徽．说文解字约注［M］．武汉：华中师范大学出版社，2009.

［10］［宋］郑樵．通志·氏族略［M］．北京：中华书局，2012.

［11］刘申叔．古政原始论［M］．南京：江苏古籍出版社，1997.

［12］李土生．汉字与汉字文化［M］．北京：中央文献出版社，2009.

［13］王宝珍．汉字与中国文化［M］．北京：首都经济贸易大学出版社，2011.

明末清初耶儒会通中的儒家经典译介研究

张　涌

　　摘　要：明清以降，天主教耶稣会士大量来华，他们为顺利生存和传教而会通儒学，不断靠拢、比附、融会、贯通和吸收儒家思想，努力证明耶儒本为一家，客观上促进了儒家经典的译介工作，为传播中国传统思想文化做出了重要贡献。文章探讨了儒学与天主教会通的背景与体现，着重将耶稣会士对儒家经典的译介界定为学习、化用和研究三个阶段，并梳理了先秦儒经"四书五经"的译介历程，力图重现这段重要的"东学西传"翻译史。

　　关键词：耶儒会通；耶稣会士；儒家经典；译介

　　天主教曾在唐朝和元代两度来华，但在中国文化占绝对优势的夷夏之辨中未能与儒学取得最低层次的认同，更谈不上与儒学的会通。明清以降，天主教再次来华。1552 年，天主教耶稣会士沙勿略（St. Francois Xavier）到达广东的上川岛，但因明朝严禁外人进入内地，沙勿略遗憾而于年底病逝。又经过将近三十年的努力，耶稣会士们才最终获准进入内地。当看到《论语》中说"己所不欲，勿施于人"的时候，他们震惊了，因为耶稣也曾说过这一"黄金律"："你们想让别人怎么对待自己，就应该怎么对待别人。"但是，耶稣比孔子要晚整整 5 个世纪，他们将孔子译成拉丁文 Confucius 沿用至今，此后孔子就与苏格拉底、柏拉图一样享有盛名。耶稣会士为在中国顺利生存与传教而会通儒学，不断靠拢、比附、融会、贯通和吸收儒家思想，他们在"西风东渐"传播天主教教义和西方科学的同时，开辟了"东学西传"尤其是译介儒家经典的工作，为传播中国传统思想文化做出了重要贡献。

　　基金项目：铜陵学院人才科研启动基金项目"明清来华传教士与儒家经典译介研究"（2012tlxyrc11）。
　　作者简介：张涌（1977—），男，安徽桐城人，铜陵学院外国语学院副教授，安徽师范大学博士生。

一、耶儒会通的背景

明清之际，天主教来华的历史自方济各会士于明代正德年间踏足广州伊始，至清代嘉庆年间，历时两百多年。1540 年教皇保罗三世发布敕令，正式宣告耶稣会（Societás Jesú）的建立，随后耶稣会士便怀揣着"将天国的种子撒播至外邦"的梦想浮槎东来，誓言"为基督征服全世界"。但是要实现这个目标绝对不是件容易的事，毕竟这两种不同的文化实在是相差甚远，而儒家思想对中国社会上至意识形态下至风俗民情的影响可谓沦肌浃髓。当沙勿略、范礼安（Alessandro Valignani）等早期耶稣会士试图将天主教传入中国时，欧洲的工业革命尚未开始，整个世界的政治经济秩序名副其实地是以中国为中心的，加上长期以来的自我封闭政策，促生了中国人夜郎自大的种族优越感和对外来文化的排斥心理。"中国人就国家的伟大、政治制度和学术的名气而论，他们不仅把所有别的民族都堪称是野蛮人，而且堪称是没有理性的动物。在他们看来，世上没有其他地方的国王、朝代或者文化是值得夸耀的"，"一切要进入中国的门户都是紧闭的"[1]181。在这种背景下，那种"一手拿着宝剑，一手拿着十字架"、崇尚强制皈依和同化的传统传教模式显然难以奏效，而以寻求共通性和互补性为原则、采取"适应会通"而不是"摧毁抵制"中华文明与文化的策略方为明智之举。

罗明坚（Michele. Ruggieri）和利玛窦（Matteo Ricci）起初请求进入内地传教就曾被明王朝拒绝，在费尽周折得到批准辗转颠簸抵达肇庆时，受到知府王泮的接待，在回答问话时还谎称自己"是僧人事奉天帝，来自竺国，航海四年，向慕中国政治昌明，愿得一块清净土，建屋造堂……"[2]79，可见他们当时不敢表露自己的传教士身份。虽然当时的传教士们竭力区分基督教学说与佛教伦理，但还是被看成和尚，也叫作"僧"，教皇被称作"大僧"，而和尚在中国古代社会是地位比较低的。利玛窦敏锐地认识到，要想传教成功，必须先获得身份认同，因此他在进京时，听从好友瞿太素的劝告，改易儒服，其言谈举止也具儒士风度，当时的达官贵人也称利玛窦为"西儒"。他在住所客厅的墙上挂了一幅用汉文标明地方的世界地图，为了迎合中国士大夫的自大心理，他故意把地图上的第一条子午线的投影的位置转移，把中国放在正中，又让来宾见到西欧各国与中国的距离几乎远得无法测量，又有重洋相隔，便不再畏惧外力来侵略。他还向皇亲贵族献过很多礼物，包括天主圣像、圣母像、天主经典、自鸣钟等，以其谦卑和善而赢得认同与好感。于是，经过沙勿略的初步酝酿、范礼安的具体谋划和罗明坚的最早实践，直到利玛窦集其大成，适应中国传统文化的传教路线逐渐形成并传承下来。从此他们勤读儒家经典，引入西方科技，广交朝廷权贵，施惠民间百姓，逐渐在中国站稳脚跟。这在本质上是耶稣会确立的会通儒学和文化适应策略，

"明清之际来华耶稣会士多认为吾国古代之儒，与天主教不谋而合，秦火以后，始渐失传；理学起，则并所传十之一二，亦失其真"[3]49。这就是附儒传教的基础，客观上也促使他们向西方译介中国的儒家经典。

二、耶儒会通的体现

证明耶儒本为一家。耶稣会士将中国经籍和远古传说中的某些内容与天主教信仰相联结，试图通过象征、类比来证明中国古籍中的"天"和"上帝"，即是天主教中的真神"天主"。利玛窦在《天主实义》中说："吾天主，即华言上帝"，并引用文献来证明这一观点：《中庸》中说："郊社之礼以事上帝也"；《商颂》中说："圣敬日跻，昭假迟迟，上帝是祇"；《周颂》中说："执竞武王，无竞维烈，不显成康，上帝是皇"，"於皇来牟，将受厥明，明昭上帝"；《大雅》中说："维此文王，小心翼翼，昭事上帝"；《礼》中说："五者备当，上帝其餐"；《汤誓》中说："夏氏有罪，予畏上帝，不敢不正"，"唯皇上帝，降衷于下民，若有恒时，克绥厥犹，唯后"。通过以上引证，利玛窦得出的结论是："历观古书，而知上帝与天主特异以名也。"利玛窦的这种思路为大多数传教士所承袭。利类思在《天儒印》中对《大学》中的"明明在德"解释为"明德者，人之所得乎天"，"人之灵明不能自有而为天主所界也"。在孟儒望的《天学略义》中，在中国信士严保禄的《天帝考》中，也是采用的这种论证方法。白晋（Joachim Bouvet）在《古今敬天鉴》中说："孔子及中国古代圣贤的学说和天主教不仅不相违背，而且相当类似"，"天主教的根本格言是自然法则的完美化，儒教也体现了自然法则。我们且不谈大多数近代中国学者所持的儒教观，先从中国古代圣贤主张的正确道理来看，儒教与自然法则几乎没有什么不同，甚至可以说是完全一致的。"[4]296

强调耶儒在伦理上的一致性。利玛窦苦读中国经书，试图用儒家经典来解释基督教理，他曾在书信中写道："我处心积虑借用儒家先师孔子来证实我们的见解，因为我把某些含义模糊的文字解释为对我们有利。"[1]65 "仁"是儒家思想的核心，仁学的内容非常丰富，仁为天地之道，圣人之德，君子之行，庶民之归，其核心是爱人，"仁者爱人"。孔子自己"志于道，据于德，依于仁，游于艺"，要求弟子"入则孝，出则悌，谨而信，泛爱众，而亲仁。行有余力，则以学文"。同时他又强调："夫仁者，己欲立而立人，己欲达而达人，能近取譬，可谓仁之方也。"可见，孔子所谓的"仁"不仅要求人们爱亲人，还包含泛爱的含义。天主教的"爱"有两层含义：一是"爱上帝"，二是"爱人如己"。这与儒家既有共性也有差别，但耶稣会士在会通儒学中只强调其共性的一面，把天主教"爱"的伦理套用在儒家的"仁"的伦理上。如利玛窦说："天德之品众矣，不能具语，吾会为子惟揭其纲，则仁是焉。得其纲，则余者随之。故易曰：'元者，善之长君子体仁，足以长人。'"他认为儒家的仁学主要有两条："'爱天主，为天主无以尚；而为天在主者，爱人如己也。'行斯二者，自行全备矣。"利类思在《天儒印》中解释孔子的"己所不欲，勿施于人"时也说："吾主圣训有是语，此即爱人如己之大旨也。"他认为："天主既为天地大君，不爱天主，可谓忠乎，欲爱天主而不爱天所爱之人，可谓恕乎。"

宽容儒家礼仪风俗。当两种文化不可避免地出现冲突时，耶稣会士们没有墨守成规或针锋相对，而是把中国儒家文化和天主教有机地结合起来，得到最大程度的会通糅合，为此他们不惜把天主教教规稍做调整和变通，使之成为更容易被中国人接受的具有中国"本土化"特色的宗教。利玛窦在了解了中国的风俗习惯之后，并不强求信徒在弥撒的时候脱帽，并弃除了洗礼仪式中的涂油仪式。特别是在中国人的祭祀祖先方面，他表现出极大的容忍甚至还为信徒找理由开脱。同时他利用中国人所熟悉的"三纲五常""孝敬父母""尊敬长辈"等儒家理念来诠释"天主"作为天下大父母的至高地位，目的是让天主教更容易被中国人理解和接受。艾儒略在《大西泰利先生行迹》中说："大西利子，奉天主真教，航海东来，其言多与孔、孟合。"樊国梁在《燕京开教考》中说："溯自利玛窦开教中华，中国之仪之礼节，不免有碍圣教正道之条，新奉教者遽难一一断绝。传教士等初尚一二，以为此等礼仪，不尽涉于异谓。"[5]

三、儒家经典译介的阶段

耶稣会士的会通儒学促成了"东学西传"尤其是译介儒家经典工作。儒家经典的译介可分为三个阶段。第一阶段自明万历年间罗明坚、利玛窦等入华至清康熙初年汤若望（Johann Adam Bell）、南怀仁（Ferdinand Verbiest）在朝廷获取官职，历时约 80 年。主要特征是会通儒学思想，遵循儒士礼仪习俗，公开宣称的目标是会儒易佛，以取得中国人的心理认可，传教士主要来自葡萄牙、西班牙和意大利，传教士对儒家经典译介的主要目的是作为语言材料来学习中文，可称为"学习期"。为了方便其他来华耶稣会士学习儒家经典，利玛窦把"四书"译为拉丁语并加上注释，凡初来华的传教士必须据此研习。金尼阁（Nicolas Trigault）则将"五经"译为拉丁语作为初来华的传教士的读本。曾德昭（A. de Semedo）也向欧洲大量介绍了这些古籍的内容，尤其是对"五经"有详细的说明。安文思（G. de Magalhaes）更撰有孔子书注，不仅翻译了儒家经典的某些段落，而且根据朱熹张居正的诠释予以评注。

第二阶段开始时，会通儒学的基本策略在耶稣会士中仍被延续下来，但随后法国传教士大量来华，加上其他修会传教士陆续踏上中土，传教局面有所变化，利氏奠定的"规矩"也受到影响。1685 年 3 月路易十四派遣六位"皇家数学家"

入华，除一位留暹罗（泰国）传教外，其余五位传教士历时两年多到达中国并受到康熙帝的召见，他们是：洪弱翰（J. de Fonaney）、张诚（J. Fr. Gerbillon）、白晋、李明（L. Le Comte）和刘应（C. de Visdelou），这些传教士学识渊博，深得康熙垂青。他们中有的突破利玛窦设置的诸多界分，如先秦典籍与后世注疏、古儒学与新儒学等，把附会儒学的范围扩大到利氏贬斥的理学与心学，代表人物是白晋、马若瑟（Joseph Premare，1666—1736）等"索隐派"人士（Figurists）。这一做法受到冯秉正（Joseph Moyriac Mailla）、汤尚贤（Tartre Pierre Vincent）等传教士的反对，他们维持了谨慎传教的路线，但大规模卷入融合到世俗事务中，如参与中俄边境谈判等。这一时期的儒家经典译介带有明显的改造社会目的，传教士对孔子"自治、治家、治国之道"十分赞赏，认为"凡是由最好的人管理的政府便是最好的政府"，抨击中世纪欧洲宗教统治的黑暗，可称为"化用期"，历时约 50 年。

第三阶段从"礼仪之争"到耶稣会被解散。先是被教皇任命为驻福建宗座代牧的巴黎外方传教士严珰（C. Maigrot），公然发表反对耶稣会士在礼仪问题上的立场的七条训示，包括禁止祭祖敬孔，随后毕嘉（J. D. Gabiani）为利玛窦观点辩护的《中国礼仪问题之辩论》在列日出版，接着龙华民（Nicolas Longobardi）解释基督教与孔子观念之间差异的《孔夫子及其教理》被译成法语《论中国人宗教的某些问题》在巴黎出版。"礼仪之争"日益激烈对峙化，最终导致康熙于 1717 年下令禁止天主教在华传教[6]。"礼仪之争"从宗教的角度自是以耶稣会失败而收场，但极大地促进了儒学的译介，辩论双方都引经据典，其中主要是对《礼记》进行研究，并注重儒家经典在现实生活中的运用[7]137。一批传教士投入学术性的翻译研究工作，并撰写了很多关于中国礼仪问题的论著，后被郭弼恩（Charles le Gobien）等人整理出版为《耶稣会士书简集》。乾隆三十九年（1773），罗马教廷宣布解散耶稣会，天主教耶稣会士在华传教逐渐结束，让位给随后的新教传教士。历时约 70 年，可称为"研究期"。

四、耶稣会士对"四书五经"的译介

最早翻译并刊行儒家经典的是罗明坚，他于 1581 年写给耶稣会总长的信中包括了中文复本和一册儒家文献的译本，实为《大学》的部分章节，发表于帕塞维诺（Antonio Passevino）所编辑的《历史·科学·救世研讨丛书选编》（*bibiotheca selecta qua aqitur de ratirne seudiorum in historia，in his ciplinis，in salute comnium procuranda*）之中，此书于 1593 年在罗马出版，1603 年和 1608 年年分别在威尼斯和科隆再版；他还将《孟子》译为拉丁文，是《孟子》最早的西文译本，今存于意大利国家图书馆。然而，他在 1588 年还没译完"四书"便被召回罗马，因为耶稣会长老怀疑他的中文水平及其译文的正确性。1593年12月10日，利玛窦收到同为意大利耶稣会士、远东巡查员范利安 (Alexandre Valignani) 的命令，要他翻译"四书"来预备一本中文"新天主教教理"[8]184。利氏在1594年完成了将《四书》翻译成拉丁文，名为《中国四书》(Tetra biblion Sinense de Moribus)，并将译稿寄回意大利，"国人读而悦之，知中国古书，能识真源……"[9]57。1662年在江西建昌府，中华省副省长葡萄牙耶稣会士郭纳爵 (Ignatius Costa) 试图改进利玛窦的翻译，并与他的学生意大利耶稣会士殷铎泽 (Prospero Intorcetta) 出版了拉丁文《中国的智慧》(Sapientia Sinica)，内有2页孔子生平、14页《大学》及《论语》的前5章译文，这本译著被当代学者认为是"第一本中、拉双语译文"[10]114。殷铎泽还于1667年在广州刻印了《中庸》译本，书名为《中国政治道德学》 (Sinaram & Cientia Politico moralis)，并于1672年重版于巴黎。

使儒家学说在西方声名远播的是《中国哲学家孔子》，由比利时耶稣会士柏应理 (Philippe Coupler) 主编，全称《中国人的哲学家孔子，或中国知识，用拉丁文表述，通过殷铎泽、恩理格、鲁日满和柏应理的努力》 (Confucius Sinarum Philosophus, sive Scientia Sinensis latine exposiya studio et opera Prospero Intorcetta、Christian Herdtrich、Francisci Rougemont、Philippe Coupler))，参编的还有刚皈依的南京教徒沈福宗，1687年在巴黎出版拉丁文译本。书中有中国经典导论、孔子传和《大学》《中庸》《论语》的拉丁译文，但缺少《孟子》，或许因为《孟子》中的有些观点，比如"不孝有三，无后为大"等，成为纳妾堂而皇之的理由，这与基督教义相冲突。1688年，法国出版了该书的法文节译本《中国哲学家孔子的道德箴言》 (La Morale de Confucius, Philosophe de la Chine)；1691年，英国出版了英文节译本《中国哲学家孔子的道德箴言——孔子活跃于我们的救世主耶稣基督到来的500年前，本书是该国知识遗产的精华》 (The Morals of Confucius, A Chinese Philosopher, Who Flourished above Five Hundred Years before the Coming of our Lord and Saviour Jesus Christ, Being one of the Choicest Pieces of Learning Remaining of the Nation)。这两本书详细地论述了《中庸》和《大学》，但对《论语》的处理很草率，仅表现为80条短小无趣的"箴言"。这两个译本扩大了儒学的阅读面，使更多的西方人了解了中国文化。

"四书"的全译本是比利时耶稣会士卫方济 (Francais Noel) 以《中国哲学家孔子》为基础，将《大学》 (Adultorum Schola)、《中庸》 (Immutabile Medium)、《论语》 (Liber Sententiarum)、《孟子》 (Mencius)、《孝经》 (Filialis Observatia) 和《三字经》 (Parvulorm) 译为拉丁文，1711年在布拉

格大学出版，书名为《中国六大经典》（*Sinensi Imperii Libri Classici Sex*）。卫方济不但翻译文本，而且选译历代注疏，"得谓孔子与孔门诸子之说，翻译较为完备者，诚无过于是编"[11]420。1783 年至 1786 年，《中国六大经典》被译为法文，题名《中华帝国经典》，分为七卷，书首有文论述中国政治哲学及伦理哲学的起源、性质和意义。这一时期还有法国耶稣会士韩国英（Pierre Machal Cibot）翻译过《大学》（*Traduction du Ta－hio*）和《中庸》（*Traduction du Tchong-yong*）等。

对"五经"进行研究翻译的多为法国的耶稣会士，包括金尼阁、白晋、刘应、马若瑟、雷孝恩（Jean Baptisde Regis，1663—1738）、孙璋（Alxander De Charme）等。第一个将《五经》译为拉丁文的是金尼阁，他在 1626 年于杭州刊印了拉丁文《中国五经》（*Pentabiblion Sinense*），并附注解，名为《中国第一部神圣之书》，成为最早在中国本土刊印的儒家经典译本。1710 年白晋因为从事天文历算而研究《易经》，它曾用拉丁文著《易经要旨》（*Idea Generalis Doctrinae Libri I-king*），稿本藏于法国国家图书馆，他还著有《诗经研究》，亦藏于法国国家图书馆。刘应对《易经》《诗经》《礼记》都有研究，所著《易经概说》（*Notice sur le Livre Chinois I-king*）附刻与于宋君荣（*Antoine Gaubile*）的《诗经》之后刊行，他还有拉丁文《书经》（*Chou-king*）译本四卷六册藏于梵蒂冈图书馆。

马若瑟选译的《书经》和《诗经》被收入法文版《中华帝国志》第二册 298 页至 308 页，稿本藏于法国国家图书馆。雷孝恩利用冯秉正的满文译本对照，将《易经》译为拉丁文，后被刊印为《中国最早的典籍'易经'》（*I-king Antiquissimus Sinarrum Liber*），它"首次为西方完整地了解和研究《易经》提供了较充分的原始资料，同时也为尔后用各种欧洲语言翻译《易经》，提供了参考和借鉴的样本"[12]。孙璋曾将《礼记》（*Traduction du Li-ki*）译为法文，将《诗经》（*Livre des Vers*）译为拉丁文，都附有详细注释，后由法国汉学家朱利斯·莫尔（*Julius Mohl*）编辑出版，书名为《孔夫子的诗经》，原稿藏于巴黎国家图书馆，是刊行于欧洲的第一种《诗经》全本。宋君荣翻译过《诗经》（*Livre des Versailles*）、《书经》（*Le Chou-king Traduit et annote*）、《礼记》（*Li-ki*）和《易经》（*Le I-king*），并著有《书经中的天文学》（*Astronomie dans le Chou-king*）一文，附录于 1770 年刊行的《书经》。

五、结　语

天主教耶稣会士对儒家经典的译介促使欧洲逐渐了解中国伦理哲学与政治思想的深湛，因而激起欧洲思想界的波澜，促成了"早期汉学"在西方的兴起。儒家"民为邦本"的民本思想,"为政以德"的治国之道,"选贤与能"的用人之道,"有教无类"的全民教育思想,"学而优则仕"理念下的科举制度,都为近代欧洲许多思想家所赞赏。他们用中国的精神之火来焚烧欧洲中世纪的黑暗城堡,抨击虚无缥缈的神学,对欧洲近代文明产生了积极影响。诚如赖赫淮恩所说:"那些耶稣会士中人,把中国经书翻译出来,劝告读者不但要诵读它,且须将中国思想见诸实行。他们不知道经书中的原理,刚好推翻了他们自己的教义;尤其重要的,就是他们不但介绍了中国哲学,且将中国实际的政情亦尽量报告给欧洲学者,因此欧洲人对于中国的文化,便能逐渐了解,而中国政治也就成为当时动荡的欧洲政局一个理想的模型。"[13]92儒家学说是中华民族的思想瑰宝,更是全人类的共同精神财富。

参考文献:

[1]利玛窦,金尼阁.利玛窦中国札记 [M].何高济等,译.北京:中华书局,1983.

[2]裴化行.利玛窦评传 [M].管震湖,译.北京:商务印书馆,1993.

[3]方豪.影印《儒教实义》序 [C]//吴相湘.天主教东传文献续编.台北:台湾学生书局,1986.

[4]楼宇烈,张志刚.中外宗教交流史 [M].长沙:湖南教育出版社,1998.

[5]金刚,孔祥亚."会通儒学":外来宗教适应封建中国的共同选择 [J].济南社会主义学院学报,2003,(1)

[6]计翔翔.西方早期汉学试析 [J].浙江大学学报,2002,(1).

[7]李天纲.中国礼仪之争——历史文献和意义 [M].上海:上海古籍出版社,1998.

[8]利玛窦致耶稣会总会长阿夸维瓦 (Acquaviva):Matteo Ricci, Lettere, ed. Piero Corradini, Macerata:Qnodlibet,2001.

[9]艾儒略.大西泰利先生行迹 [Z],转自钟鸣旦 (Nicolas Standaert)、杜鼎克 (Adrian Dudink) 编《耶稣会士罗马档案馆明清天主教文献》,2003.

[10] Lionel Jensen. Manufacturing Confucianism [M].Duke University Press,1977.

[11]费赖之.在华耶稣会士列传及书目 [M].北京:中华书局,1995.

[12]赵晓阳.传教士与中国国学的翻译——以《四书》《五经》为中心 [C]//恒道(第二辑).长春:吉林文史出版社,2003.

[13]赖赫淮恩.中国与欧洲 [M].北京:中华书局,2004.

尤金·奈达与彼得·纽马克翻译理论对比研究

胡爱萍

　　摘　要：尤金·奈达和彼得·纽马克是现代西方翻译学界突出的代表，是著名的语言学家和杰出的翻译家。他们的译学理论都建立在语言学基础之上，有很多相同之处，同时又各具特色。他们的翻译理论对我国翻译理论和实践产生了深远的影响。对其进行对比研究能极大地丰富我们的译学理论知识，指导我们的翻译理论建设和翻译实践活动。两位翻译家几十年孜孜不倦地从事翻译理论研究和实践活动，不断地丰富、完善和发展自己的理论，他们的精神值得学习。

　　关键词：语义翻译；交际翻译；关联翻译法；动态对等；功能对等；

一、引　言

　　尤金·奈达与彼得·纽马克是现代西方翻译学界突出的代表，是著名的语言学家和杰出的翻译家。长期以来，他们的翻译理论对我国译学理论和实践产生了深远的影响。他们的译学理论都建立在语言学基础之上，有很多相同之处，同时又各具特色。对其进行对比研究能极大地丰富我们的译学理论知识，指导我们的翻译理论建设和翻译实践活动。两位翻译家几十年孜孜不倦地从事翻译理论研究和实践活动，不断地发展、丰富和完善自己的理论，他们的精神永远值得我们学习。

　　尤金·A. 奈达（EugeneA. Nida 1914—2011），当代卓有成就的语言学家、翻译家和翻译理论家，1914 年 11 月 11 日出生于美国俄克拉荷马市，2011 年 8 月 25 日，在西班牙马德里与世长辞，享年 96 岁。1943 年，他获密歇根大学语言学博士学位，随后长期在美国圣经学会主持翻译部的工作，曾任美国语言学会主席，1980 年退休后任顾问。他到过 96 个国家，在一百多所大学做过讲座，来中国有 13 次之多。直至 2003 年，奈达 89 岁高龄时，仍到非洲讲学。

　　作者简介：胡爱萍（1961—），女，安徽霍邱人，铜陵学院外国语学院副教授。

他一生的主要学术活动都围绕《圣经》翻译展开。他是一个《圣经》研究专家和《圣经》翻译组织者。在《圣经》翻译的过程中，奈达从实际出发，发展出了一套自己的翻译理论，最终成为翻译研究的经典之一。

奈达是当代西方翻译理论的主要奠基人，其理论核心是动态对等或功能对等。谭载喜教授把奈达的翻译思想分成三个发展阶段：（1）描写语言学阶段（1943—1959）；（2）交际理论阶段（1959—1969）；（3）社会符号学阶段（1970—2011）。奈达著作等身，他单独或合作出版著作 40 多部，发表论文 250 余篇，另外，还有 13 本专供《圣经》译者使用的参考书。奈达的第一本专著是1946 年出版的《〈圣经〉翻译》（*Bible Translating*），最有影响的是 1964 出版的《翻译的科学探索》（*Toward a Science of Translating*），其次是与查尔斯·泰伯合著的《翻译理论与实践》（*The Theory and Practice of Translation*，1969）。1975 年出版了《语义成分分析》（*Componential Analysis of Meaning*），1986 年与瓦德（*de Ward*）合著出版了《从一种语言到另一种语言》（*From One Language to Another*）；1996 年出版的《从社会语言学看跨语交际》（*The Sociolinguistics of Interlingual Communication*）等。

彼得·纽马克（Peter. Newmark，1916—2011），是英国著名的翻译理论家和翻译教育家，同时也是一位语言学家，曾任英国语言学家研究会会长、中伦敦理工学院语言学院院长。他在各地巡回讲学，并在多家学术刊物上发表过论文；翻译过瑞士画家克勒、德国画家丢勒的书籍，并有著作论述法国的翻译批评。他毕生从事英德、英法互译教学工作。他将跨文化交际理论和现代语言学研究成果应用于翻译理论研究和翻译实践之中，提出了著名的"语义翻译法""交际翻译""关联翻译法"。他认为翻译既是科学，又是艺术和技能。

1981 年，纽马克的第一部著作《翻译探索》（*Approaches to Translation*）出版，立刻引起广泛赞誉。正是在这本书中，他提出了"语义翻译"和交际翻译的概念。之后，纽马克放弃担任全职教师，担任客座教授，全心投入翻译学的研究。1988 年，《翻译教程》（*A Textbook of Translation*）出版，该书获英国应用语言学协会奖。1991 年，出版《论翻译》（*About Translation*）一书，提出全新概念"关联翻译法"。此后，分别于 1993 年和 1995 年，他又出版了《翻译短评》（*Paragraphs on Translation*）和《翻译短评（第二集）》（*More paragraphs on Translation*）。其中《翻译探索》和《翻译教程》被翻译成多种语言，且多次版印，影响深远，奠定了纽马克在英国翻译界的地位。纽马克近九十高龄时，仍然笔耕不辍，为英国的《语言学家》杂志的"今日翻译"（*Translation Now*）专栏撰稿，并继续为学生上课。

二、尤金·奈达与彼得·纽马克翻译理论的核心内容

首先，他们的翻译理论都是以语言学理论为基础的；他们都是语言共性论者，主张任何语言都是可译的。

（一）翻译的性质

关于翻译的性质，奈达认为"翻译既是艺术，也是科学，也是技艺"。在这个问题上奈达经历一个把翻译看作是科学到技艺再到艺术的渐变过程。他还认为"翻译家是天生的"（Nida：1981）。后来他把"翻译是科学"改成"翻译研究是科学"。由此我们不难看出奈达的理论是不断发展变化的。

纽马克认为"翻译既是科学，又是艺术和技能"（Newmark：1981：100）。他是在对语言二元划分的基础上阐释翻译的性质的。他认为语言分为标准语和非标准语。标准语言通常只有一种正确译法，有规律可循，体现了翻译的科学性；而非标准语言有很多种正确译法，不同的译者有不同的选择，体现了翻译是艺术和技巧的性质。

（二）翻译理论核心内容

为了解决各自在翻译实践中遇到的实际问题，奈达和纽马克提出了相应的翻译理论。但是，由于语言的共性、科学性和规律性存在，他们的理论有很多相似之处。

奈达提出了著名的"动态对等"（dynamic equivalence）理论，他认为："所谓翻译，是在译语中用嘴切近而又最自然的对等语再现源语的信息，首先是意义，其次才是文体。"（Nida & Taber，1969）。在这里，奈达突出了翻译中"内容为主，形式为次"的思想，引起了很多误解。后来他又将其改为"功能对等"。他对"信息"做了进一步的界定，声明信息不仅包括思想内容，还包括语言形式。他认为功能对等的翻译不但要信息内容的对等，还要尽可能地要求形式对等。因为形式也表达意义；改变形式也就改变了意义。他提出了"最高层次的对等"和"最低层次的对等"的概念。前者指"译文达到高度的对等，使目的语的听众或读者在理解和欣赏译文时所做出的反应与原文听众或读者对原文的理解和欣赏所作出的反应基本上一致"。后者是指"译文能达到充分的对等，使目的语的听众或读者能理解和欣赏原文听众或读者对原文的理解和欣赏"。

奈达的翻译理论是以目的语和目的语文化为依归，以译文和译文读者为中心，译意是奈达翻译理论的核心。

纽马克认为翻译的标准是准确和简洁，并认为只有语义翻译法和交际翻译法可以达到这一目的。他认为可以用回译来检验译文的准确度。"语义翻译法""交际翻译""关联翻译法"是彼得·纽马克对翻译理论建设做出的主要贡献。为了

解决译界长期围绕"直译"和"意译"争论不休的问题，纽马克提出了这两种理论概念。它们的提出扩展了人们的思路，为翻译研究指出了新的方向。

"语义翻译"指在译入语的语义和句法结构允许的前提下，尽可能准确地再现原文的上下文意思；而"交际翻译"指译作对译文读者产生的效果应尽量等同于原作对原文读者产生的效果（Newmark：1981：68）。在这里"尽可能准确"和"应尽量等同"说明了翻译中不可能做到完全的等同。语义翻译尊重语言的适用场合，更多地考虑原文的审美价值，主张折中和创造性，较多地为译文读者考虑。"语义翻译"较客观，讲究准确性，屈从源语文化和原文作者；而"交际翻译"较主观，只注意译文读者的反应，使源语屈从译语和译语文化。

如"谋事在人，成事在天"采用语义翻译，可译成："Manproposes，Heaven disposes." 采用交际翻译，可译成 "Man proposes, God disposes." "天"是中国古代文化中大自然的主宰；"上帝"是西方基督徒心目中自然界的主宰。Heaven忠实地保留了原文的道教文化，"God"适合西方读者的宗教背景和接受心理。

纽马克强调应该把语义翻译和交际翻译看成一个整体，不能孤立地使用某种方法，两者常常可以交替使用。

关联翻译法（a correlative approach to translation）的基本定义是：原作和译出语文本的语言越重要，就越要紧贴原文翻译（The more important the language of the original or source language text，the more closely it should be translated. ）所谓紧贴原文就是既要保存词的外延意义（denotation）和内涵意义（connotation），还要保留其用法。为做到紧贴原文翻译，纽马克提出了七种方法：成分分析；调整；描写对等；功能对等；文化对等；同义/近义和释义。

三、两者翻译理论的局限性

奈达和纽马克的翻译理论丰富了现代翻译理论，开阔了人们的视野和思路，但也存在很大的局限性。

奈达认为翻译研究应该属于比较文学的一个重要的分支。他认为翻译家是天生的，对此我们认为也是有失偏颇的。他的动态对等或功能对等主要是针对圣经翻译而言，并非适用于所有的文本和各种翻译目的，况且他的最高层次的对等只能是一种永远也达不到的理想境界，尤其是两种语言和文化差异较大时更是遥不可及。

纽马克认为翻译理论归属于语言学，尤其是语义学的一个分支。他虽然承认翻译或翻译理论是科学，但却否认翻译作为一门独立学科的存在。他认为翻译理论缺乏统一完整的科学体系，很多问题都没有统一的认识。纽马克的理论反映的主要是印欧语系之间的转换规律，因此他把形式放在十分重要的位置，但在语言文化差异较大的语言，如英、汉语言互译中运用时，还需进行适当的取舍。

四、结　　语

通过对两位翻译家理论的比较分析，我们对他们的语言学理论指导下的翻译理论有了进一步的认识。我们知道有语言学理论作支撑，翻译理论研究避免了经验式的、点评式的老方法，给我们提供了更加科学的新思路。我们可以借鉴他们的理论中合理的部分来不断完善我国的翻译理论建设，有效地指导我们的翻译实践活动。

现在，翻译学已经发展成为一门新兴的、不断发展完善的独立的学科。这是一个对语言学、文化学、文学、哲学、美学、认知科学、社会人类学、符号学、阐释学、国际政治学、信息科学等多种学科进行交叉渗透研究的学科，一个开放综合性的人文社会科学。翻译理论体系的多元化、研究视野的开放性以及研究领域的综合性是翻译学发展的主要特征。

参考文献：

[1] 廖七一. 当代英国翻译理论 ［M］. 武汉：湖北教育出版社，2001.

[2] 郭建中. 当代美国翻译理论 ［M］. 武汉：湖北教育出版社，2002.

[3] 谭载喜. 新编奈达论翻译 ［M］. 北京：中国对外翻译出版公司，2002.

[4] 苏文秀. 奈达与纽马克翻译理论比较 ［J］. 四川外国语学院学报，1998，（3）.

[5] 刘艳. 奈达与纽马克翻译理论对比初探 ［J］. 长春师范学院学报，2006，（1）.

高校图书馆数字资源的检索与利用

——以铜陵学院图书馆为例

王伟赟

摘　要：随着近些年信息技术的发展和高校图书馆经费的增长，高校图书馆的数字资源质量和数量都得到大幅度的提高。相较于普通搜索引擎和网站而言，图书馆海量的数字资源更能提供专业的学术文献和学术价值，可以为高校师生的学习、教学和科研提供更好的知识服务。结合铜陵学院图书馆数字资源的建设现状、资源服务的类型以及使用的方法，特别针对用户对数据库检索与利用的需求，以维普中文科技期刊的检索方式为例，对铜陵学院图书馆的数字资源利用进行了系统介绍。

关键词：图书馆；数字资源；检索

随着电子出版、网络出版和图书馆数字化的发展，高校图书馆的数字资源数量日益增加，高校图书馆的数字资源建设已经成为文献资源建设的重要组成部分，以我馆为例，每年的数字资源建设费用已经占据了全年文献资源购置费用的30％，而且呈上升的趋势。目前我馆纸质藏书有 108 万余册，纸质报刊 1500 余种。但是通过本馆购置、省数图共享等方式拥有的数字资源数量大大超过纸本资源，目前我馆拥有了 35 种中外文数据库，其中电子图书 106 万余种、中外文期刊 18000 余种、博硕士论文 100 余万篇、视频 20000 余部、报纸 700 余种。还有大量的考试类、在线学习类数据库供学生学习使用，这些数字资源库涵盖了各个学科专业，形成多类型、多载体的综合性馆藏体系。这些海量的数字资源内容丰富、数量巨大，使用时不受时间和地域的限制，同时，数字资源检索非常便利、数据更新也很及时，是高质量稳定的信息资源。

作者简介：王伟赟（1975—），男，安徽铜陵人，铜陵学院图书馆副研究馆员。

1　高校图书馆数字资源与搜索引擎和普通网站的比较

大学生常用的查找资料的搜索引擎主要是百度和谷歌，在搜索专业文献方面，百度文库、豆丁、道客巴巴也是很多大学生认为非常专业的文档网站，这些网站中的论文基本上是从 cnki、维普或者万方数据库中转载的，存在知识产权问题，而且远不如专业数据库完整准确、更新及时。可以这样说，这些文档网站中的论文在专业数据库中全部都可以检索下载到全文，而且对于大学生来说，本馆的这些数字资源的下载完全是免费的。这些网站所包含的论文只是专业数据库中海量论文的沧海一粟。同时，大家在使用搜索引擎或者文档网站的过程中，读者应该也会感觉到不够用。比如我查找一个主题的文献，直接在检索框中输入主题词，百度谷歌的确很快能给出许多相关的文章，但是如果你要是有更细致的需求，比如想了解都是哪些人、哪些研究机构在做，这些文章中哪些是核心期刊发表的，哪些是国家自然科学基金赞助的就无能为力了。但是，专业数据库就可以实现这些功能，让你享受 google 般检索服务的同时也能满足更细微的需求。

表 1　高校图书馆数字资源与搜索引擎和普通网站的比较

名　称	优　点	缺　点
搜索引擎	1. 信息量大； 2. 检索方便； 3. 免费	1. 检索方式单一；2. 检索结果杂乱； 3. 不能收入全部互联网资源； 4. 缺乏专业人士维护； 5. 自身没有专业信息
专业数据库网站	1. 专业； 2. 专业领域内信息完整； 3. 权威； 4. 更新及时； 5. 信息检索方式符合专业人士需求； 6. 专业人士维护	1. 收费； 2. 信息权限在专业领域内
普通网站	1. 来源于单位网站的信息权威； 2. 门户类网站资讯发达	1. 信息不完整； 2. 信息量小； 3. 缺乏专业人士维护

2　图书馆提供的主要数字资源服务

2.1　OPAC

OPAC 就是联机公共目录查询系统，是图书馆纸本馆藏图书和期刊的目录查询系统，现在的目录查询系统除了传统的通过题名、作者、ISBN 等方式进行目录查询以外，还增加了内容简介、随书光盘、书封等功能，对纸本馆藏形成了有力的数字资源补充。书封系统一般会直接显示检索出的图书的封面和目录以及内容简介，让读者对图书有初步印象和了解，明确是否借阅。随书光盘系统我馆采用的是博文光盘云系统，该系统拥有一个覆盖全国的光盘服务体系称为光盘云，它的光盘资源保证率达到了 95%，已经做好的随书光盘数量为 7 万多张，新增光盘仍在源源不断地上传至光盘云中的各个服务器。博文光盘云系统提供了高速的下载服务，让读者可以迅速地获得自己想要借阅图书的随书附盘。通过图书馆 OPAC 系统检索出的图书，会直接给出图书随书光盘的下载链接地址，读者可以很便捷地保存和使用图书的随书光盘。

2.2　中外文数据库

这其中一般包括本馆购买的数据库、共享的数据库、试用数据库、免费数据库和已经自建数据库，其中本馆购买的数据库可做本地镜像或者远程访问（包库），本地镜像是指数据库资源安装在图书馆本地的服务器镜像站点，如果外网链接中断，仍可以通过本地网络访问镜像站点的数据库资源。远程访问是指数据库资源安装在远程的数据库公司的服务器上，只能通过因特网进行访问，一旦不再续订或者网络故障都不能下载数据库资源。共享数据库一般是指通过省图工委或者省数字图书馆等机构出资购买供各个高校免费访问使用的数字资源，一般是通过远程访问方式（或者在几所重点高校建立镜像站点供其他高校访问）。试用数据库是指一些数据库公司对高校图书馆提供的某些数据库免费试用，都有时间限制，超过试用期限就不能访问，试用数据库都为远程访问方式。免费数据库是指国内外很多高校或者社会机构提供的免费数字资源，这些资源是开放存取（Open Access，简称 OA），这也是国际科技界、学术界、出版界、信息传播界为推动科研成果利用网络自由传播而发起的运动。这些 OA 资源良莠不齐，访问的稳定性还有待提高。自建数据库是指高校图书馆结合自身资源特色和地方特色建立的特色数据库，例如我馆就建立了两个特色数据库，分别是"青铜文化特色库"和"皖江经济特色库"。

2.3　安徽高校资源共享服务平台

安徽省数字图书馆项目 2009 年正式启动，依托中国科学技术大学图书馆为数字图书馆总馆，安徽大学图书馆、合肥工业大学图书馆、安徽医科大学图书馆、安徽农业大学图书馆、安徽师范大学图书馆、安徽财经大学图书馆、安徽工商职业学院图书馆、安徽职业技术学院图书馆、安徽广播电视大学图书馆 9 个数字文献服务中心的建设，一期建设使全省各高校分散的电子文献资源得以集中利用与共享，为全省高校的教学科研营造一流的图书文献信息网络环境，全方位满足省内教师学生和创新主体的教学科研需求，为安徽省高等学校教学、科研和重点学科建设提供高效率、高质量、全方位的文献资源信息保障与服务。2013 年二期建设正如期进行，预计五年内，以中国科学技术大学图书馆为省级数字图书馆总馆，其他九个高校图书馆为省级数字文献服务中心，以省内高校数字图书馆联盟为形式，以系统化数字化的学术信息资源为基础，以先进的数字图书馆信息技术为手段，以稳定的互联网络为依托，逐步形成具有国内先进水平、全省统一规划、资源服务共享、多层次、功能齐全、资源丰富、高度整合、机制稳定、运行高效的数字信息资源保障平台和服务体系。并将通过安徽省网络课程学习中心建设，建立安徽省区域高等教育公开教育资源联盟，实现优质教育资源的共建共享，构建用户个性化的个人网络学习中心，创建一个崭新的在线教育模式，促进安徽省高等教育教学质量不断提高。安徽省高校数字图书馆最终将建设成为面向全省各行业提供信息服务的信息情报咨询中心、知识创新与传播中心、网络课程教学中心和社会服务中心，成为安徽省创新的信息基础设施的重要组成部分和安徽省合芜蚌整体战略中的重要支撑体系，为我省高教强省、科技强省、文化强省提供强有力的信息保障和支撑。

目前安徽高校数字图书馆采购后供全省高校共享的数据库有万方中文电子期刊、博看中文电子期刊、爱迪克森教育培训库、方略学科导航数据库、超星电子图书和 CSCD 中国科学引文数据库，同时通过谈判各校联采的数据库牛津期刊、RSC、超星学术视频和 Springer 数据库。共享服务平台最重要的功能是利用平台的超星发现系统查找我馆没有的数字资源并通过文献传递获取电子文献。

超星发现系统是超星公司推出的新一代图书馆资源解决方案，其宗旨在于方便读者快速、准确地在海量学术信息中查找和获取所需信息，满足读者找到、得到所有可能存在的资源的需求。超星发现以近十亿海量元数据为基础，利用数据仓储、资源整合、知识挖掘、数据分析、文献计量学模型等相关技术，较好地解决了复杂异构数据库群的集成整合、完成高效、精准、统一的学术资源搜索，进而通过分面聚类、引文分析、知识关联分析等实现高价值学术文献发现、纵横结合的深度知识挖掘、可视化的全方位知识关联。超星发现平台通过互联网搜索引擎技术，对馆藏中、外文学术资源元数据进行了索引和更新，并融入了 OPAC 馆藏目录统一检索，其元数据仓储内容涵盖：图书、期刊、论文、报纸、标准、专利、视频等。通过此系统，读者可以一站式轻松检索发现我馆馆藏大部分中文资源及外文资源，大部分数据都提供获取全文链接。超星发现系统具有以下特点：（1）全面地发现资源，每周更新两次元数据；（2）精准地发现资源，由多个强大的专业级词表库支持；（3）灵活的分面分析功能，可以从"馆藏""类型""关键词""核心期刊"等多个分面进行分析；（4）完善的参考与引证关系分析；（5）可视化的知识关联图谱；（6）学术趋势分析；（7）智能的辅助搜索；（8）无缝对接地获取各类全文。

2.4 数字资源的校外访问方式

校外用户访问图书馆电子资源常用的有 VPN 方式和授权访问方式，以我馆为例，主要有以下几种方式：

2.4.1 利用易瑞授权访问系统

易瑞授权访问系统（IRAS Authorized Access System），采用 Java NIO 异步式架构，基于云模式的 WebOS 管理平台，以流式重写与端口映射的方式，实现公共图书馆、高校和科研机构图书馆电子资源的授权与馆（校）外访问；以电子资源管理与导航的模式，实现对读者及资源的灵活授权控制，并提供强大的统计功能。利用易瑞授权访问系统能够实现专家学者和教师、学生利用任何电话拨号上网、电信网通 ADSL 等宽带连接，在家里、网吧、甚至国外，只要有网络连接的地方就可以访问局域网园网上的基于 Web 的数字资源及其他网络访问对象，达到延伸信息资源服务空间、拓展网络化移动办公的目的，进一步提高信息资源服务利用效率。我校图书馆的易瑞授权访问系统登录地址是 http：//211.86.209.68：8000，本校读者通过本系统，可以在校外访问铜陵学院图书馆绝大多数已经订购的电子资源和部分试用数据库。本系统仅对本校在职教工和在校生开放，系统的用户名为校园卡号，密码默认与校园卡号一致（请注意大小写），为安全起见，请用户及时修改自己的校园卡密码，修改地址为：http：//211.86.209.111/www/dzjs/modifyPw_form.asp，如果不确定自己的用户名和口令，请携带有效身份证件到图书馆二楼总服务台查询或更改。

2.4.2 ipsec vpn 模式

此种方式需要在计算机中安装客户端，并按照要求配置好客户端。该种办法只能访问校内资源，无法访问包库资源。

2.4.3 VPN 模式

我校的 VPN 模式分为两种，一是 ipsec vpn 模式，这种模式需要在计算机中安装客户端，并按照要求配置好客户端。二是 SSL vpn 模式，这种模式直接访问登录网页，并正确输入网关账号密码，确保登录页面存在即可。具体配置方式见网络中心网站的使用说明 http：//net. tlu. edu. cn/s/2/t/12/6d/13/info27923.htm。

　　需要注意的是，使用访问数字资源时不要连续、系统、集中、批量地下载文献（一般数据库商认为，如果超出正常阅读速度下载文献就视为滥用，通常正常阅读一篇文献的速度至少需要几分钟）；如果在短时间内有过量下载的行为，系统将自动暂时冻结读者的访问权限。

3　数据库检索方法

　　中外文数据库的检索、浏览和下载的方法大同小异，因此，此次报告我们就以维普中文科技期刊为例进行讲解。

3.1　主要功能简介

3.1.1　检索

第一步：在首页单击检索区域的【搜索】按钮，进入一般检索方式（见图2）。

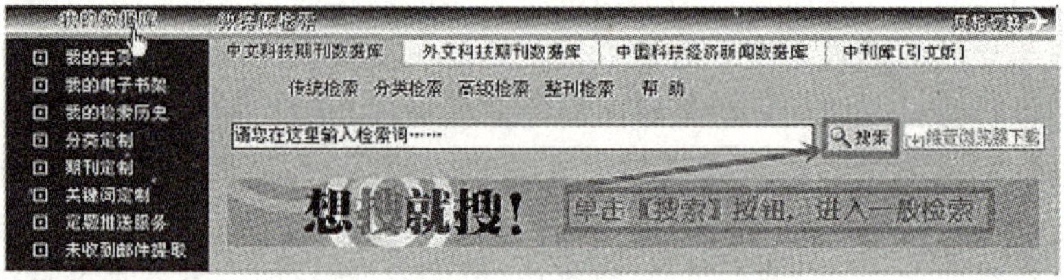

图2　一般检索界面

　　第二步：在一般检索方式的概览页面中，可根据检索需求设置二次检索的筛选条件，以及对检索结果作各种操作（见图3）。

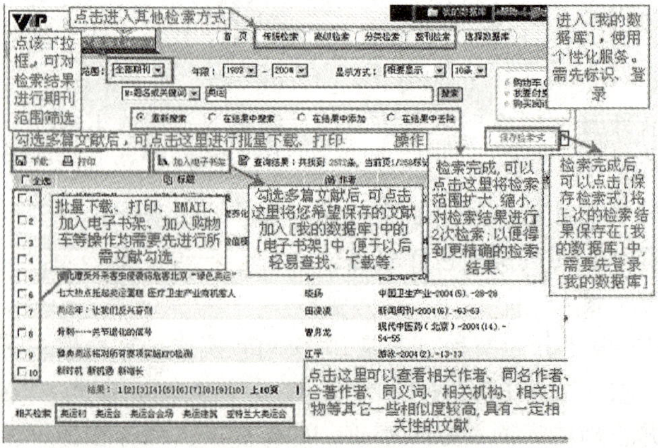

图3　一般检索界面功能介绍

3.1.2 下载全文

检索完毕后，进入全文下载显示页面，如图 4 所示。

单篇全文下载：

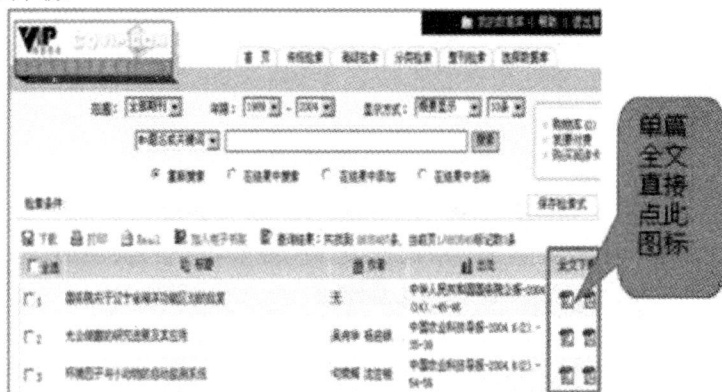

图 4　全文下载界面

代表维普资讯网独有的文件格式 ＊.VIP，下载后请使用维普浏览器打开。

代表 PDF 格式，下载后请使用 Adobe Reader 阅读器打开。

您可以直接点击全文下载图标或者您也可以先点击文章标题，可以查看到该篇文章的具体详细信息，如题名、作者、机构、刊名、关键词、ISSN 号、分类号、相关文献、文摘等信息，再点击下载链接，如图 5 所示。

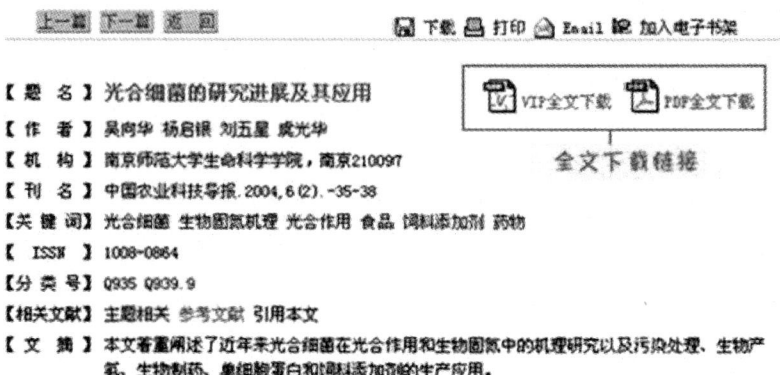

图 5　全文下载的两种下载格式

两种格式的文章内容是一样的，请根据你的需要进行下载。

3.1.3 全文处理

下载后的全文分为 VIP 格式和 PDF 格式。

3.1.3.1 VIP 格式

VIP 格式需要下载并安装维普阅读器（维普资讯独自开发的针对 VIP 格式全文的浏览器），如图 6 所示。

（1）工作区介绍

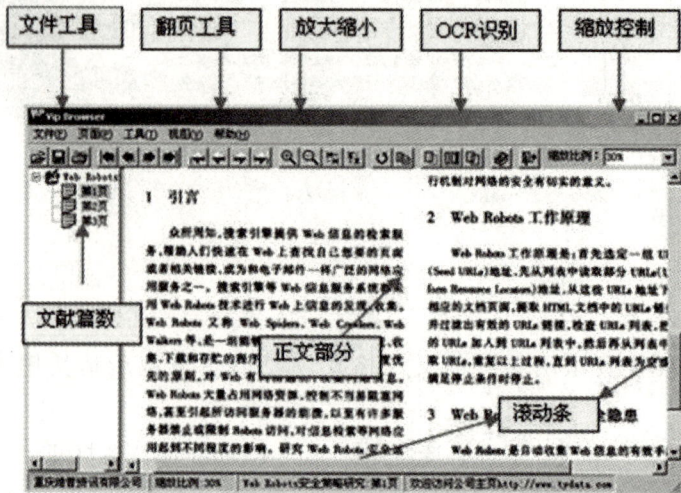

图 6 VIP 浏览器界面介绍

（2）如何操作

以单篇全文为例，介绍如何对 VIP 格式全文进行操作。

VIP 格式下载完毕后，双击文件即可以启动维普阅读器并打开该文件。或者可以使用文件工具中的"打开文件"来打开指定的 VIP 全文。可以使用"滚动条"来上下或是左右控制页面，使用上就如同"IE 浏览器"一样方便简单。如果一篇文件有多页内容，您可以使用"翻页工具"来控制，或可以直接在"文献篇数"上点击需要查看的页面。"缩放比例"工具和"放大缩小"工具可以控制"正文内容"的屏幕显示大小，方便您的阅读。"宽度高度"调整工具可以到按照最佳宽度或是最佳高度来显示全文。小技巧：您可以在缩放比例中直接输入数字，来实现比例显示。

（3）编辑文字

OCR 识别：

A：选择 OCR 区域 B：识别选定区域 C：复制选定区域

编辑文字时需要使用 OCR 识别工具，具体步骤如下：

① 使用"选择 OCR 区域"工具来选定需要识别的文字区域，以实线框为选定区域大小，如图 7 所示。

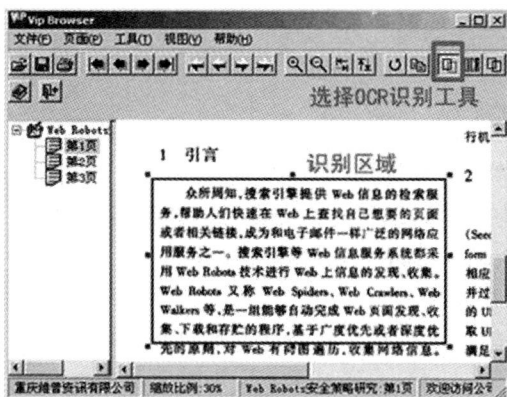

图 7   OCR 识别工具使用方法

② 点击 ◪ 图标，来实现 OCR 文字识别。可以在已识别好的内容中做文字编辑、复制等操作，然后粘贴到字处理工具（如 WORD 或记事本）中去。

3.1.3.2   PDF 格式

PDF 格式需要下载并安装 Acrobat Reader 5.0 以上版本。Adobe Reader 窗口的右边是用于显示 Adobe PDF 文档的文档窗格（见图 8），左边是用于导览当前 PDF 文档的导览窗格。窗口顶部的工具栏和底部的状态栏提供了用于操作 PDF 文档的其他控件。

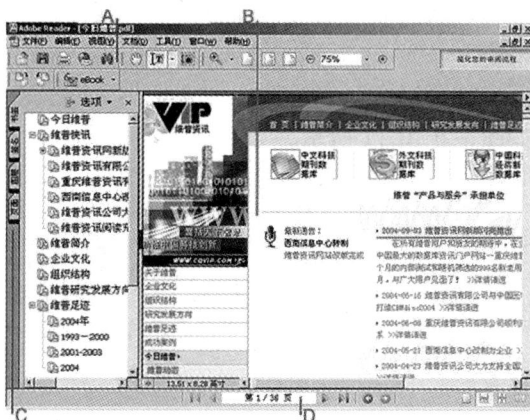

图 8   Adobe Reader 工作区

A. 工具栏　　B. 文档窗格　　C. 导览窗格（显示了"书签"标签）　　D. 状态栏

使用方法与 VIP 模式大体相同，不详细介绍了。

3.2　传统检索

用户登录维普首页，在数据库检索区，通过点击"传统检索"，即可进入传统检索页面。

3.2.1　选择检索入口

《中文科技期刊数据库》提供十种检索入口：关键词、作者、第一作者、刊名、任意字段、机构、题名、文摘、分类号、题名或关键词，用户可根据自己的实际需求选择检索入口、输入检索式进行检索。

3.2.2　限定检索范围

《中文科技期刊数据库》可进行学科类别限制和数据年限限制。

学科类别限制：分类导航系统是参考《中国图书馆分类法》（第四版）进行分类的，每一个学科分类都可以按树形结构展开，利用导航缩小检索范围，进而提高查准率和查询速度。数据年限限制：数据收录年限从 1989 年至今，检索时可进行年限选择限制。期刊范围显示：期刊范围限制包括全部期刊、核心期刊和重要期刊三种。用户可以根据检索需要来设定合适的范围以获得更加精准的数据。

3.2.3　检索式和复合检索

简单检索直接输入检索式；复合检索分为二次检索和直接输入检索式两种情况。

二次检索：用户一次检索的检索结果中可能会遇到某些数据是不需要的，这说明检索条件限制过宽，这时就可以考虑采用二次检索。二次检索是在一次检索的检索结果中运用"与、或、非"进行再限制检索，其目的是缩小检索范围，最终得到期望的检索结果。

例如：在检索入口"关键词"字段检索"土豆"，点击"检索"按钮，即出现相关文献信息，如图 9 至图 11 所示。

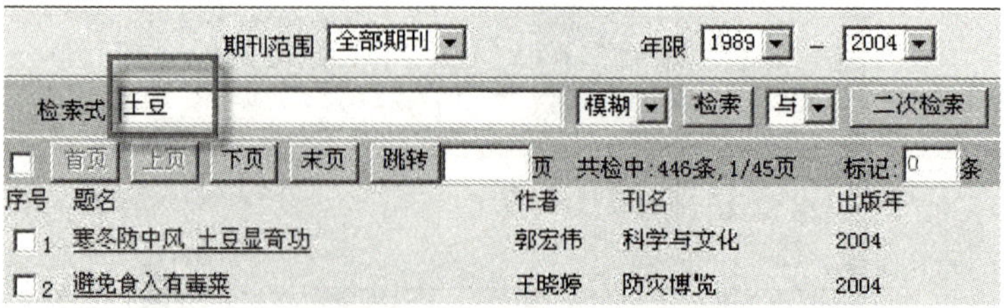

图 9　二次检索示例（1）

我们再以作者为检索条件，检索式为"治平"为条件进行二次检索，即可在以土豆为一次检索结果中继续搜索作者治平的文章，找到一篇文章。

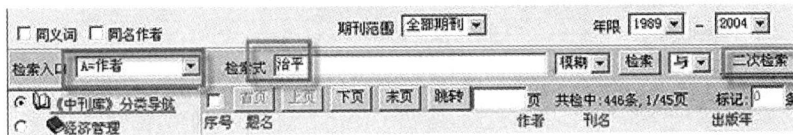

图 10　二次检索示例（2）

找到结果了，用户可以点击文章题目进行查看题录，下载全文等进一步操作。

图 11　二次检索示例（3）

3.2.4　小技巧

（1）同义词

勾选页面左上角的同义词，输入检索式"土豆"，再点击"搜索"，即可找到和土豆同义或近似的词，用户可以选择同义词以获得更多的检索结果（见图12）。

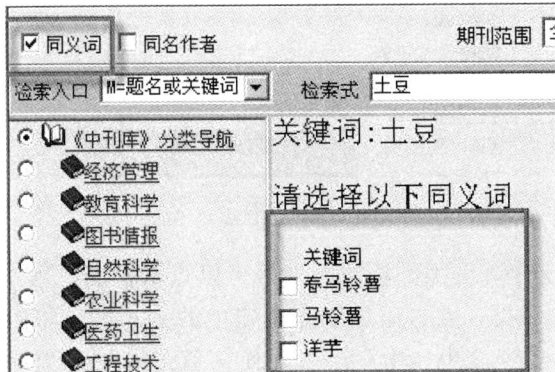

图 12　同义词检索

（2）同名作者

勾选页面左上角的同名作者，选择检索入口为作者，输入检索式"张三"，点击搜索，即可找到以张三为作者名的作者单位列表，用户可以查找需要的信息以做进一步选择（见图 13）。

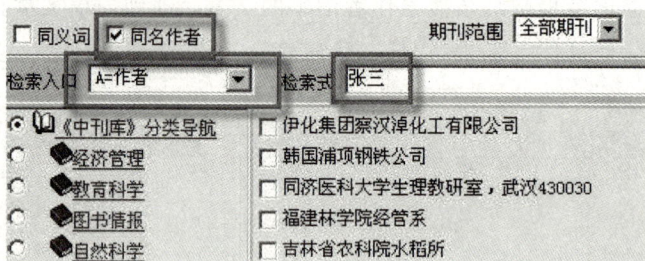

图 13　同名作者检索

3.3　分类检索

用户登录维普首页，在数据库检索区，通过点击"分类检索"，即可进入分类检索页面（见图 14）。分类检索页面相当于提前对搜索结果做个限制，用户在搜索前可以对文章所属性质做个限制，比如用户选择经济分类，则用户在搜索栏中的文章都以经济类为基础的文章。

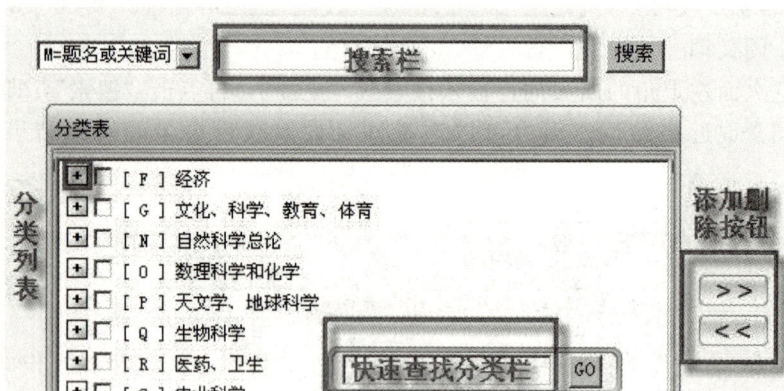

图 14　分类检索

还是以图 14 为例，分类大项前的加号可以点击扩展，用户可以根据检索需要，勾取所需要的分类，点击添加删除按钮中的 ，即可将限制分类选取在搜索页中的"所选分类"之中。用户还可以使用双击或 来删除不需要的分类限制。如果想找分类还可以使用快速查找分类，在输入栏中输入需要的分类，点击"GO"按钮，屏幕上就会以高亮显示该分类，便于用户快速查找分类。用户在选定限制分类，并输入关键词检索后，页面自动跳转到搜索结果页，后面的检索操作同简单搜索页，用户可以点击查看。

3.4 高级检索

读者登录维普首页，在数据库检索区，通过点击"高级检索"，即可进入高级检索页面。高级检索提供了两种方式供读者选择使用：向导式检索和直接输入检索式检索（见图 15）。

3.4.1 向导式检索

（1）检索界面

向导式检索为读者提供分栏式检索词输入方法。可选择逻辑运算、检索项、匹配度外，还可以进行相应字段扩展信息的限定，最大限度地提高了"检准率"。

图 15 高级检索（1）

（2）检索规则

① 检索执行的优先顺序

向导式检索的检索操作严格按照由上到下的顺序进行，用户在检索时可根据检索需求进行检索字段的选择。以图 15 为例进行检索规则的说明。图中显示的检索条件得到的检索结果为：（（U＝大学生＊U＝信息素养）＋U＝大学生）＊U＝检索能力，而不是（U＝大学生＊U＝信息素养）＋（U＝大学生＊U＝检索能力）。

如果要实现（U＝大学生＊U＝信息素养）＋（U＝大学生＊U＝检索能力）的检索，可做如图 16 的输入，图 16 中输入的检索条件用检索式表达为：U＝（大学生＊信息素养）＋U＝（大学生＊检索能力）

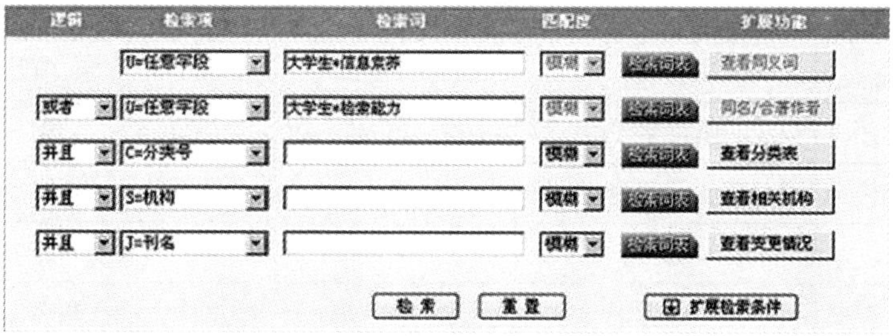

图 16 高级检索（2）

要实现（U＝大学生＊U＝信息素养）＋（U＝大学生＊U＝检索能力）的检索，也可用图16中的输入方式，图16中输入的检索条件用检索式表达为：（U＝信息素养＋U＝检索能力）＊U＝大学生

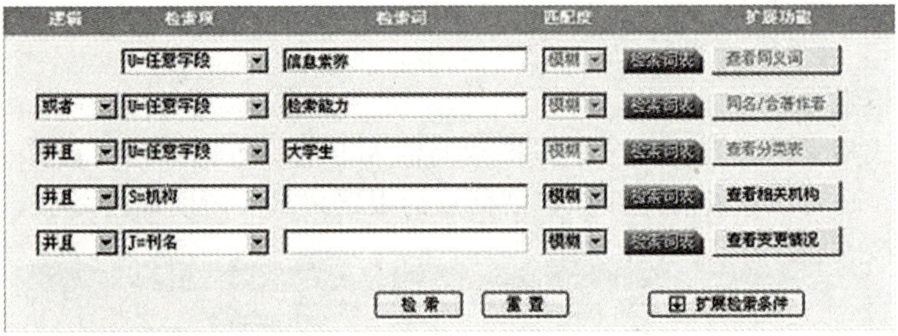

图17　高级检索（3）

② 关于逻辑运算符

逻辑运算符见表2所列。

表2　逻辑运算符对照表

逻辑运算符	逻辑运算符	逻辑运算符
＊	＋	－
并且、与、and	或者、or	不包含、非、not

在检索表达式中，以上运算符不能作为检索词进行检索，如果您的检索需求中包含有以上逻辑运算符，请调整检索表达式，用多字段或多检索词的限制条件来替换掉逻辑运算符号。例如：如果您要检索C＋＋，可组织检索式（M＝程序设计＊K＝面向对象）＊K＝C来得到相关结果。

③ 关于检索字段的代码

检索字段的代码见表3所列。

表3　检索字段代码对照表

代　码	字　段	代　码	字　段
U	任意字段	S	机构
M	题名或关键词	J	刊名
K	关键词	F	第一作者
A	作者	T	题名
C	分类号	－	文摘

（3）扩展功能

查看同义词：比如用户输入"土豆"，点击查看同义词，既可检索出土豆的同义词：春马铃薯、马铃薯、洋芋，用户可以全选，以扩大搜索范围。

查看变更情况：比如读者可以输入刊名"移动信息"，点击查看变更情况，系统会显示出该期刊的创刊名"新能源"和曾用刊名"移动信息．新网络"，使用户可以获得更多的信息。注意：此处需要输入准确的刊名才能察看期刊的变更情况。

查看分类表：读者可以直接点击按钮，会弹出分类表页，操作方法同分类检索。

查看同名作者：比如用户可以输入张三，点击查看同名作者，既可以列表形式显示不同单位同名作者，用户可以选择作者单位来限制同名作者范围。为了保证检索操作的正常进行，系统对该项进行了一定的限制：最多勾选数据不超过5个。

查看相关机构：比如用户可以输入中华医学会，点击查看相关机构，即可显示以中华医学会为主办（管）机构的所属期刊社列表。为了保证检索操作的正常进行，系统对该项进行了一定的限制：最多勾选数据不超过5个。

（4）检索词表

读者选择某一字段后，可查看对应字段的检索词表来返回检索词，如关键词对应的是主题词表，机构对应的是机构信息表，刊名对应的是期刊名列表。此功能正在完善中。

（5）扩展检索条件

用户可以点击"扩展检索条件"，以进一步地减小搜索范围，获得更符合需求的检索结果。

如图18所示，用户可以根据需要，以时间条件、专业限制、期刊范围进一步限制范围。

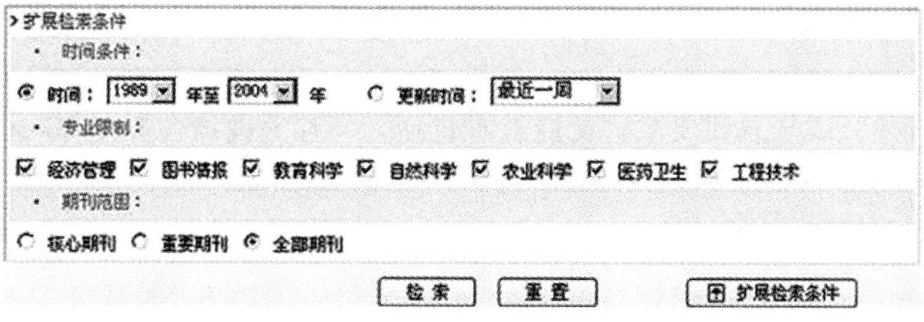

图18　扩展检索条件

读者在选定限制分类，并输入关键词检索后，页面自动跳转到搜索结果页，后面的检索操作同简单搜索页，读者可以点击查看。

3.4.2　直接输入检索式检索

（1）检索界面

读者可在检索框中直接输入逻辑运算符、字段标识等，点击"扩展检索条件"并对相关检索条件进行限制后点"检索"按钮即可，如图 19 所示。检索式输入有错时检索后会返回"查询表达式语法错误"的提示，看见此提示后请使用浏览器的【后退】按钮返回检索界面，重新输入正确的检索表达式。

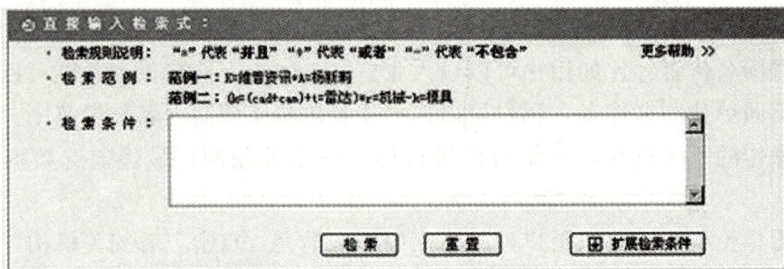

图 19　直接输入检索式检索

（2）扩展检索条件

同"向导式检索"中的图 18。

（3）检索规则

关于逻辑运算符，同表 2；关于检索代码，同表 3；关于检索优先级，无括号时逻辑与"＊"优先，有括号时先括号内后括号外。括号（）不能作为检索词进行检索。

（4）检索范例

范例一：K＝维普资讯 ＊ A＝杨新莉

此检索式表示查找文献：关键词中含有"维普资讯"并且作者为杨新莉的文献。

范例二：（k＝（CAD＋CAM）＋T＝雷达）＊R＝机械－K＝模具

此检索式表示查找文献：文摘含有机械，并且关键词含有 CAD 或 CAM、或者题名含有"雷达"，但关键词不包含"模具"的文献。

此检索式也可以写为：

（（K＝（CAD＋CAM）＊R＝机械）＋（T＝雷达＊R＝机械））－K＝模具

或者

（K＝（CAD＋CAM）＊R＝机械）＋（T＝雷达＊R＝机械）－K＝模具

3.4.3 高级检索的检索技巧：

（1）利用同名作者进行作者字段的精确检索

在向导式检索中，提供了同名作者的功能，由于同名作者功能中限制了勾选的最大数目（5个），如果碰巧您需要选择的单位又超过了5个，此时您可以考虑采用模糊检索的方式来实现检全检准。

例如：查询目标为浙江大学高分子科学与工程系作者名为王立的文献，通过同名作者查看到相似的单位有13个（见表4），这时就可以采用检索式"A＝王立＊S＝浙江大学高分子科学"来限制作者以得到精确的检索结果。检索式的更改方法：可在向导式检索的同名作者添加以后修改，也可采用直接输入检索式检索的方式。

表4 利用同名作者进行作者字段的精确检索

浙江大学高分子科学与工程学系	浙江大学高分子科学与工程学系
浙江大学高分子科学与工程学院	浙江大学高分子科学与工程学系，杭州
浙江大学高分子科学与工程学系，杭州 310027	浙江大学高分子科学与工程学系，杭州 310027
硕士研究生，浙江大学高分子科学与工程学系杭州 310027	浙江大学高分子系，浙江杭州 310027
浙江大学高分子科学与工程学系，杭州 310027	浙江大学材料与化学工程学院，聚合反应工程国家重点实验室，杭州 310027
浙江大学高分子科学与工程学系浙江杭州 310027	

（2）利用"查看相关机构"提高检全检准率

向导式检索中提供了"查看相关机构"的功能用于精确读者需要查询的目标机构，由于相关机构功能中限制了勾选的最大数目（5个），如果碰巧您需要检索的机构超过5个，在实际检索时就需要考虑采用模糊检索的方式来实现检全检准。

例如：要查找"重庆大学建筑与城规学院"这一机构，如果以"重庆大学"作为基准查找得到相关机构2074个机构，通过筛选，选择出符合检索结果的共有词还有"建筑"，此时就可调整检索式为"重庆大学＊建筑"，调整后再次查看相关机构，得到144个机构，很明显且筛选出的机构的准确度大大地提高了。这样就可以直接在机构字段输入"重庆大学＊建筑"进行检索了。

体育消费与当代大学生体育消费行为

吴　耘

　　摘　要：体育消费分为观赏型体育消费、参与型体育消费、实物型体育消费和其他类型如保险、博彩、中介等消费模式。当代大学生的体育消费行为是一个由内隐性行为到外显性行为的综合反映过程，其主要特征表现为：大多数的大学生表示体育锻炼是一种愉快的参与，以及花钱买健康是值得的；大学生的体育消费动机是多样化的，他们在进行体育消费时表现出明显的从众心理；同学和家庭成员以及校园体育文化在很大程度上影响了他们的体育消费行为；体育消费品价格高、缺乏场地和设施以及健身项目单一等则在较大程度上阻碍了大学生的体育消费行为。

　　关键词：体育消费；大学生；体育消费行为

　　在以经济发展为主导的当今社会，科学技术的迅猛发展在带来日趋富足的物质生活的同时，也逐渐在越发复杂的社会范畴中，确立了以消费这一经济社会的独特理念为轴心的发展范式。伴随着这种消费形态的不断发展，人们对体育消费的需求越来越成为都市化的现代人优质生活的一份寄托，由此引发的社会化的各色体育消费形式、用品、场所等，犹如潮水般地在消费社会中风行。这些为体育产品营造了良好的社会氛围与积极的消费环境的社会主流发展理念与大众消费价值观念，也成为体育消费市场发展与扩张的潜在优势得以体现的核心推动力。体育消费正逐渐成为消费市场的主要分支，而日渐成熟[1]。大学生是我国社会经济的推动者，是体育消费的重要群体之一，其体育消费行为和特征将直接或间接影响体育消费的整体走向。深入了解大学生的体育消费现状，找出体育消费中存在的一些问题，旨在构建大学生体育消费的理论框架，为当代大学生科学、健康、合理地进行体育消费提供理论依据。

　　作者简介：吴耘（1969—），男，安徽青阳人，铜陵学院体育部副教授，硕士。

一、体育消费的概念

综合体育消费的多元属性分析，广义的体育消费是指消费者在选择、购买、使用和处理体育产品与服务过程中所引起的一切现象和关系的总和。前半部分是定义的外延，后半部分是定义的内涵，也就是说无论是作为买方的消费者，还是作为提供体育产品与服务的卖方——经营组织机构，都是为保证一系列现象和关系的发生和运行而提供相应的各自行为。狭义的体育消费是指消费者选择、购买、使用和处理体育产品与服务的一种决策过程和身体活动。它可以是指消费者选择、购买、使用和处理体育产品与服务的一种经济现象和身体活动；可以是指消费者选择、购买、使用和处理体育产品与服务的一种社会现象和身体活动；还可以是指消费者选择、购买、使用和处理体育产品与服务的一种文化现象和身体活动[2]。前两种关于体育消费狭义的定义更多的是体育消费的经济属性与主观属性的直接体现，在特征属于涉及经济和心理学的体育消费者行为研究，主要包括研究当体育消费者面对体育产品的刺激时，所呈现出来的动机、信息处理、学习、情感、态度和个性因素等心理活动过程；认识问题、搜寻信息、评价方案、购买行为的决策过程，以及购买后使用过程中消费者的行为反应过程。后两种关于体育消费狭义的定义更多的是体育消费的社会属性与文化属性的直接体现，在特征属于不同于体育消费者行为研究的另一种概念体系，需要进一步进行概念体系的区分。这里的概念体系是指由一组相关概念构成的一个有机体系。比如在体育消费者行为的概念体系中就包含体育消费者、体育消费者动机、体育消费者态度，以及体育消费者决策等。当然，相关概念之间的关系越复杂，其概念体系的边界也就越大。

二、体育消费的分类

根据对体育消费概念的不同认识，从不同角度进行了划分。徐钟仁(1989)[3]、张岩（1993）[4]、于振峰（1999）[5]、黄晓灵（2005）[6]等人对体育消费进行了分类探讨。这些主要有两大类主流意见：第一类将体育消费形式分成三类，即体育实物消费、体育劳务消费（体育健身消费或参与型消费）和体育信息消费（体育精神消费或观赏型体育消费）。第二类把体育消费的内容形式分作两类，即体育实物消费（体育产品消费）和体育劳务消费（或称非实物性消费）。分类标准的各持己见，是体育消费类型多元说的根本原因。构建符合我国体育消费实践的统一分类标准，是体育消费理论研究值得深入探讨的内容。

（1）所谓观赏型体育消费，是指为了观看各种体育比赛、表演、展览等所进行的消费。这类消费在物质生活水平日益提高的情况下，人们会去追求属于较高层次的精神享受。如 2008 年奥运会在中国的成功举办，前所未有地拉动了中国观赏性体育消费的发展，为中国体育经济的发展做出了显著贡献。

（2）参与型体育消费是指为了娱乐、健身而参加各种各样的体育活动、健身训练、体育健康医疗等所进行的消费。随着人们闲暇时间的逐渐增加，为了追求更高的生活质量，必将更加积极地投入体育运动的实践中来，因此，这类体育消费具有很大的市场发展潜力。目前，全国各大、中、小城市都开展全民健身运动，政府、社区、企业都在为参与性体育消费提供场地、设施和优质的服务，让参与性体育消费渐渐走入人们的生活。

（3）实物型体育消费是指个人用于购买体育服装、鞋帽以及运动器材等体育物品的消费支出。随着我国体育社会化的拓展及体育人口的增加，实物型体育消费将迅速增长并呈现出强劲的发展势头。就目前来看，我国消费者对于体育消费的形式还是以实物型体育消费为主。

（4）其他类型是泛指保险、博彩、媒体、中介等消费模式。众所周知，花样繁多的体育项目为更多相关行业创造了机会和市场。一场精彩的体育赛事离不开媒体的宣传；一个刺激惊险的体育项目离不开保险的保障。体育是竞技和健身的结合、体育是参与和娱乐的结合、体育是历史和现代的结合，这些决定了体育消费领域的广泛性。

三、当代大学生体育消费行为特征

（一）体育消费态度

态度是关于客观事物、人和事件的评价性陈述喜欢或是不喜欢，它反映了一个人对某事物的感受[7]。其通常是指个体对某种事物情景或他人所持有的一种持久的、稳定的反应倾向。态度是一种内隐变量。它作为一种反应倾向，并不一定从某种行为中表现出来。但是态度包含在一组彼此相关的行为或反应中，也就是说，态度指的是个体在遇到类似或相同的刺激时，个体所产生的不同反映间的一致性和共同性。根据消费心理学理论，消费态度通常具有四个方面的特征：一是社会性，也叫习得性，是指态度不是消费者与生俱来的，而是后天形成的，主要是社会实践中形成的。离开了所处社会环境，也就谈不上消费态度了。二是对象性，态度总是针对某一特定的对象，它可以是具体的事物，也可以是某种状态，还可能是某种观念。三是协调性。这是指态度中的认知、情感和意向三种成分的协调一致性。例如：对商品的认知为好的，情感上就显现为喜爱，从而产生购买意向。四是持续性。态度一旦形成后，会在一定时间内保持稳定，从而对消费者的购买行为产生持续作用[8]。一般情况下，消费者的态度和行为是一致的，态度会影响乃至决定消费行为，因此，通过对消费态度的了解和掌握，便可预测其购

买行为。根据调查，有关体育消费态度调查的结果（如表 1）[9]显示：有 62.3%
的大学生认为体育锻炼是一种愉快的参与活动，有 73.9% 的大学生认为有必要
用体育锻炼来维持身体健康，并有半数以上的大学生不同意体育锻炼会影响学习
和没病就是健康的说法。从上面的调查数据可知，一方面，与大众体育消费态度
相比，大学生中持有积极体育消费态度的人数比例要更高；另一方面，大学生对
体育消费的生理和心理功效的认知度也较高。曾有调查表明，这与大学生的受教
育程度、闲暇时间较多以及集体生活方式密切相关。此外，有 42.4% 的大学生
会选择新颖流行的体育运动，而大多则更倾向于选择实用、廉价的体育商品，这
说明新兴体育运动项目和新上市的体育用品在很大程度上能够对大学生的体育消
费起到刺激作用。曾有调查表明，大学生的体育消费具有求新的动机，这恰恰与
上面的调查结果相符合。当问及花钱买健康是否值得时，76.5% 的大学生表示赞
成，有 13.2% 的大学生拿不定主意，仅有 10.3% 的大学生不赞成花钱买健康，
这说明，随着大学生经济来源的增多以及体育场馆设施、环境的改善，大部分高
校大学生愿意花钱进行体育消费，他们是巨大的潜在体育消费群体。2008 年北
京奥运会的成功举办使高校学生对体育的注意力、认可度和满意度有了显著性的
提高，北京奥运会在一定程度上改变了大学生对体育运动的态度，使他们更关注
体育运动，从而产生体育消费行为。

表 1 大学生体育消费态度调查情况（%）

序　号	辨别语句	同　意	不确定	不同意
1	体育健身会使人疲倦	11.2	15.6	73.1
2	体育健身可以改善身心健康	84.5	6.7	8.7
3	体育健身是一种愉快的参与活动	62.3	30.1	7.5
4	有必要通过健身来维持身体健康	73.9	20.7	5.7
5	对学习体育方面的知识很感兴趣	43.8	29.4	26.7
7	没病就是健康	33.7	26.5	59.8
8	经常参加体育活动会影响学习	30.6	16.3	53.0
9	花钱买健康是值得的	76.5	13.2	10.3
10	选择新颖流行的体育项目	42.4	37.3	22.1

（二）体育消费动机

消费动机是指消费者购买消费商品时最直接的原动力。在现实生活中，当消
费者受到某种刺激时，其内在的需要就被激活，进而产生一种不安的情绪。这种

内在的不安情绪与可能解除生理或心理缺乏对象相结合，演化成为一种动力，便是消费动机的形成。消费者的动机具有下面几个特征：第一，动机的原发性；第二，动机的内隐性；第三，动机的实践性；第四，动机的可导性；第五，动机的冲突性[10]。体育消费动机是指大学生针对体育消费目标而产生的内驱力，以满足自我对体育消费的一种需要。这种需要可以诱导心理紧张状态，当出现特定体育消费时，这种心理状态就会变成一种特定的驱动力。根据消费心理学的相关理论，在体育消费过程中，动机是促进高校学生参与体育锻炼、进行体育消费的主观动因，并且具有其自身的特点。引导高校学生科学、合理的体育消费必须了解和掌握其参与动机。

调查结果如表2所列，大学生的体育消费动机是多样化的，而且男生和女生之间具有显著性差异。男生排在前四位的体育消费动机依次为强身健体、消遣娱乐、减肥健美和缓解压力；女生排在前四位的体育消费动机依次为减肥健美、强身健体、消遣娱乐、缓解压力。这些调查数据说明，男同学进行体育参与的首要目的是强身健体，而女同学则是为了减肥健美。此外，在调查中还发现大多数的大学生并不是只存在一种动机，他们往往表现为求实、求廉、求便与求新、求美、求名动机并存的特点，而且高校学生月均消费支出越高，表现为娱乐消遣动机、审美追求动机、求新攀比动机就越强。在了解了大学生的体育消费动机之后，有关体育企业就可以有针对性地制定营销策略，开发新的体育产品，这样不但可以节约经营成本，而且还能够有效地避免经营的盲目性。

表2　大学生体育消费动机排序调查表

动　机	男生排序	占比（%）	女生排序	占比（%）
强身健体	1	78	2	39
消遣娱乐	2	36	3	24
减肥健美	3	26	1	52
缓解压力	4	13	4	19

（三）体育消费内容

调查数据显示（见表3），大学生体育消费内容主要以实物性消费为主，劳务性消费所占比重较低，消费主要内容依次是：购买体育服装占98.76%，购买体育杂志、图书占47.21%，健身培训机构占23.59%，购置运动器械占6.87%，观赏体育比赛占5.26%，购买体育彩票占4.30%。如表4所列，促进体育消费的主观积极因素主要有对体育感兴趣（91.49%）和精神愉快（86.52%）；客观积极因素主要在资金收入方面，包括家庭条件优越和自己的收入。基本上所有的学生都选择了在经济条件允许的情况下，会追加体育消费方面的资金投入，其中投入方面健身房及培训机构的比例高达 73.96%，体育表演和体育杂志等方面分别占 51.439% 和 42.61%。结果显示，体育消费方面的潜在市场前景很广阔[11]，大学生体育消费的意识较强但实际消费水平跟不上，他们的实际消费能力与理想消费要求差距较大。

表 3　高校大学生体育消费内容表

消费内容	频　数	占比（%）
健身运动器材	678	6.87
体育服装、鞋、帽	9748	98.76
体育杂志、图书音像制品、纪念品	4660	47.21
体育彩票	424	4.30
欣赏各种体育竞赛表演、观看体育展览	519	5.26
健身房及其他培训机构	2328	23.59

表 4　促进高校大学生参与体育消费主客观积极因素

主观积极因素	占比（%）	客观积极因素	占比（%）
对体育感兴趣	91.49	受同学影响	3.72
身体健康与精力充沛	77.14	有充足的空闲时间	51.27
精神愉快	86.52	家庭条件优越有足够资金	62.39
保持健美的体形	56.92	自己挣钱有收入	78.24
交往需要与增进友谊	43.37	受社会、家庭影响	59.06
学习需要	16.54	其他	6.51
丰富业余生活	32.16		

（四）体育消费结构

体育消费结构是指体育消费过程中消费各种体育资料的比例关系，它反映了高校学生消费的具体内容，也反映了高校学生的体育消费层次。根据对湖北省高校大学生体育消费的调查，将该省高校学生涉及的体育消费分为十类，分别是：①运动服装鞋帽；②小型运动器械；③运动饮料；④体育出版物；⑤体育杂志；⑥观看比赛；⑦参与体育培训班；⑧体育旅游；⑨体育彩票；⑩租用场地。调查结果显示（见表5）[12]：在高校学生体育消费行为中，实物型消费高于体育劳务消费。大学生参加的主要实物型体育消费的总支出明显高于参加非实物型体育消费的总支出，这表明目前高校学生的非实物型体育消费水平仍然较低，消费结构尚不合理。根据消费经济学理论，合理的体育消费结构应该满足以下四个条件：一是合理的体育消费结构，应该体现人们的体育消费需要得到较好的满足，保证人的智力、体力充分而自由的发展。二是合理的体育消费结构应该促进体育消费的健美化。随着人们收入水平的提高，越来越追求健美化，追求健康与美的享受、艺术的享受。三是合理的体育消费结构，必须有较好的消费质量。体育消费质量包括：体育产品的质量、体育消费的环境、体育健身的效果等。四是合理的消费结构，必须有利于促进两个文明建设，有利于促进文明的、健康的、科学的生活方式的建立[13]。从以上四个条件可知，合理的体育消费结构应该使人们的精神享受和物质享受得到协调的发展。这主要是由以下原因造成的：第一，由于大部分高校学生经济没有独立，经济来源主要由家庭供给，大学生体育消费能力受到限制。同时，体育实物消费具有一定的替代效应，除了体育运动时使用外，平时也可以使用。第二，高校学生体育锻炼时都是在学校体育场馆进行，高校通常都会为学生提供一定的免费体育锻炼场所，高校学生体育消费需求能够在这些场所得到满足，没有去经营性体育场馆进行消费的必要性，这在很大程度上抑制了该省大学生体育劳务消费水平。第三，目前，网络电视等媒介高度发达，重大体育比赛会进行现场直播，这也使该省高校学生去现场观看体育比赛的需求减少。

表5   湖北省高校大学生体育消费结构

消费类型	消费内容	占比（%）	排　序
体育实物消费	运动服装鞋帽	78.53	1
	小型运动器械	32.57	5
	运动饮料	55.58	2
	体育出版物	35.25	4
	体育杂志	46.38	3
体育劳务消费	观看比赛	18.25	8
	参加体育培训班	22.58	6
	体育旅游	15.89	9
	体育彩票	12.58	10
	租用场地	18.69	7

（五）体育消费水平

体育消费水平是高校学生购买体育实物消费和体育劳务消费的总体消费数量，一般可用货币表示，它反映了一定的时期内高校学生对体育消费需要的满足度[14]。根据对安徽省大学生体育消费水平的调查（该研究以安徽省普通高校大学生一年的体育消费额即体育消费支出为对象），调查结果显示[15]（见表6），目前安徽省普通高校大学生体育消费年支出在200～400元区间，占48.2%，总体消费水平较低。调查还显示，女大学生年消费额低于200元的占33.2%，而男大学生高于400元的占34.3%，说明男女大学生之间存在差异。

表6　安徽省普通高校大学生体育消费总体水平（年消费）N＝958

消费额（元）	男生比例（%）	女生比例（%）	占比（%）	排　名
＜200	17.4	33.2	25.2	2
201～400	44.9	51.5	48.2	1
401～600	34.3	13.7	23.8	3
＞601	3.4	1.6	2.5	4

（六）体育消费健身场所与时间

这主要是从时间和空间的角度来反映大学生体育锻炼行为的特点，由于大学生群体有其自身的生活方式和行为习惯，所以这一群体在锻炼的场所和时间上也会表现出自身的特点。有关大学生参加体育锻炼的主要场所与时间的具体调查结果如表7所列。调查结果得知，在选择体育锻炼场所时，有62.8%的大学生选择"校内免费的运动场"作为他们的第一健身场所，有26.9%的大学生选择"校内收费的场馆"作为他们的第二健身场所，有15.6%的大学生选择"公园或广场"作为他们的第三健身场所。这与大众选择的体育锻炼场所相比具有很大的差异。有关调查表明，我国群众中有61.7%的人会选择在公园、水畔等优雅的环境进行体育锻炼，有17.6%的人会选择在路边、庭院进行体育锻炼，有20.7%的人会选择在运动场进行体育锻炼[16]。这种差异的主要原因在于：首先，与大众相比，大学生可以利用的体育场地设施更多，而且校内许多的体育场地设施是免费提供给学生的。其次，大学生在校内健身更加方便，这与他们的求便动机相符合。最后，大部分校内和单位的公共场馆是不向大众开放的；即使有些场馆向大众开放，其价位也相对较高，大众很难承担。这就导致公园等优雅的环境成为大众的最佳健身场所。从上面的调查结果可知，大部分大学生选择在校内免费的体育场馆进行锻炼，只有少数的大学生去校外收费的运动场所进行体育锻炼。如果要提高大学生体育消费的水平，这就要求：一方面，高校的有关管理部门要对校内有些体育场地设施的使用制定出适当的价格；另一方面，想要开发高校体育消费市场的企业必须在空间上给大学生提供便利的条件。

表7　大学生体育消费场所总体情况一览表（%）

	校内免费运动场	校内收费场馆	公园与广场	校外收费场馆
第一选择	62.8	15.3	7.6	4.4
第二选择	11.5	26.9	17.6	12.7
第三选择	7.3	10.2	29.3	15.6

（七）体育消费评价

体育消费评价是高校学生购买体育商品或服务产生的不同心理反应。大学生实际体育消费后产生的感受和预期一致，就会产生满意的心理状态；大学生实际体育消费后产生的感受和预期不一致，就会产生不满意的心理状态。根据对湖北省高校学生的调查结果显示[17]（见表8）：第一，在体育场馆方面，认为非常满意的比例为22.58%，认为还可以的比例为62.26%，表示不满意和非常不满意的比例分别为12.89%、2.27%；第二，在体育消费服务方面，认为非常满意的占21.58%，选择还可以的占60.59%，表示不满意和非常不满意的分别占12.37%、5.46%；第三，在体育产品方面，认为非常满意的占14.17%，认为还可以的占50.36%，表示不满意和非常不满意的分别占12.89%、22.58%；第四，在产品质量方面，认为非常满意的占10.58%，选择还可以的占68.96%，表示不满意和非常不满意的分别占12.58%、7.88%。就总体而言，高校学生对体育场所、服务态度和产品质量持满意态度，对产品价格满意度较低，这主要是由于高校学生经济仍没有独立，需要父母支持，部分体育运动项目收费价格过高，超出了大学生的承受力。

表8　湖北省高校学生体育消费评价（%）

相关因素	非常满意	还可以	不满意	非常不满意
运动场所	22.58	62.26	12.89	2.27
服务态度	21.58	60.59	12.37	5.46
产品价格	14.17	50.36	12.89	22.58
产品质量	10.58	68.96	12.58	7.88

四、结　论

　　大学生的体育消费行为是一个由内隐性行为到外显性行为的综合反映过程，这一过程一般包括从体育消费态度到体育消费动机再到体育消费的购后使用与评价等几个环节，其主要特征表现为：首先，与大众体育消费态度相比，大学生中持有积极体育消费态度的人数比例要更高，而且 60％以上的大学生表示体育锻炼是一种愉快的参与，以及花钱买健康是值得的，他们是一个巨大的潜在体育消费群体；其次，大学生的体育消费动机是多样化的，而且男生和女生之间具有显著性差异，他们在进行体育消费时表现出明显的从众心理；最后，同学和家庭成员以及校园体育文化在很大程度上促进了他们的体育消费行为，而体育消费品价格高、缺乏场地和设施以及健身项目单一等则在较大程度上阻碍了大学生的体育消费行为。

参考文献：

　　[1] 杨韵 . 体育消费的符号化现象及其价值分析 [J] . 南京体育学院学报，2011，(3)：13 - 15.

　　[2] 代刚 . 体育消费的属性、概念体系及其边界 [J] . 首都体育学院学报，2012，(4)：340 - 344.

　　[3] 徐钟仁 . 论体育消费 [J] . 体育论坛，1989，(3)：7 - 9.

　　[4] 张岩 . 略论体育消费 [J] . 成都体育学院学报，1993，(4)：19 - 24.

　　[5] 于振峰，叶伟，许高航 . 对我国体育消费现状的研究 [J] . 体育科学，1999，19 (2)：23 - 25.

　　[6] 黄晓灵 . 体育经济学 [M] . 成都：西南师范大学出版社，2005.

　　[7] 苏东水 . 管理心理学 [M] . 上海：复旦大学出版社，1998.

　　[8] 崔建华 . 消费心理学 [M] . 哈尔滨：哈尔滨工业大学出版社，2003.

　　[9] 霍德利 . 高校学生体育消费行为模式及特征 [J] . 武汉体育学院学报，2010，(12)：74 - 78.

　　[10] 王耀东 . 高校学生体育消费特征研究 [J] . 北京体育大学学报，2011，(6)：101 - 104.

　　[11] 何敏学，等 . 大学生体育消费现状及影响因素 [J] . 体育学刊，2004，(3)：32 - 36.

　　[12] [17] 崔兰英，等 . 湖北省大学生体育消费行为与特征研究 [J] . 武汉体育学院学报，2013，(5)：47 - 49.

［13］鲍明晓．体育产业新的增长点［M］．北京：人民体育出版社，2000.

［14］解煜，等．安徽省普通高校大学生体育消费现状调查［J］．赤峰学院学报（自然科学版），2013，（7）：79－81.

［15］霍德利．高校学生体育消费行为模式及特征［J］．武汉体育学院学报，2010，（12）：74－78.

政治·法律

中国梦与科学发展观

邵　军

摘　要：中国梦的本质内涵是国家富强、民族振兴、人民幸福。坚持中国道路、弘扬中国精神、凝聚中国力量是实现"中国梦"的重要遵循，是指引全党和全国各族人民凝心聚力、共同实现"中国梦"的指南。坚持科学发展观最终要落实到行动上，落实到经济、政治、文化、社会、生态文明建设"五位一体"上，将科学发展观的战略思想转化为实现中华民族伟大复兴的中国梦的实践。

关键词：中国梦；科学发展观；行动指南

党的十八大以来，以习近平同志为总书记的党中央，高举中国特色社会主义伟大旗帜，把握时代潮流，立足国情实际，顺应人民期待，在新的实践基础上大力推进理论创新，创造性地提出并深刻阐述了中国梦这一重大的治国理政战略思想，并号召广大青年要勇敢肩负起时代赋予的重任，志存高远，脚踏实地，努力在实现中华民族伟大复兴的中国梦的生动实践中放飞青春梦想。作为中国梦的担当人与实践者，当代大学生应当如何理解中国梦与科学发展观的关系，不仅具有重大的理论意义，而且具有深远的实践价值。

一、中国梦的本质内涵与原则遵循

（一）中国梦的本质内涵

习近平总书记 2012 年 11 月 29 日在参观《复兴之路》展览时说："每个人都有理想和追求，都有自己的梦想。现在，大家都在讨论中国梦，我以为，实现中

基金项目：铜陵学院学术带头人后备人选科研项目"高等学校推动社会主义核心价值观"三进"研究"（2014tlxyxs24）建设成果。

作者简介：邵军（1968—），男，安徽郎溪人，铜陵学院思政部教授，硕士生导师。

华民族伟大复兴，就是中华民族近代以来最伟大的梦想。"2013 年 3 月 17 日，他在第十二届全国人民代表大会第一次会议上的讲话中指出："实现全面建成小康社会、建成富强民主文明和谐的社会主义现代化国家的奋斗目标，实现中华民族伟大复兴的中国梦，就是要实现国家富强、民族振兴、人民幸福，既深深体现了今天中国人的理想，也深深反映了我们先人们不懈追求进步的光荣传统。"此后，习近平总书记在接受金砖国家媒体联合采访、莫斯科国际关系学院演讲、访问非洲时在坦桑尼亚演讲等多个场合，从不同角度多次阐述了中国梦。这些讲话，揭示了中国梦的本质内涵就是国家富强、民族振兴、人民幸福。

1. 中国梦是实现国家富强的强国梦

国家富强是实现民族振兴和人民幸福的基础，其指向是全面建成小康社会，基本实现社会主义现代化。新中国成立 60 多年来，特别是改革开放 30 多年来，中国共产党领导中国人民成功开辟出中国特色社会主义道路，中国的发展取得了历史性进步，经济总量已经稳居世界第二位，综合国力显著增强，人民生活明显改善。今天，我们的人民共和国正以昂扬的姿态屹立在世界东方，中华民族伟大复兴正日益展现出光明前景。与此同时，我们还必须清醒地看到，在我国发展仍处于可以大有作为的重要战略机遇期，前进道路上的困难和问题仍然不少，人口多、底子薄、发展很不平衡的状况并未根本改变。中国梦实际上为"国家富强"描绘了一个"两步战略"，即：到 2020 年国内生产总值和城乡居民人均收入在 2010 年的基础上翻一番，全面建成小康社会；到本世纪中叶，建成富强民主文明和谐的社会主义现代化国家，实现中华民族伟大复兴的中国梦。

2. 中国梦是实现民族振兴的复兴梦

民族振兴是国家富强的根本标志，是人民幸福的重要保障。中华民族具有五千多年的璀璨文明历史，中华文明曾经长期处于世界领先地位，为人类文明进步做出了不可磨灭的贡献。然而，正如邓小平所说的那样，这个伟大的民族经历了由盛而衰的过程："如果从明朝中叶算起，到鸦片战争，有三百年多年的闭关自守，如果从康熙算起，也有近二百年，长期闭关自守，把中国搞得贫穷落后，愚昧无知。"从太平天国到义和团，从洋务运动到戊戌变法，为了拯救多难的中华民族，万千劳苦大众奋起抗争，众多仁人志士上下求索，却都以失败告终。孙中山领导的辛亥革命，提出了"振兴中华"的口号，推翻了清王朝，但是没有找到民族复兴的出路。中国共产党成立以后，领导人民经过不懈奋斗，找到了民族复兴的正确道路，开创和发展了中国特色社会主义，从根本上改变了中国人民和中华民族的前途命运。回望历史，找到这条正确道路，极为艰辛、来之不易，是在改革开放 30 多年的伟大实践中走出来的，是在中华人民共和国成立 60 多年的持续探索中走出来的，是在对近代以来 170 多年中华民族发展历程的深刻总结中走出来的，是在对中华民族 5000 多年悠久文明的传承中走出来的。这样的深厚历史渊源和广泛的现实基础，使中国道路展现出旺盛的生命力，极大地增强了 13 亿人民实现民族复兴的坚强信心和豪迈热情。实现中国梦，关键是民族振兴。

3. 中国梦是实现人民幸福的幸福梦

国家好、民族好、大家好，中国梦的前提是国家富强、民族振兴，落脚点是人民幸福。我们的人民是伟大的人民。在漫长的历史进程中，中国人民依靠自己的勤劳、勇敢、智慧，开创了各民族和睦共处的美好家园，培育了历久弥新的优秀文化。我们的人民热爱生活，期盼有更好的教育、更稳定的工作、更满意的收入、更可靠的社会保障、更高水平的医疗卫生服务、更舒适的居住条件、更优美的环境，期盼孩子们能成长得更好、工作得更好、生活得更好。人民对美好生活的向往，就是我们的奋斗目标。因此，我们要随时随刻倾听人民的呼声、回应人民的期待，保证人民的平等参与、平等发展权利，维护社会的公平正义，在学有所教、劳有所得、病有所医、老有所养、住有所居上持续取得新进展，不断实现好、维护好、发展好最广大人民的根本利益，使发展成果更多更公平惠及全体人民，在经济社会不断发展的基础上，朝着共同富裕方向稳步前进。中国梦不仅表现为国家富强、民族复兴，最终体现于人民幸福。中国梦是以凝聚人民、依靠人民、造福人民为根本的梦，亿万人民对国家和民族的憧憬，对自己未来的憧憬，汇聚起来就是中国梦。创造条件让人们共享人生出彩的机会，共享梦想成真的机会，共享与祖国和时代同行同进的机会，所以它具有向心力。要将个人的奋斗与民族的发展有机统一起来，充分尊重人民群众的主体地位，充分发挥人民群众的积极性主动性创造性，让人民群众充分分享经济社会发展的物质成果和精神成果，以民生为本，顺应民心，尊重民意，凝聚民智，让人民群众过上美好幸福生活，这样的国家富强才有精神寄托，这样的民族复兴才有根本希望。

(二) 实现"中国梦"的原则遵循

坚持中国道路、弘扬中国精神、凝聚中国力量是实现"中国梦"的重要遵循，是指引全党和全国各族人民凝心聚力、共同实现"中国梦"的指南。

1. 实现中国梦必须走中国道路

选择什么样的道路，是实现中国梦必须解决的首要问题。中国特色社会主义道路，就是在中国共产党领导下，立足基本国情，以经济建设为中心，坚持四项基本原则，坚持改革开放，解放和发展社会生产力，巩固和完善社会主义制度，建设社会主义市场经济、社会主义民主政治、社会主义先进文化、社会主义和谐社会，建设富强民主文明和谐的社会主义现代化国家。中国特色社会主义，承载着几代中国共产党人的理想和探索，寄托着无数仁人志士的意愿和期盼，凝聚着千千万万革命先烈的奋斗和牺牲，凝聚着全国各族人民的奋斗和实践，是近代以来中国社会发展的必然选择，是历史和人民的选择。中国特色社会主义的伟大实践，不仅使我们国家快速发展起来，使我国人民生活水平快速提高起来，使中华民族大踏步赶上时代前进的潮流、迎来伟大复兴的光明前景，而且使中国人民和中华民族为世界和平与发展做出了重大贡献。事实雄辩地证明，要发展中国、稳定中国，要全面建成小康社会、加快推进社会主义现代化，要实现中华民族伟大复兴，必须坚定不移地坚持和发展中国特色社会主义。正因为如此，习近平总书记强调："实现中国梦必须走中国道路。这就是中国特色社会主义道路。这条道路来之不易，它是在改革开放30多年的伟大实践中走出来的，是在中华人民共和国成立60多年的持续探索中走出来的，是在对近代以来170多年中华民族发展历程的深刻总结中走出来的，是在对中华民族5000多年悠久文明的传承中走出来的，具有深厚的历史渊源和广泛的现实基础。"它凝聚了几代中国共产党人的集体智慧，总结了人民群众的创造性实践，既超越了传统社会主义的发展模式，又超越了西方资本主义的发展道路，是我国实现社会主义现代化的独特道路。只要我们保持清醒的头脑，增强忧患意识，坚定对中国特色社会主义的理论自信、道路自信、制度自信，进一步深化改革开放，既不走封闭僵化的老路，也不走改旗易帜的邪路，不动摇、不懈怠、不折腾，毫不动摇地坚持并持之以恒地拓展中国特色社会主义道路，实现中华民族伟大复兴的"中国梦"就一定能实现。

2. 实现中国梦必须弘扬中国精神

实现中国梦必须弘扬中国精神。这就是以爱国主义为核心的民族精神，以改革创新为核心的时代精神。这种精神是凝心聚力的兴国之魂、强国之魂。爱国主义始终是把中华民族坚强团结在一起的精神力量，改革创新始终是鞭策我们在改革开放中与时俱进的精神力量。全国各族人民一定要弘扬伟大的民族精神和时代精神，不断增强团结一心的精神纽带、自强不息的精神动力，永远朝气蓬勃迈向未来。在五千多年的发展中，中华民族形成了以爱国主义为核心的团结统一、爱好和平、勤劳勇敢、自强不息的伟大民族精神。爱国主义是民族精神的核心，在中华民族几千年绵延发展的历史长河中，爱国主义始终是激昂的主旋律，始终是激励我国各族人民自强不息的强大力量。新中国成立60多年来，尤其是改革开放30多年来，中国共产党人和中国人民以一往无前的进取精神和波澜壮阔的创新实践，为中国精神注入了新的时代元素，这就是以改革创新为核心的解放思想、开拓进取、攻坚克难、与时俱进的时代精神。改革创新是时代精神的核心。只有改革开放才能发展中国、发展社会主义、发展马克思主义。创新是一个民族进步的灵魂，是一个国家兴旺发达的不竭动力，也是一个政党永葆生机的源泉。中国梦是百年梦，更是时代梦。时代精神为中国梦的实现提供了不竭的精神动力。

3. 实现中国梦必须凝聚中国力量

实现中国梦必须凝聚中国力量。这就是中国各族人民大团结的力量。中国梦是民族的梦，也是每个中国人的梦。只要我们紧密团结，万众一心，为实现共同梦想而奋斗，实现梦想的力量就无比强大，我们每个人为实现自己梦想的努力就拥有广阔的空间。生活在我们伟大祖国和伟大时代的中国人民，共同享有人生出彩的机会，共同享有梦想成真的机会，共同享有同祖国和时代一起成长与进步的机会。有梦想，有机会，有奋斗，一切美好的东西都能够创造出来。全国各族人民一定要牢记使命，心往一处想，劲往一处使，用13亿人的智慧和力量汇集起不可战胜的磅礴力量。中国特色社会主义事业是造福人民的美好事业，也是需要我们为之付出智慧和力量的艰辛事业。现在，全面建成小康社会的号角已经吹响，关键是要树立起攻坚克难的坚定信心，凝聚起推进事业的强大力量，紧紧依靠全国各族人民，推动党和国家事业不断从胜利走向新的胜利。

民族复兴中国梦，是新一届中央领导集体提出的重大战略思想，是党和国家未来发展的政治宣言，是全党全国各族人民共同的奋斗目标，也是团结凝聚海内外中华儿女的一面精神旗帜，充分体现了我们党高度的历史担当和使命追求。中国梦发端于中华民族兴衰沉浮的厚重历史，立足于改革开放巨大成就的现实基础，展现出合作共赢推动人类进步事业的大国姿态，承载了中华儿女向往美好生活的价值追求，凝聚着中国人民攻坚克难实现科学发展的精神力量。实现中华民族伟大复兴是一项光荣而艰巨的事业，需要一代又一代中国人共同为之努力。空谈误国，实干兴邦。我们这一代共产党人一定要承前启后、继往开来，把我们的党建设好，团结全体中华儿女把我们国家建设好，把我们民族发展好，继续朝着中华民族伟大复兴的目标奋勇前进。

二、科学发展观是实现中国梦的行动指南

（一）科学发展观的历史地位和指导意义

党的十八大指出，科学发展观是马克思主义同当代中国实际和时代特征相结合的产物，是马克思主义关于发展的世界观和方法论的集中体现，对新形势下实现什么样的发展、怎样发展等重大问题作出了新的科学回答，把我们对中国特色社会主义规律的认识提高到新的水平，开辟了当代中国马克思主义发展新境界。

科学发展观是中国特色社会主义理论体系的最新成果，是中国共产党集体智慧的结晶，是指导党和国家全部工作的强大思想武器。科学发展观同马克思列宁主义、毛泽东思想、邓小平理论、"三个代表"重要思想一道，是党必须长期坚持的指导思想。

（二）深入贯彻落实科学发展观的基本要求

首先，必须更加自觉地要把推动经济社会发展作为深入贯彻落实科学发展观的第一要义，牢牢扭住经济建设这个中心，坚持聚精会神搞建设、一心一意谋发展，着力把握发展规律、创新发展理念；破解发展难题，深入实施科教兴国战略、人才强国战略、可持续发展战略，加快形成符合科学发展要求的发展方式和体制机制，不断解放和发展社会生产力，不断实现科学发展、和谐发展、和平发展，为坚持和发展中国特色社会主义打下牢固基础。

其次，必须更加自觉地把以人为本作为深入贯彻落实科学发展观的核心立场，始终把实现好、维护好、发展好最广大人民根本利益作为党和国家一切工作的出发点和落脚点，尊重人民的首创精神，保障人民的各项权益，不断在实现发展成果由人民共享、促进人的全面发展上取得新成效。

再次，必须更加自觉地把全面协调可持续作为深入贯彻落实科学发展观的基本要求，全面落实经济建设、政治建设、文化建设、社会建设、生态文明建设五位一体总体布局，促进现代化建设各方面相协调，促进生产关系与生产力、上层建筑与经济基础相协调，不断开拓生产发展、生活富裕、生态良好的文明发展道路。

最后，必须更加自觉地把统筹兼顾作为深入贯彻落实科学发展观的根本方法，坚持一切从实际出发，正确认识和妥善处理中国特色社会主义事业中的重大关系，统筹改革发展稳定、内政外交国防、治党治国治军各方面工作，统筹城乡发展、区域发展、经济社会发展、人与自然和谐发展、国内发展和对外开放，统筹各方面利益关系，充分调动各方面积极性，努力形成全体人民各尽其能、各得其所而又和谐相处的局面。

（三）科学发展观是实现中国梦的行动指南

实现中华民族伟大复兴的中国梦，是中国各族人民的共同愿景。为此，我们将坚持把发展作为第一要务，坚持以人为本，坚持改革开放，全面推进经济建设、政治建设、文化建设、社会建设、生态文明建设，促进现代化建设各个方面、各个环节相协调。今天，我们比历史上任何时候都更加接近实现中华民族伟大复兴这个梦想，比历史上任何时候都更有信心、更有能力实现中华民族伟大复兴这个梦想。同时，我们也要清醒地认识到，我国仍处于并将长期处于社会主义初级阶段的基本国情没有变，人民日益增长的物质文化需要同落后的社会生产之间的矛盾这一社会主要矛盾没有变，我国是世界上最大发展中国家的国际地位没有变。当前，国内外环境都在发生极为广泛而深刻的变化，我国发展面临一系列突出矛盾和挑战，前进道路上还有不少困难和问题。比如：发展中不平衡、不协调、不可持续问题依然突出，科技创新能力不强，产业结构不合理，发展方式依然粗放，城乡区域发展差距和居民收入分配差距依然较大，社会矛盾明显增多，教育、就业、社会保障、医疗、住房、生态环境、食品药品安全、安全生产、社会治安、执法司法等关系群众切身利益的问题较多，部分群众生活困难，形式主义、官僚主义、享乐主义和奢靡之风问题突出，一些领域消极腐败现象易发多发，反腐败斗争形势依然严峻，等等。解决这些问题，关键在于深化改革。因此，我们要坚持发展是硬道理的战略思想，坚持以经济建设为中心，全面推进社会主义经济建设、政治建设、文化建设、社会建设、生态文明建设，深化改革开放，推动科学发展，不断夯实实现中国梦的物质文化基础。

坚持科学发展观最终要落实到行动上，落实到经济、政治、文化、社会、生态文明建设"五位一体"上，将科学发展观的战略思想转化为实现中华民族伟大复兴的中国梦的实践。

谈和平共处五项原则在经济全球化时代面临的挑战和发展

胡凤英

摘　要：和平共处五项原则作为指导国际关系的基本准则是中国首先提出来的，在历史上为协调国与国之间的关系起到了非常重要的作用。历史发展到今天，我国国内经历着剧烈的社会转型，国际格局也正发生着根本性的改变，全球化步伐加快。在特殊历史时期产生的五项原则必然地要面临现实变化的挑战。

关键词：和平共处五项原则；挑战；发展

一、和平共处五项原则提出的背景及历史意义

（一）和平共处五项原则提出的背景

1. 思想渊源

（1）中国的传统文化思想

五项原则深深植根于中国优秀传统文化遗产的沃土中。中国传统价值观的特点有以下几点：一是重视伦理道德，倡导"仁""义"，主张"王道"反对"霸道"，把政治伦理化，伦理政治化。二是从仁义出发。强调集体利益，促进人与人、阶级与阶级、国与国之间平等和谐相处。三是主张"和为贵"，提倡"和而不同""有容乃大"，显示了创造和谐社会的博大胸怀和包容品格。这些思想深深影响着新中国领导人的外交伦理观。五项原则继承发扬了中国文化传统中"平等""和谐""和而不同"核心理念，是传统文化底蕴在新中国外交实践中的外化与彰显。

（2）西方政治学说

在五项原则中，很多基本概念来源于西方古典政治学说。比如 1579 年让·布丹提出国家主权学说，经过了格劳秀斯、霍布斯、卢梭等人的丰富和发展，被

作者简介：胡凤英（1963—），女，安徽池州人，铜陵学院思政部副教授，法学硕士。

世界各国所接受。现在。主权被公认为是一个国家的灵魂和最基本属性，是一个国家存在的最重要的标志。又比如说，不干涉原则来源于 1789 年法国资产阶级大革命时期卢梭的思想。

（3）列宁的和平共处思想

十月革命胜利后，苏维埃面临险恶的国际环境，列宁根据帝国主义发展不平衡的规律，认为社会主义革命不可能在所有国家同时取得胜利，世界历史上必然有一个社会主义国家和资本主义国家"共存"阶段。"今后我们将用一切力量来维护和平，我们将不惜做出巨大的让步和牺牲来保住和平。"[1]因此他提出两种不同社会制度国家应和平共处的思想。"争取、巩固和平与和平共处应是苏俄政府全部外交活动的主要目的和内容"[2]。社会主义国家和资本主义国家之间在政治上必须互不侵犯、互不干涉内政；在经济上以互利互惠为基础进行贸易往来，以促进各国生产力和科学文化的发展，不断提高世界人民的生活水平。

和平共处政策有三个局限性：一是只适用于当时处理社会主义国家和资本主义国家之间的关系；二是始终警惕来自资本主义世界的干涉；三是主张通过斗争形式来维持和平共处，它实质上是一项产生于社会主义经济基础之上、由社会制度决定的、带有浓厚社会制度与意识形态色彩的策略思想，在主张和平共处的同时更强调对立。之后的苏联领导人虽然也实行和平共处外交政策，但也只当作一种策略而非长远战略原则。这种和平共处只是以社会主义代替资本主义的世界革命过程中的一个过程阶段。而五项原则与冷战时苏联实行的和平共处政策有着根本区别。毛泽东曾指出："五项原则是一个长期的方针"[3]五项原则在和平共处的基础上进行了丰富和发展，调整了适用范围和实现形式，使普适性大大提高。

2. 历史背景

一是鸦片战争以来，中国成为西方资本主义列强瓜分和压迫的对象，半殖民地半封建的社会性质使得独立自主的国家主权受到空前挑战。新民主主义革命运动的胜利实现了百年来中国人民渴望国家独立统一的愿望，而孕育于这场革命中强烈的国家独立意识影响着新中国外交政策的制定。二是美国在亚太地区实行全面军事部署；周边国家认为，中国共产主义革命的输出会威胁自身利益，纷纷采取敌对政策，使中国周边环境严重恶化。中国迫切需要建立稳定、和平的国际环境以巩固政治、经济的发展。这也是五项原则最早出现在处理中印、中缅边界问题过程中的原因。针对形势，中国政府对外交理念作出重新认识。1952 年周恩来在对外交部的讲话中指出，外交是以国家与国家的关系为对象的；毛泽东也反复向邻国领导人承诺"革命不能输出"。新中国领导人的这一思想立场，为五项原则的出现做了铺垫。

3. 历史契机

（1）日内瓦会议

中国在日内瓦会议上促成了朝鲜问题的暂时缓解、印度支那停战等，以一个新崛起的大国姿态积极干预国际事务。这为中国之后处理国际地缘问题打下信心基础，也疏通了谈判协商的道路。

（2）中印、中缅关系正常化

在日内瓦休会期间，周恩来总理在应印度和缅甸总理的邀请对它们进行访问期间，多次阐述了五项原则的思想[4]。

1953年12月31日，中印谈判开始的第一天，周恩来提出："两国应该在互相尊重主权与领土完整、互不侵犯、互不干涉内政、平等互惠、和平共处原则的基础上发展两国的友好关系。此次两国代表团商谈印度和中国西藏地方关系问题，谋求解决那些业已陈述而悬而未决的问题，也应该按照这些原则进行。"[5]这是五项原则的第一次完整提出。

1954年6月28日，在中印联合声明序言中。把五项原则作为指导两国关系的准则，这是五项原则首次在国际文件中出现，这一天也被定为五项原则的正式纪念日。声明还强调说，这个原则也适用于中印与亚洲和世界其他国家的关系。

这使对五项原则的认识进了一步，中印缅三国领导人共同向全世界倡议将五项原则作为国际关系的普遍原则。

（3）亚非会议——求同存异

二战后，迎来了第二次民族解放浪潮。曾在西方资本主义国家扩张时遭受殖民主义的掠夺和压迫、被迫处于贫困和落后的停滞状态的亚非拉新兴国家，为了争取和维护独立主权而不断地进行斗争。这些国家虽然实行不同的社会制度和意识形态，但有着相似的历史和共同愿望，即拥有一个和平的国际环境以维护民族独立、发展民族经济。在这次会议上，周总理补充发言中提出了"求同存异"方针。我认为，"求同存异"方针是五项原则的实质所在。精髓所处。它指明了运用五项原则处理实践问题的总方向。按照这个实践性纲领，世界各国之间都可找到合作焦点。减少冲突产生。在之后的实践中，它成为中国与世界各国建交的指导方针，并且被世界各国称赞及借用。至此，五项原则从准则到实践的方针都已完整了。

（二）和平共处五项原则的历史意义

五项原则的提出起初是作为解决国际争端的指导原则。在五项原则的基础上，新中国与大部分邻国解决了边界问题，避免了争端和冲突的扩大，为和平解决国际争端提供了较为成功的例子。正如邓小平同志在会见外国元首时指出："运用和平共处五项原则，甚至可以消除国际争端中的一些热点、爆发点。"[6]因此，五项原则化解了当时中国的地缘外交僵局，缓解了当时中国与周边国家地区间的紧张局面，在当时巩固和提升了中国的国际地位。

五项原则同时也是中国对国际关系的开拓性贡献。和平共处五项原则以主权国家一律平等为根本出发点，高度概括了国际关系首先是双边关系中必须遵守的基本原则。它超越了意识形态和社会制度的差异，以其包容性和开放性逐渐得到了包括其他发展中国家的多边国际会议以及不结盟运动等国际社会的广泛认同，它的基本内容现已涵盖于联合国通过的一些宣言之中，成为指导国与国之间建立和发展友好合作关系，解决国与国之间问题的公认的基本原准则。六十多年来，和平共处五项原则历经考验，为维护亚洲和世界的和平与稳定，促进国际关系的健康发展，做出了不可磨灭的贡献，是妥善处理国与国之间的关系，应对国际社会面临的各种问题和挑战，实现世界和平发展的最好方式。

当今时代已和六十多年前有所不同。1991 年 12 月 25 日，随着苏联解体，标志着两极格局终结。两极格局结束后，世界形势的总趋势是走向缓和，但天下并不太平，明显呈现出缓和与紧张、和平与动荡并存的局面。一些地区和国家内部长期以来抑而不发的深层矛盾，如民族、种族、宗教、领土等矛盾爆发，使世界动荡不安。世界上各种力量出现新的分化和组合，使世界格局多极化趋势进一步增强。人类已经入了全球化的时代。随着全球化步伐的加快和现代科学技术的飞速发展，世界经济的联系更加紧密、广泛；国家间的联系日益加强，国家间的关系更加错综复杂；世界各国面临的共同问题也日益尖锐。经济全球化不仅正在深刻地改变着世界经济的面貌，而且同样深刻地改变着国际政治的进程。和平共处五项原则面临历史变化的种种挑战。

二、和平共处五项原则面临的挑战

(一) 主权概念逐渐弱化

冷战之前，主权的最高权力属性一直居于主导地位，和平共处五项原则以传统的主权理论为基础，其定义的主权是绝对主权。即主权指的是一个国家独立自主处理自己内外事务、管理自己国家的最高权力。但随着全球化的推进，这一传统观念开始受到挑战，相对主权理论开始显现。随着各国交往的频繁和深入，主权的概念较之以往有了很大的变化：一些学者认为，国家在行使主权的时候并非完全按照自己的意愿来做决定，必须受到国际社会的限制和束缚，国家的主权不是绝对的，而是相对的。各国纷纷让渡部分主权给国际组织或者相关机构，建立有效的国际合作机制，以更好地促进本国的发展。国际社会正在形成一种超越国界的共识，人权的概念受到了广泛关注。绝对主权的概念逐渐弱化，国家主权原则面临挑战。例如：欧盟的成员国通过让渡国家部分主权，建立经济和政治的联合体，开辟了主权让渡的先河。在众多全球性问题上，"国际社会正在产生和形成一些基本的共识，出现一些超越国界的共同问题"。应对全球化的挑战，"既然承认全球化条件下有些问题超越国界，就应当从一个新的角度来理解和平共处五项原则"[7]。

(二) 内政范围向外延伸

在主权概念弱化的同时，内政的范围必然会随之改变。传统观念认为一国内部的事务他国无权干涉，但是在全球化时代中，随着国家间交往的频繁，国家相互利益的渗透，属于一国内政的事务会更多地牵涉到其他国家的利益，因而会受到国际社会的广泛关注（甚至介入），而国际舞台上发生的政治事件又会引起连锁般的国内反应。"任何一个国家都拥有处理属于主权范畴之内的一国内部事务的权力。但是在一个国家发生违反国际关系准则，损害大多数国家的共同利益时，往往不再视之为属于一国主权范畴之内的事情"[8]。如1994年发生在卢旺达的种族屠杀惨案，国际社会的不作为最终导致了至今依然令人唏嘘不已的悲剧。当一国已经无法保护国民最基本的生存权时，国际组织等非国家行为体正运用各种国际机制介入各国政治，协调错综复杂的国际关系，以维护国际社会的整体利益。例如，联合国等国际组织有权对违反国际法原则的一国内政予以干涉，以将其危害降到最小限度。同时，"有关国家也可以在获得联合国的授权和当事国的同意下进行人道主义干预"[9]100，以维护其自身和全人类的利益。2014年1月，中国首次派军舰为叙利亚销毁化学武器护航就是一次极好的尝试。因此，在各国利益相互渗透的全球化时代，内政的范围必然也要向外延伸。

(三) 适用效力要求提高

和平共处五项原则问世至今，虽然世界总体没有爆发新的大战，但是局部战争依旧频繁。尽管当今世界正呈现多极化的发展趋势，但是短期内一超多强的格局还不会改变，某些超级大国还是会利用自身的优势对其他国家的事务横加干涉，甚至动用武力来维护自己的利益。因此，就和平共处五项原则的约束力而言，尽管其反映了国际社会对和平与平等的美好愿望，但是缺乏有效的约束能力，致使至今仍然有很多不和谐与不平等的现象存在，使得弱小国家的人民在霸权主义、单边主义的行径下遭受灾难。

和平共处五项原则侧重于传统安全的角度，但随着全球化脚步的加快，非传统安全的影响力已经大大增强。当今除了传统的安全议题以外，各种非传统安全威胁如恐怖主义、核扩散、环境问题、控制传染性疾病、走私贩毒、非法移民、海盗、洗钱、防范金融风险等也在和正在成为影响全球发展的重大问题。它们的解决已经不能单靠一国或几国的力量，需要世界各国的共同努力、通力合作才能解决。因此，和平共处五项原则应适应新的安全形势的需求，扩大自己的适用领域。

三、全球化框架下和平共处五项原则的发展

（一）维护主权平等，建立多边主义

和平共处五项原则是针对政治领域提出来的，它所面临的挑战也主要来自于这个领域，因此政治领域的调整是全球化时代中和平共处五项原则必须解决的首要问题。

经济全球化条件下虽然传统主权理论受到种种冲击和限制，但是其本质没有改变。"国家主权依然是国家独立的根本标志，是国家利益的集中体现和可靠保障"[10]作为国际法的基本原则和民族国家基石的主权原则仍然且应该是国际关系的核心和根基。主权平等的准则依然要坚持。但是随着主权概念和内政范围发生的变化，主权不再是绝对的概念，在和平共处五项原则的基础上建立多边主义，通过多边协调机制维护国家主权和世界安全成为历史的必需。

（二）发挥多边机制，应对威胁挑战

"和平共处五项原则从最初起就既是指导双边谈判，也是指导两国国家关系的原则"[9]96，其中包含的是以国家为基础的双边安全观。但二战结束后，随着国际社会联系的日益紧密，各种国际组织、国际谈判机制纷纷建立，成为采用多边谈判与合作的形式解决国际问题、遏制单边行动和霸权行为的有效场所。因此在全球化的背景下，通过多边对话与合作维护世界的和平与安全，建立以平等、互利、互信、协作为核心的新安全观成为必然趋势。虽然当今世界单边主义和霸权主义仍然存在，但是"21世纪的世界应当是一个和平的、发展的世界，建设这样的世界需要全世界的国家"[11]共同努力。多边主义符合世界各国的总体利益。要充分发挥多边协调机制的作用，通过国际合作，使其成为人类共同处理各种威胁、的一条有效途径。

（三）尊重经济主权，实现"互利"双赢

当今世界的联系更多地体现为经济领域的交流合作，因此和平共处五项原则在经济领域的作用也不可忽视。和平共处五项原则建立之初，世界各国的经济联系还不是很紧密，但是发展到今天，全球化使整个世界因经济的往来联系成为一个整体。经济交往中，和平共处五项原则应当更多地体现"互利"的概念，即通过经济往来，通过建立经济合作机制，给予经济合作以规范和标准，以有效地解决经济纠纷，实现"互利"双赢。

在经济全球化条件下，虽然国家在一定程度上让渡了经济主权，但是经济主权依然神圣不可侵犯。经济全球化不等于资本的渗透和经济的垄断，而是全球化条件下资源配置的合理优化。经济领域的和平共处要求尊重各国的经济主权，平

等参与，公平竞争，互利共赢。对于现实中存在经济霸权的行为，国际社会应当联合起来予以抵制，建立相关法律规章加以限制；对于弱小的国家，国际社会可以给予适当的援助，以维护其经济主权，推动世界经济的平稳发展。

（四）尊重多样文明，提升"共处"内涵

随着政治经济领域的合作机制逐渐步入正轨，文化的作用也得到当今各国的广泛关注，发达国家文化的侵入和渗透成为弱小国家的广泛关切。在这种情况下，尊重多样文明成为和平共处五项原则所强调的内容，"共处"的概念应当得到提升。不同国家拥有不用的文化，这些文化都是人类文明的宝贵财富，任何国家都没有理由否定其他的文明。因此，国家间要加强文化的交流，让世界了解各种文化，使其和而不同。就这一点来说，世界各国应当在五项原则的基础上，鼓励各种文明在对话交流中相互借鉴、取长补短，倡导各种文明在相互包容、求同存异中共同发展，而不应强求一律，强加于人。

四、小　结

全球化时代中和平共处五项原则不可避免地遇到各种挑战，并随着时代的变化而调整着自己的定义和范围。主权概念得到新的书写，国家间联系的紧密、关系的复杂对五项原则的能力提出了更高的要求。但是可以看出，和平共处五项原则之所以能够在今天依旧发挥着重要的作用，指导着国际关系的实践，其原因在于它本身具有的包容性和开放性的品质。我们有理由相信，反映世界大多数国家和人民利益的和平共处五项原则，随着它自身的不断调整和发展，必将会更加适应当今时代的要求，发挥更加强大的生命力。正如习近平主席所言，"新形势下，和平共处五项原则的精神不是过时了，而是历久弥新；和平共处五项原则的意义不是淡化了，而是历久弥深；和平共处五项原则的作用不是削弱了，而是历久弥坚"[12]。

参考文献：

[1] 中共中央编译局 . 列宁选集（第 42 卷）[M] . 北京：人民出版社，1987：326.

[2] 曹希岭 . 从列宁的和平共处策略到当代中国的和平共处五项原则 [J] . 山东师大学报，1999，（1）.

[3] 宫力 . 和平为上——中国对外战略的历史与现实 [M] . 北京：九州出版社，2007：107 - 235.

[4] 谢益显 . 中国当代外交史 [M] . 北京：中国青年出版社，2006：94.

[5] 杨公素 . 中国反对外国侵略干涉西藏地方斗争史 [M] . 北京：中国藏

学出版社，1992：262.

[6] 刘金田. 邓小平文选词语汇释 ［M］. 北京：解放军出版社，1994：246.

[7] 叶自成，蒋立群. 新中国国际秩序观的变迁 ［J］. 党的文献，2011，(6).

[8] 何志鹏. 保护的责任：法治的黎明还是暴政的重现？［J］. 当代法学，2013，(1).

[9] 杨恕，张新平.21世纪国际环境与中国外交 ［M］. 兰州：兰州大学出版社，2005：100.

[10] 温家宝. 弘扬五项原则促进和平发展 ［N］. 人民日报海外版，2004-06-29 (3).

[11] 吴建民. 外交与国际关系——吴建民的看法与思考 ［M］. 北京：中国人民大学出版社，2006：100.

[12] 习近平. 弘扬和平共处五项原则，建设合作共赢美好世界[EB/OL]. http：//new. xinhuanet. com//2014-06/28/c＿1111364206. htm.

我国民办社会工作组织发展及其策略分析

郑志强

　　摘　要：社会工作服务组织是社会工作嵌入社会建设与发展的重要载体，也是社会工作专业人才服务于社会建设的重要阵地。在国外，社会社工机构得到较快发展，并形成良好运行机制。在我国，要大力发展社会工作机构，必须做到：与政府建立合作关系，探索和实践政府购买社会工作组织服务新模式；建立民办社会工作机构的行业组织，统一管理、规范组织运行；加强组织自身能力建设，完善组织内部相关规章制度；整合多元力量，构建社会工作组织发展网络体系。

　　关键词：社会工作；社会工作机构；公民社会；依附理论

　　社会工作服务组织是社会工作嵌入社会建设与发展的重要载体，也是社会工作专业人才服务社会建设的重要阵地，没有健康发展的社会工作服务组织体系，就不可能有完善的社会工作。

一、相关概念分析

　　社区社会组织是指由社区组织或个人在社区（镇、街道）范围内单独或联合举办的、在社区范围内开展活动的、满足社区居民不同需求的民间自发组织。其基本要素主要有四：第一，组织成员主要是本社区的居民；第二，活动区间通常只限于本社区范围内除社区间交流活动等，一般是在本社区范围内活动；第三，基于社区居民的内在需要建构起来，因此具有较强的活力；第四，组织成员自由进入、退出，组织结构较为松散。

　　社会工作社会组织这一提法，在我国大陆尚未明确提出，不同地区使用不同的概念，如民办社会工作机构、社会工作服务组织和社会工作事务所等。有学者认为，社会工作机构是指依据社会工作专业价值观，凭借专业的理论和科学的方法技术，旨在为相关人群尤其是弱势人群提供一般或者特殊的关怀、保护、物质

　　作者简介：郑志强（1966—），男，铜陵学院法学院副教授。

和支持服务，以提高或者维持他们的社会功能的组织。其主要具有以下几方面要素特征：一是社会工作组织是以利他主义原则为指导，坚持助人自助的社会工作宗旨，为社会上有需要的人群提供相关社会服务是社会工作组织的组织使命；二是社会工作组织是一种不以营利为目的，通过各种渠道，将政府、市场、社会等社会主体提供的社会资源和福利服务传输给社会大众的社会组织；三是社会工作组织要具有一套专业的、明确的组织规范和架构，指导本组织开展专业社会工作服务，并不断提升组织公信力和社会认可度；四是社会工作组织必须通过具有专业社会工作教育背景的专业社会工作者，利用专业社会工作方法，来向社会上有需要的特殊人群或一般人群提供社会工作服务，以促进组织使命的达成及服务对象的自我实现；五是社会工作组织应以促进社会公平、消除社会不平等为最终目标。

二、社会工作社会组织发展的理论依据

（一）现代公民社会理论

公民社会一词最早见于亚里士多德的《政治学》中，主要指"政治社会""公民社会"或"文明社会"。近代公民社会成熟于17—18世纪的资产阶级革命时期，这一时期公民社会思想主要体现为商业社会独有的一种文明，认为公民社会具有自我调节和自己管理事务的内部能力，国家对于公民社会内部事务的干预遭到阻碍。纵观国外公民社会理论的发展脉络，其关于国家与社会关系之"公民先于国家、社会外于国家"的思想，是公民社会的最基本理念。与传统公民社会思想相比，现代公民社会具有如下两个最重要的特征：一是在强调社会自我管理、不受国家干预或侵犯方面，既有消极自由的同时，也强调公民社会有参与国家事务、影响国家政策的权利，也即积极的自由。二是现代公民社会理论越来越认可其与国家之间的合作互补关系：现代公民社会的活动空间是由法律确定并受法律保护的，公民社会与国家有依赖的一面；又由于在一个社会中，市场失灵、政府失灵和公民社会失灵同时存在，因此，在提供公共产品和对集体需要做出反应等方面，公民社会与国家可以互相补充。在国外公民社会视野中，政府与公民社会之间是一种相互合作又互相独立的关系：作为公民社会最重要的组织载体，非政府组织仍然外在于政府，但其活动空间及合法性是由政府确定的，并且其活动也是依照相关法律进行并受法律保护的，政府在非政府的运行中扮演着极其重要的监督者和管理者的角色。同时，非政府组织与政府又具有重要的互补关系，形成一种伙伴合作关系，一起承担向公众提供公共产品和准公共产品的职责。因此，作为非政府组织有机组成部分的社会工作组织，同样与政府之间具有上述合作、互补的关系架构。

（二）资源依附理论

资源依附理论的基本假设是，没有组织是自给的，任何一个单个的组织都无法完全控制达成目标所要的条件或者是无法从行动过程中获得预期的结果，组织都在与环境进行交换，并由此获得生存。在和环境的交换中，环境给组织提供关键性的稀缺资源，没有这样的资源，组织就难以运作，这就是组织间"相互依赖"的关系网络得以形成的主要原因。资源依附理论有两个核心概念：一是组织的外在限制，即组织会对外在环境中掌握着重要资源的组织的需求做出回应；二是外部依赖，组织的管理人员为了确保组织的存在与延续，要尽可能地管理组织对外在环境的依赖情况。如果可能的话，就从外在限制中得到尽可能多的自主性与自由度。依据此理论，非政府组织具有包括志愿服务、亲和力、企业和个人捐赠等方面的资源，而政府具有包括财力、制度、行政等方面的资源。政府与非政府组织彼此之间都掌握着对方所需要的，并且都需要对方所具有的资源，这就形成了资源依附的合作关系。同时双方都具有一定的自主性与自由度，因此，这种合作不是一方对另一方完全的依附或附庸。这需要组织主动了解此依附关系，并采取相应的策略来改变自己，寻找多种的依附资源，降低其依附性。国外政府与非政府组织之间相互的资源依附关系，表明政府在许多方面具有的优势正是非政府组织生存、发展和履行社会使命所必需的；同时，非政府组织自身的优势，也是政府实现其公共服务、政治服务、经济服务等方面不具备的，因此，政府也离不开非政府组织的支持和作用的发挥。国外社会工作组织能够在社会中发挥政府不能直接发挥的柔性功能，政府将资源转交给这些社会工作组织，并在政策、制度、法律等方面为社会工作组织创造良好的环境，也提升了政府间接服务社会、管理社会的功效。

三、国外民办社会工作组织的发展经验

国外许多国家及我国港台地区社会工作发展历史悠久，其专业化、职业化、制度化水平较高，在承载专业社会工作服务方面，民办社会工作组织发挥了举足轻重的作用。

（一）民办社会工作组织与政府形成良好的合作关系

纵观西方发达国家社会工作发展历史，社会工作的发展一直备受政府青睐，民办社会工作组织作为非营利组织的重要组成部分，与政府之间形成良好的合作关系。这主要体现在以下几个方面：一是基本形成了政府购买社会工作服务的模式，政府通过公开招标，鼓励社会工作组织承接政府公共服务项目，为政府间接提供服务，转移政府职能创造了新型的替代模式，不少发达国家和地区形成了完善的"政府财政支持＋民办社会工作服务机构提供直接服务"的社会服务模式，

社会工作组织也能因此获得发展的必要条件。二是政府为民办社会工作组织发展创造一系列有益的环境，鼓励民办社会工作组织有效传递社会公共服务。三是政府树立必要的权威，对不遵循社会工作组织使命和目标的组织，进行严格的监管，甚至取缔，形成对于社会工作组织的强有力的监督、管理网络。

（二）民办社会工作组织使命明确，机制健全

国外民办社会工作组织具有明确的利他性、公益性、系统性、制度性和专业性，组织的使命明确，愿景清晰，机制健全。这主要体现在以下几个作用方面：一是其秉持助人为本的理念，能够获得社会其他主体，如政府、市场、社会大众等的支持和理解，并能在各方面获得资助。二是民办社会工作组织一般具有明确的组织愿景，能够对组织自身存在和发展做出有效定位，这是组织可持续发展的重要保障。三是组织自己机制健全，有利于组织内部管理，协调组织运行，提升组织效率，完成组织使命。这些特征，保证了民办社会工作组织具有坚实的生存土壤和发展基础。

（三）专业社会工作者在组织内部发挥重要作用

在国外，社会工作组织以及非营利组织是专业社会工作者就业的主要场所，专业社会工作者是社会组织，尤其是社会工作组织根植基层、贴近民众，作为服务社会的重要桥梁和纽带，是社会工作组织提供专业社会服务的基本力量，也是社会工作组织提升服务水平的重要支撑。国外社会工作者与社会工作组织之间形成良好的互动关系，专业社会工作者对于社会工作组织的发展的不可替代用主要体现在以下方面：一是专业社会工作者通过其专业优势，能够将组织服务资源有效传递给社会大众，尤其是那些最有需要的人们，能够为组织创造良好的公益效益，提高组织服务质量，保证组织获得坚实的民众效应。二是专业社会工作者能够充分利用社会工作的柔性调节功能，有效发挥政府与社会之间的桥梁作用，也因专业角色的顺利实现而实现组织目标。三是专业社会工作者能够充分调动各种社会资源，倡导相关政策的形成，对于满足社会需求、实现弱势群体发展目标、促进整个社会发展起着重要作用。四是国外社会工作组织是推动社会工作的重要力量，同时也是社会工作人才就业的主要组织载体。

（四）社会工作组织行业自律机制较为成熟

社会工作发展一个多世纪以来，逐渐形成了较为成熟的社会工作行业的自律机制。以美国为例，其社会工作在发展过程中，从实际需求出发，建立起了各种专业机构，来规范、管理和引导社会工作者及其各个专业的发展。美国就有一系列著名的专业团体，如全美社会工作协会（NASW）、美国社会工作教育委员会（CSWE）、全美行政学院协会（NASSA）、美国社会工作理事会联会（ASWB）、美国临床社会工作者联合会（CSWF）等。美国的社会工作管理是政府与专业团

体共同推动的，上述专业团体在美国社会工作及社会工作组织发展方面作用巨大，为社会工作专业的实务、教育、资格认证等方面提供了全方位的规范、管理和引导，成为推动美国专业社会工作及社会工作组织的重要力量。

（五）职业经理人在组织发展中不可或缺

国外民办社会工作组织发展的又一个经验是：组织机构中职业经理人角色的有效发挥。虽然职业经理人一词在国外并不常用，有的国家和地区社会组织中使用组织精英或领袖代称，是指在社会组织运行中，承担组织运行管理者角色，具备经营一个社会组织的能力的人员。这类人的基本素质包括：具备一定的社会工作专业理论知识，具备较强的组织管理和经营能力、较强的资源链接能力、较强的社会洞察能力等，只有具备这些方面的能力，才能够在组织中积极发挥作用，如向上与政府沟通，寻求资源，倡导相关政策的出台；向下与组织内部人员有效沟通，促进组织自身有效运行；同时还能与其他组织建立合作关系，争取各种资源，以此来经营组织，并实现可持续发展。

三、我国社会工作组织发展策略分析

根据我国社会工作组织目前的发展特征及其存在的问题，未来中国民办社会工作组织必须加强建设，提升组织自身能力。

（一）与政府建立合作关系，探索和实践政府购买社会工作组织服务新模式

国外经验表明：社会工作要发展，社会工作组织要获得生存的土壤和环境，就离不开政府的强有力支持。社会工作组织势必要与政府建立良好的合作关系。不仅实现政社之间的良性互动与合作，而且竭力探索政府出资，购买社会工作组织向社会传递公共服务的模式，这是我国大陆社会工作嵌入社会建设、民办社会工作组织发展的根本方向和根本机制。

（二）建立民办社会工作机构的行业组织，统一管理、规范组织运行

能否将中国社会工作协会，中国社会工作教育协会等行业协会打造成全国性的行业组织，在全国民办社会工作组织发展中起到规范管理、行业自律、专业提升的重要作用，是我国民办社会工作组织健康发展的重要步骤。虽然当前这些组织都在不同领域发挥着重要作用，但是其发挥作用的机制尚不成熟。未来中国社会工作组织要获得规范化发展，必须加强行业组织建设。在政策上，一是降低社会工作组织成立并合法化的难度和门槛；二是对专业社会工作组织实施相关政策优惠，鼓励其有效发挥其社会功能；三是消除当前的双重管理体制弊端，实现在民政部门对于社会工作组织注册、登记、管理基础上，充分发挥社会工作协会行业组织综合评估、专业管理、整合资源、培训骨干等功能，以从整体上提高民办社会工作组织的管理效率，规范社会工作组织内部的有效运作。

（三）加强组织自身的能力建设，完善组织内部相关规章制度

当前我国社会工作组织存在的普遍问题是组织自身能力建设不足，以致政府、市场以及社会相关主体对社会工作组织缺乏认可和支持，严重阻碍了组织自身的发展壮大。民办社会工作组织要想获得健康发展，必须加强自身的能力建设。一是更加明确自身的组织使命和愿景，明确组织定位，树立有效的组织目标；二是开发和探索组织服务领域和服务项目，有效链接正负极社会多种资源，不断打造组织服务社会、服务大众的品牌效应，扩大社会认知度，提升组织公信力；三是完善组织自身的管理制度，如建立健全组织规章制度、完善组织内部员工激励机制和培训机制，探索和形成组织自我评估机制等，打造组织自身的品牌效应和发展战略。

（四）大力推进队伍建设，实现组织可持续发展

社会工作组织是提供专业社会工作服务的重要场所，因此，如果组织缺乏专业性，组织服务质量就难以保证，也难以真正实现服务于社会和大众的功效。我国社会工作组织今后应在专业性方面加大力度，尤其是在组织人才队伍建设方面加大力度，以推动和实现组织的可持续发展。一是培育一批社会工作组织职业经理人，充分实现作为社会活动家或社会企业家的优势与角色功能，以保证组织能够得到最有效经营；二是注重现有社会工作人才的培养，提升其专业化水平，充分发挥专业社会工作者的优势，有效传递社会服务和公共福利，促进组织发展的活力和生机；三是建立与高校合作的机制，通过引进和输入的方式，实现高校的专业力量的定期督导与大学生不间断的专业实习，保证组织具有专业性优势；四是积极探索志愿者立足组织、服务社会的机制，通过专业人才与志愿者的有效联动，形成"社工带义工"的联动模式，带动更多的人在服务于社会及他人的过程中实现自我价值，促进更广泛的社会和谐。

（五）整合多元力量，构建社会工作组织发展网络体系

社会工作组织是非营利性的，其发展离不开外界资源的供给和资助。未来我国民办社会工作组织的发展需要多渠道争取外界资源的支持，构建起社会工作组织发展的网络支撑体系。一是争取以政府资金支持为主渠道，充分有效地使用政府公共服务资源，将有限的资源传递到最有需要的人手上；二是争取市场、企业资助，倡导企业承担社会责任，鼓励企业通过社会公益捐助等方式，一方面服务社会，另一方面提升企业的社会形象，探索"企社合作"机制，共推社会服务事业发展；三是积极争取社会力量的支持，如向相关基金会申请投标项目，通过基金会基金支持，开展社会服务，实现组织功能的目标；四是建立与高校之间的联动机制，鼓励社会工作组织吸纳和引进高校专业师生力量，这对社会工作组织持续不断的人力输入起着不可或缺的作用。社会工作组织要可持续发展，需要构建

起政府、市场/企业、社会等社会主体相互联结、相互支持的网络支撑体系。

参考文献：

［1］民政部．民政部关于促进民办社会工作机构发展的通知［EB/OL］．
（2009 - 10 - 19）．http：//sw. mca. gov. cn/.

［2］陈洪涛．为什么要用"社会组织"［J］．中国非营利评论，2008，（1）．

［3］闻英．官办社会工作机构的状况及发展策略［J］．郑州轻工业学院学报
（社会科学版），2009，（5）．

［4］廖鸿冰．共生理论视角下灾后社工服务组织可持续发展探索——以汶川
震后社工服务组织为例［J］．湖湘论坛，2010，（4）．

［5］刘俊月，邓集文．当代国外政府对非政府组织的管理考察［J］．中共长
春市委党校学报，2004，（5）．

［6］Hall R. Organizations：Structure，Process and Outcomes ［M］. New
York：Jersey Prentice Hall，1991.

［7］虞维华．非政府组织与政府的关系——资源相互依赖理论的视角团［J］
．公共管理学报，2005，（5）．

集体土地征收中农民利益表达机制的构建

曹昌伟

摘　要：现有集体土地征收制度，过于向征地政府倾斜，使得在征地的公益属性认定、征地补偿等方面，没有很好地兼顾到被征地农民的合法权益，导致征收权的行使与被征地农民合法权益保护之间的利益平衡被打破，土地征收与补偿纠纷频发。突出农民的主体地位，健全农民利益表达的机制，在征地政府与被征地农民之间搭建起利益沟通、协商的平台，建立被征地农民利益影响集体土地征收与补偿的约束机制，是完善集体土地征收与补偿制度的关键。

关键词：土地征收；补偿；利益表达；平衡

一、问题的提出

根据《物权法》第四十二条第一款的规定，集体土地征收，是指国家基于公共利益的需要，依照法定权限和法定程序将集体的土地转为国有土地。土地征收属于财产征收范畴，揆之征收的一般法理，征收人与被征收人是征收的双方利益主体。在土地征收的过程中，作为征收人的国家与作为被征收人的农民集体，在土地征收与补偿方面，其利益诉求是对立的。近年来，因此种利益诉求的对立引发的征地纠纷不断。征地纠纷发生以后，由于被征地农民处于分散状态，组织化程度低，利益诉求难以集中表达，农民体制内维权渠道不畅通，维权成本高，而被迫寻求体制外维权方式，如上访、使用暴力、甚至围攻政府等，"农民因反对征地、阻挠施工而酿成的暴力冲突接二连三，集体上访事件也接连不断。农村征地纠纷已成为农民维权抗争活动的焦点，是当前影响农村社会稳定和发展的首要问题"[1]。因此，为维护基层社会的稳定，促进农村社会的发展，保障征地活动的顺利进行，妥善解决基层征地纠纷迫在眉睫。

基金项目：安徽高校省级人文社会科学研究项目"集体土地征收中农民利益表达机制的构建——以基层社会稳定为视角"（SK2013B540）。

作者简介：曹昌伟（1980—），男，安徽岳西人，铜陵学院法学院副教授，法学博士。

二、集体土地征收中农民利益表达机制的欠缺与无力

（一）农民的主体地位被淹没

土地征收是将集体土地转为国有土地，根据《土地管理法》第十条、《物权法》第六十条的规定，集体土地属于农民集体所有，农民集体是集体土地的所有权人，因而也是集体土地的被征收人。但是，由于农民集体是由一定地域范围内的农民构成的群体组织，其本身无法直接参与土地征收，因此，在土地征收实践中，是由代表农民集体行使所有权的农村集体经济组织或者村委会、村民小组等实存主体参与土地征收，作为集体成员的农民被排除在征地进程之外。农村集体经济组织或者村委会、村民小组，本应与农民集体利益一致，最大限度地维护和争取农民集体的利益，但是，其作为独立的利益主体，在土地征收过程中往往有其自身的利益诉求和利益考量。比如，就村委会而言，从职能上看，"其具有浓重的民主政治色彩，兼有成员自治、公共管理、社会服务与保障等多种职能"[2]。其中，协助政府开展工作，完成政府交办的任务，是村委会的重要职能之一，基于此，政府与村委会往往有着千丝万缕的联系。政府作为土地征收与补偿的相对方，与被征地农民在是否征收、征收补偿等方面，利益诉求是对立的。但在征地实践中，政府往往加强对村委会的控制，与村委会形成征地同盟，通过召开村民动员会、做思想工作等传统方式推动土地征收，截留和模糊有关土地征收与补偿的信息[3]。由于现行农村土地产权制度设计的原因，农民被排除在征地进程之外，获取有关征地与补偿的信息极为有限，这就为政府在征地与补偿方面提供了足够的操作空间。

（二）政府的征收权被滥用

土地征收基于征收权而发动，征收权专属于国家，享有征收权的人被称为征收人，因此，国家属于征收人[4]。但是，国家的征收权一般由政府代表国家行使，在土地征收的过程中，由政府就是否征收作出决定。国家虽然是征收人，但发起征收并决定征收程序进程的却是政府。维护公共利益，提供公共服务，是政府及其部门的根本职责。但是，"政府机构也有其自身的利益考量，这些利益考量不仅存在，而且还很实在"[5]。这一点，在土地征收过程中，表现得尤为明显。在片面追求 GDP 增长的政绩考核指标体系下，发展地方经济、提高经济总量、增加财政收入，是地方政府及其主要官员的重要任务。土地征收本来是为了公共利益的需要，保障公益性项目建设用地的需求，但是，在地方政府片面追求 GDP 增长的政绩观下，对于房地产开发、企业建设等纯商业性用地需求也通过土地征收方式解决。由于政府在征地进程中处于主导地位，其本身又具有强大的组织优势和资源优势，被征地农民相较于政府而言，处于明显的劣势，对政府滥

用征收权难以形成有效的约束，导致公共利益被异化，征收权被滥用。

（三）公共利益认定中农民利益表达机制的欠缺

土地征收必须是为了公共利益的需要，是法治国家或者一些法律比较完善的地区的通行做法[6]。我国《宪法》第十条第三款、《物权法》第四十二条第一款、《土地管理法》第二条第四款都规定土地征收必须是为了公共利益的需要。但是，由于公共利益概念抽象、概括，其内涵与外延都具有不确定性，现有关于土地征收的法律规范也未明确界定什么是公共利益，这为公共利益在土地征收领域被滥用埋下了"伏笔"。在现有土地征收程序中，对征收必须是为了公共利益的需要，缺乏独立的认定程序，在政府与被征地农民之间，就征地的公益性缺乏利益磋商和博弈的平台。在征地公益性的判定上，政府具有绝对优势的"话语权"，而被征地农民处于分散状态、组织化程度不高，难以形成统一意志，根本无法与政府形成均衡态势，导致在征地实践中，征地是否具有公益性，往往成为政府自由裁量的范围，被征地农民就征地的公益性丧失"话语权"。

（四）征地补偿过程中农民利益表达机制的无力

现有征地补偿费的计算标准是弹性的，如土地年产值的 6～10 倍、4～6 倍等，政府往往借助其在征地过程中的主导地位，压低征地补偿费，按照法定最低标准甚至在法定标准以下予以补偿；被征地农民处于弱势地位，根本无法对政府形成有效制约。征地的补偿和安置，根据征地补偿安置方案进行，征地补偿安置方案的拟定，因关系到被征地农民的切身利益，其本应是政府与被征地农民利益协商的结果，但根据《土地管理法实施条例》第二十五条第三款的规定，征地补偿安置方案是由政府单方拟订的，虽然要求公告听取意见，但对不听取意见的后果、被征地农民意见的表达、被征地农民意见的约束力等都没有规定。正如有学者所指出的那样，现行土地征收补偿程序基本上是内部程序，已有的征地补偿安置公告、补偿安置方案听取意见等也都是事后程序，难免流于形式，农民在征地过程中参与的程度非常有限[7]。

（五）农民体制内维权渠道不畅通，利益表达受阻

由于缺乏独立的公共利益认定程序，征收是否为了公共利益，被涵盖在政府作出的土地征收决定之中，当被征地农民对土地征收的公益属性质疑引发纠纷时，土地征收决定的合法性即成为争议的焦点。土地征收决定一般是由省一级政府或者国务院作出的，根据《行政复议法》第十四条的规定，对省一级政府作出的土地征收决定不服的，必须先行向作出该决定的省一级政府申请行政复议；对行政复议决定不服的，方能提起行政诉讼或者向国务院申请裁决。省一级政府既是土地征收决定机关，又是土地征收决定的复议机关，既是运动员又是裁判员，即使土地征收决定存在瑕疵、违法的情况，往往也难以被推翻。对省一级政府作

出的行政复议决定不服，以省一级政府作为被告提起行政诉讼的，在我国司法独立、法治现状不容乐观的背景下，其结果可想而言。如果土地征收决定是国务院作出的，国务院是我国最高行政机关，也是最终行政裁决机关，救济途径就此中断。就征地补偿纠纷而言，对补偿标准有争议的，根据《土地管理法实施条例》第二十五条第三款的规定，由县级以上地方政府协调，协调不成的，由批准征地的政府裁决。但对具体裁决的政府部门、申请裁决的期限、裁决程序、对裁决不服的救济等都没有规定，导致裁决制度没有真正发挥作用，救济途径流于形式。

三、集体土地征收中农民利益表达刚性机制的构建

（一）突出农民的主体地位，健全被征地农民利益表达的组织依托

集体土地征收，关系到被征地农民的切身利益，因此，土地征收制度的设计应充分考虑到被征地农民的合法权益。具体而言，就是要在土地征收的过程中，突出被征地农民的主体地位，建立农民利益的表达机制，使得被征地农民的利益诉求能够进入政府征地决策之中，并能对征地决策产生实质性影响，以此保障征收权在合法、正当的范围内行使。被征地农民，相对于征地政府而言，无疑处于明显的弱势。农村集体经济组织或者村委会作为实存组织，代表农民集体参与土地征收，在土地征收过程中，其应反映被征地农民的利益诉求，最大限度地维护被征地农民合法权益。为防止农村集体经济组织或者村委会在土地征收的过程中出现角色偏差，滥用代表权，强化对农村集体经济组织或者村委会的行为约束，使其真正代表广大被征地农民的利益，凭借其组织优势，将被征地农民的利益诉求传递进政府征地决策之中，就显得尤为重要。

就农村基层群众自治而言，真正代表农民利益、集中体现农民意志的是村民会议或者村民代表会议，村民会议或者村民代表会议，是村民进行利益表达、磋商、博弈的平台，村民会议或者村民代表会议决议往往是村民集体意志的体现。农村集体经济组织或者村委会参与土地征收，必须接受村民会议或者村民代表会议的监督。土地征收是否为了公共利益，征地补偿是否合法、能否最大限度地满足被征地农民的利益诉求，必须经过村民会议或者村民代表会议进行决议。政府拟征收土地，在发出征地预公告之后，村委会应及时召集村民会议，就征地是否为了公共利益、征地补偿标准、安置办法等进行讨论磋商，形成会议决议，会议决议应成为拟征地政府报批征地方案的必备材料。如此，方能保证被征地农民的利益诉求进入政府征地决策，对征收权构成实质性制约。

（二）着力规范征收权的行使，建立独立的公共利益认定程序

为规制政府征收权的行使，保障征地的公益属性，就必须建立独立的公共利益认定程序，在征地政府与被征地农民之间搭建利益协商、博弈的平台，疏通利

益表达机制，使公共利益的认定建立在政府与被征地农民共识的基础之上。独立的公共利益认定程序的建立，可以考虑将对公共利益的认定从政府的土地征收决定中分离出来，作为土地征收决定的前置程序，即政府在作出土地征收决定之前，必须先行就征地的公益属性作出认定，并且，只有当征地的公益属性没有异议，政府方能启动征收权，作出征收决定。具体而言，政府拟征收土地的，应当在拟征收土地范围内发布征地预公告，明确告知拟被征土地将来的用途，并且在预公告中，应对拟征地是为了公共利益的需要作出论证和说明。同时，征地政府可以农户为单位，向被征地农民发放征地公益属性意见书，征询被征地农民意见。被征地农民知悉拟征地事由以后，农村集体经济组织或者村委会应立即召开村民会议或者村民代表会议，就拟征地的公益属性进行讨论磋商，形成决议，村民会议或者村民代表会议决议应是政府作出公共利益认定的必备材料。如果会议决议认为征地是符合公共利益的，政府即可作出公共利益的认定，启动征地后续程序。如果会议决议认为征地不符合公共利益，政府原则上不得作出公共利益认定，政府仍作出公共利益认定的，即政府与被征地农民就征地的公益属性发生争议时，应允许被征地农民就征地的公益属性提请司法审查。此种独立的公共利益认定程序，公共利益认定过程中的磋商、博弈，能保证被征地农民的利益得到表达，并且农民的利益诉求能对政府的征地决策构成实质性制约，不仅能有效降低因征收权的滥用所引发的征地纠纷，而且能使被征地农民的合法权益得到最大限度的保护。

（三）征地补偿过程中农民利益表达刚性机制的构建

征地补偿标准的设定，与被征地农民的利益密切相关，因此，征地补偿标准的设定过程，应是政府与被征地农民利益博弈的过程。政府在拟定征地补偿标准时，应公开征求意见，被征地农民可通过个人或团体的形式提出意见，政府在收集到意见以后，应主持召开听证会，城市郊区或者存在较大征地可能的农村地区，由农民集体经济组织或者村委会召集村民会议或者村民代表会议，选举听证会代表。征地补偿标准应充分体现听证会的结果，听证会的材料应成为征地补偿标准备案的必备材料。征地补偿安置方案，应建立在征地补偿标准之上，拟征地的市、县人民政府拟订征地补偿安置方案草案以后，应将该草案在拟被征地范围内予以公告，并可以农户为单位送达该草案。农村集体经济组织或者村委会应即时召集村民会议或者村民代表会议，就征地补偿安置方案草案进行讨论、磋商，形成会议决议，并由村委会将会议决议及讨论意见提交拟征地政府，征地政府应根据此会议决议及讨论意见，修改征地补偿安置方案。拟被征地范围内的农民，也可通过村委会或者数人联名的方式，要求召开补偿安置听证会，由政府与被征地农民就征地补偿安置问题进行充分讨论磋商，最终确定的征地补偿安置方案应最大限度地体现政府与被征地农民的共识。

（四）畅通农民体制内维权渠道和利益表达机制

征地、补偿纠纷发生以后，应疏通农民体制内维权渠道，在制度化、法治化范围内维护被征地农民的合法权益。首先，就土地征收是否为了公共利益的需要所引发的纠纷而言，被征地农民对征地政府作出的公共利益认定有异议的，应允许被征地农民提起行政复议或者行政诉讼。公共利益的认定先于土地征收决定，可由拟征地的市、县政府完成，当被征地农民对公共利益的认定提起行政复议时，一般由省一级或者市一级政府进行，对公共利益的认定提起行政诉讼的，由拟被征地所在地的法院受理。之所以将公共利益的认定交由市、县政府完成，不仅在于市、县政府往往是征地的组织者和实施者，在公共利益认定过程中便于与被征地农民进行沟通协商，而且公共利益认定纠纷发生以后，扩大了被征地农民提起行政复议或者行政诉讼的空间，由此可拓宽被征地农民体制内维权渠道。其次，就征收补偿标准引发的纠纷而言，征收补偿标准一般由市、县人民政府拟定，被征地农民认为征地补偿标准设定不合理的，可申请市、县人民政府协调解决；经市、县人民政府协调仍无法解决的，被征地农民可以向上一级人民政府申请裁决，上一级人民政府可以其土地行政主管部门为主，会同建设部门、财政部门等组成裁决委员会，对征收补偿标准进行裁决，裁决以政府名义作出，被征地农民对征收补偿标准的裁决不服的，可以申请行政复议或者提起行政诉讼。征收补偿安置方案，要建立在征收补偿标准之上，征收补偿安置方案由拟征地的市、县人民政府审批，征收补偿安置协议由征地政府与被征地农民根据征收补偿安置方案达成，无法达成征收补偿安置协议的，可由市、县人民政府根据土地征收补偿安置方案作出征收补偿决定。被征地农民对征收补偿安置方案、征收补偿安置决定不服的，可以申请行政复议或者提起行政诉讼，征收补偿标准应是审查征收补偿安置方案和征收补偿安置决定的根据。

四、结　论

集体土地征收与补偿的制度设计，要在征收权的行使与被征地农民权益的保护之间寻求平衡。要保障被征地农民的合法权益，保证征地活动的顺利进行，就必须突出被征地农民的主体地位，健全农民利益表达的组织依托，在征地政府与被征地农民之间搭建起利益沟通、协商、博弈的平台，使得被征地农民的利益诉求能够进入政府的征地决策之中，增强被征地农民对集体土地征收与补偿进程的实质性约束力，使得集体土地征收与补偿的过程，成为征地政府与被征地农民之间利益协商、凝聚共识的过程。于此，不仅能大大降低征地补偿纠纷发生的概率，减少影响社会和谐与稳定的因素，而且能最大限度地满足被征地农民的利益诉求，保障被征地农民的后续发展。

参考文献：

[1] 罗昶，梁洪明. 当前农村征地纠纷的制度性分析——以农地产权制度和土地征收制度为例 [J]. 云南大学学报（法学版），2009，(6)：110.

[2] 罗猛. 村民委员会与集体经济组织的性质定位与职能重构 [J]. 学术交流，2005，(5)：54.

[3] 邢朝国. 农地征用过程中的结构洞——对一起征地纠纷的社会学分析 [J]. 学习与实践，2009，(1)：120.

[4] 房绍坤. 国有土地上房屋征收的法律问题与对策 [J]. 中国法学，2012，(1)：56.

[5] [美] 尼考劳斯·扎哈里亚迪斯. 比较政治学：理论与方法 [M]. 北京：北京大学出版社，2008：321.

[6] 肖顺武. 公共利益研究——一种分析范式及其在土地征收中的运用 [M]. 北京：法律出版社，2010：220.

[7] 史卫民. 我国征地补偿纠纷的法律思考 [J]. 广西社会科学，2008，(9)：87.

工程·科技

交互式蚁群算法及其应用

黄永青

摘　要： 针对传统蚁群优化算法需要显式的评估函数来引导进化，不能求解系统的优化指标和不能或者难以数量化的情况，提出利用人来对问题的解进行数量评价，而以蚂蚁算法在目标系统中寻优的交互式蚁群算法。依据人机交互的特点，设计了算法模型的结构、信息素的放置方式与更新策略和用户的评价方式。最后，利用模拟算法环境的函数优化实验和汽车造型草图设计实验进行了测试，结果表明所提出的算法具有较高的运行效率，并能较好地克服用户疲劳问题。

关键词： 交互式蚁群算法；人机交互；汽车造型；用户疲劳

1　引　　言

仿生优化算法是人工智能领域研究中的一个重要分支，包括模拟自然选择和遗传机制的遗传算法，模拟蚂蚁群体觅食行为的蚁群算法等，吸引了广大研究者们的极大兴趣。蚁群算法最早由意大利学者 Dorigo M[1] 于 1991 年提出，并应用于路径问题、分配问题、调度问题、子集问题、网络路由问题和图像处理等问题的求解。随着研究的深入，面向离散域和连续域的各种改进蚁群算法及其与其他仿生算法的融合方面也取得了相当丰富的研究成果，并已经成为一种完全可与遗传算法相媲美的仿生优化算法[2]。在目前的这些蚁群优化模型中，一般需要建立被优化系统的目标函数，作为指导进化和寻优的方向。然而，在图形图像处理、工业设计、音乐创作、多准则决策、控制与机器人等诸多实践领域里却广泛存在着一类隐性目标优化问题[3]，不能或者难以建立起关于这些系统的优化性能指标

作者简介：黄永青（1974—），男，湖北黄梅人，铜陵学院数学与计算机学院，教授，博士。

的显式目标函数，传统蚁群优化模型的应用受到限制。所以，如何突破优化性能指标的限制，利用蚁群优化模型来解决这类特殊的优化问题，具有重要的理论意义与应用价值。

交互式进化计算（Interactive Evolutionary Computation，IEC）是一种用人对进化个体主观评价值作为适应值的进化计算方法[4]，它将人的智能评价与进化计算有机结合起来，可以解决性能指标难以用明确函数表示的隐性目标优化问题。IEC 为系统优化提供了人-机交互的机制，可以融入人的感性（KANSEI，包括直觉、偏好、感觉、知觉和认知等）信息，从而得到符合个人偏好的优化结果，在实践领域得到广泛应用，成为智能计算中的研究热点[5]。虽然 IEC 研究中提出了许多性能较好的算法模型[6-8]，但启发式算法部分还主要集中在传统的进化算法，如何结合新的进化模型和其他启发式算法（如蚁群算法、粒子群算法等）发展新的算法或混合式算法的研究则有待于加强和深入[5]。

本文提出利用人评价解对应的系统输出，而以蚂蚁算法在参数空间中寻优的交互式蚁群优化（Interactive Ant Colony Optimization，IACO）算法，这既是对 IEC 模型的拓展，也是对传统蚁群算法模型及其应用领域的扩展。其中需要考虑的主要问题有：使用什么样的蚁群模型才能方便用户操作；信息素的放置方式与更新策略；用户的评价方式等。

2   交互式蚁群算法设计

2.1   交互式蚁群模型

在蚁群优化（ACO）的研究中，学者们提出了各种改进模型。什么样的模型更适合拓展成交互式的模型，就需要细致地加以考虑。Kong 等[9]提出一种求解多维背包问题的 ACO 模型，是专门为二进制解空间设计的。本文首先将该二元模型拓展成 n 元模型，同时利用人来评价解的优劣，从而形成人机协作求解的 IACO 模型。

在 IACO 中，设潜在解为 $x = (x_1, x_2, \cdots, x_p)$，其中变量 $x_i (i = 1, \cdots, p)$ 有 n_i 种取值。本文考虑一类无约束的隐性目标优化问题：

$$\max f(x)$$

由于被优化系统的目标函数与决策变量之间的数量关系难以建立，我们利用人来评价问题解对应的系统输出，将人的评价值作为目标函数值。为了说明 IACO 在隐性目标优化问题中解的构筑过程，将该问题描述如图 1 所示的权重图 $G = (V, L, F)$，其中 V 表示分量 $i = 1, \cdots, p$ 以及 $p + 1$（表示结束点）的集合，相邻两个分量 i 与 $i + 1$ 之间有 n_i 条路径，分别称为 $i_1, i_2, \cdots, i_{n_i}$，$L$ 是这些路径的集合. F 是各条路径上的信息素的集合，路径上的信息素用 $\tau_{ij}(j=1, 2,$ $\cdots, n_i)$ 表示。

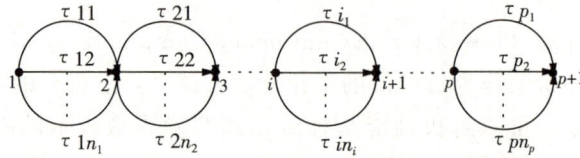

图 1   IACO 中蚂蚁行走路线图

在 IACO 中，m 只人工蚂蚁通过协作来完成问题的求解。每只蚂蚁通过从图 1 所示的节点 1 顺序走到节点 $p+1$ 来完成一个解的构建。当蚂蚁走到节点 $i(i=1, \cdots, p)$ 时，它将根据 n_i 条路径上信息素的分布情况，随机选择一条路径到达下一个节点 $i+1$，其选择概率为：

$$p_{ij}(t) = \tau_{ij}(t)/(\tau_{i1}(t) + \tau_{i2}(t) + \cdots + \tau_i n_i(t)) \tag{1}$$

其中 t 表示算法的运行代数。若选中了第 $j(j=1, 2, \cdots, n_i)$ 条路径，则表示变量 x_i 中的第 j 个取值被选中. 路径上的信息素初始值可设置为：

$$\tau_{ij}(0) = 1.0/n_i i = 1, \cdots, p, \ j = 1, 2, \cdots, n_i \tag{2}$$

在 IACO 的信息素更新策略中，将保证相邻两个节点各条路径上的信息素满足 $0 < \tau_{ij}(t) < 1$，并且 $\tau_{i1}(t) + \tau_{i2}(t) + \cdots + \tau_i n_i(t) = 1$，也就是说各条路径上的信息素可以直接代表选择概率，（1）式可简化为：

$$p_{ij}(t) = \tau_{ij}(t) \tag{3}$$

2.2   信息素的放置方式与更新策略

为了提高算法的性能，只对三类最优解所在路径上信息素进行强化。这三类最优解分别是：（1）算法开始运行后所发现的全局历史最优解 S^{gb}；（2）本次迭代过程中产生的最优解 S^{ib}；（3）从上一次信息素重新初始化后找到的最优解 S^{rb}。信息素的更新方式如下：

$$\tau_{ij}(t+m) = (1-\rho)\tau_{ij}(t) + \Delta\tau_{ij}(t+m) \tag{4}$$

$$\Delta\tau_{ij}(t+m) = \rho \sum_{x \in Supd \mid ij \in x} \omega_x \tag{5}$$

其中 $i=1, \cdots, p, j=1, 2, \cdots, n_i$，$\rho$ 是挥发系数，（4）式右边中的第一项表示信息素的挥发过程，第二项表示信息素的强化过程。$Supd$ 表示 S^{gb}、S^{ib} 和 S^{rb} 三类解构成的集合，而 $\omega_x \in (0, 1)$ 是各个解在强化过程中所占的比重，满足

$\sum_{x \in S_{upd}} \omega_x = 1$。$ij \in x$ 表示解 x 在其构造过程中选择了路径 ij。

IACO 将根据算法的收敛情况，采用不同的信息素更新策略。算法的收敛情况可用下面定义的收敛因子 cf 进行监测：

$$cf = (\sum_i (\max(\tau_{ij}) - \min(\tau_{ij})))/p \quad (6)$$

其中，$\max$ 和 $\min$ 分别表示对当前 $i(i = 1, \cdots, p)$，取 $\tau_{ij}(j = 1, 2, \cdots, n_i)$ 中的最大值和最小值。

从 (5) 式可以看出，算法一开始运行时，由于所有路径上的信息素是均匀分布的，此时 $cf = 0$。当算法趋向收敛于某局部最优解时，节点之间路径上信息素的将趋向于强弱分明，即 $\max(\tau_{ij}) - \min(\tau_{ij}) \to 1$，此时 $cf \to 1$ 因此，IACO 算法的收敛过程就相当于 cf 从 0 变化到 1 的过程.

这里使用五种不同的 ω_x 组合进行信息素的更新，具体见表 1 所示. 表中 ω_{gb}、ω_{ib} 和 ω_{rb}、分别表示解 S^{gb}、S^{ib} 和 S^{rb} 在信息素强化过程的权重，而 cf_i 是划分各个阶段的阈值参数.

表 1   信息素的更新策略

条件	ω_{gb}	ω_{ib}	ω_{rb}
$cf < cf_1$	0	1	0
$cf \in [cf_1, cf_2]$	0	3/5	2/5
$cf \in [cf_2, cf_3]$	0	2/5	3/5
$cf \in [cf_3, cf_4]$	0	0	1
$cf \in [cf_4, cf_5]$	1	0	0

当 $cf \geqslant cf_5$ 时，IACO 将按 (2) 式对信息素重新初始化为 $\tau_{ij}(0)$，并立即执行一次只针对全局历史最优解 S^{gb} 的信息素强化过程，以保证在 S^{gb} 附近搜索的同时，仍具有发现更好解的能力。

2.3   用户的评价方式

在 IACO 中，信息素更新时是根据不同最优解对应不同的更新比重，而不是根据最优解具体的评价值，这样大大简化了用户的评价。也就是说，在交互式迭代中，用户不必评价当前代所有个体(解对应的系统输出)具体的优劣值，而只要指出哪一个个体是本次迭代过程中产生的最优解 S^{ib} 就可以了。另外，从第二代开始，用户要比较 S^{ib} 与全局历史最优解 S^{gb} 的优劣；而当信息素重新初始化后，还要同时比较 S^{ib} 与 S^{rb} 的优劣。由于这种评价只涉及两个解的比较，只要用户选择哪个解更优即可，不会给用户造成多大的评价负担。很明显，迭代中用户在一代中至多需要作三次这种选择。

2.4 IACO算法步骤

算法的具体实现过程如下：

（1）设定算法参数，均匀放置初始信息素。

（2）根据各条路径上的信息素水平，蚂蚁通过从图1所示的节点1顺序走到节点 $p+1$ 来完成一个解的构建，共构建无重复的 m 个解，并在用户界面上显示相应的系统输出；

（3）用户选择当前代 m 个解中的最好解 S^{ib}，并从第二代开始，比较 S^{ib} 与 S^{gb} 的优劣；若信息素重新初始化了，则还要同时比较 S^{ib} 与 S^{rb} 的优劣。如果 S^{ib} 优于 S^{gb}，则以 S^{ib} 替代 S^{gb}；如果 S^{ib} 优于 S^{rb}，则以 S^{ib} 替代 S^{rb}。

（4）若满足终止条件，则输出结果，结束算法；否则按公式（4）～（6）及表1对信息素进行更新操作，转步骤2。

3 信息素作为选择概率

在上述信息素的放置与更新规则下，能够保证各格路径上的信息素可以直接作为选择概率。

引理1 在 IACO 中，任意路径上的信息素值 $\tau_{ij}(t)$ 满足：

$$0 < \tau_{ij}(t) < 1 \tag{7}$$

证明：在上一节所描述的信息素放置与更新规则下，显然有 $\tau_{ij}(t) > 0$。假设算法经过了 $t = km$ 个时刻，由于 $\sum_{x \in Supd} \omega_x = 1$，根据公式（4）及（5）有：

$$\tau_{ij}(t) = (1-\rho)\tau_{ij}(t-m) + \rho \sum_{x \in Supd \mid ij \in x} \omega_x$$

$$\leqslant (1-\rho)\tau_{ij}((k-1)m) + \sum_{i=1}^{k} (1-\rho)^{k-1}\rho$$

$$\leqslant (1-\rho)^k \tau_{ij}(0) + 1 - (1-\rho)^k$$

$$\leqslant (1-\rho)^k + 1 - (1-\rho)^k = 1$$

证毕。

定理1 在 IACO 中，每一对节点之间的各条路径上的信息素可以直接作为选择概率。

证明：在初始时刻（$t=0$），由公式（2）可知，定理成立。只要证明在任意结点 i，当 $\sum_j \tau_{ij}(t) = 1$ 成立时，有 $\sum_j \tau_{ij}(t+m) = 1$ 成立，再由引理1即证明了定理 1 是成立的。

由信息素的放置与更新策略可知，在节点 i 处的各条路径上的信息素都进行了挥发过程，而在针对任意一个解 $x \in Supd$ 的信息素强化过程中，有且仅有一条路径得到了强化，因此有：

$$\sum_j \tau_{ij}(t+m) = \sum_j ((1-\rho)\tau_{ij}(t) + \rho \sum_{x \in Supd \mid ij \in x} \omega_x)$$

$$= (1-\rho) \sum_j \tau_{ij}(t) + \rho \sum_{x \in Supd} \omega_x$$

$$= (1-\rho) + \rho = 1$$

证毕。

4 仿真实验

4.1 函数优化模拟实验

为了比较的客观性，利用一个无约束的函数优化实验来模拟 IACO 的求解过程，并与标准遗传算法（Genetic Algorithm，GA）的求解结果进行对比。

设被优化的函数为 $f(x_1, x_2, \cdots, x_p)$，$x_{imin} \leqslant x_i \leqslant x_{imax}$，$i = 1, 2, \cdots, p$，对应的最优点为 $f(x_1^*, x_2^*, \cdots, x_p^*)$。对已知最优点的测试函数，先对变量 x_i 在其取值范围内进行 $n_i - 1$ 等分，得到 n_i 个点，如果这 n_i 个点中不包含最优点 x_i^*，则以 x_i^* 替代离最优点最远的一个点或替代边界点。最后，将 IACO 算法中人的评价改为利用函数自动计算后，就可以利用 IACO 算法所描述的规则和步骤进行解的搜索了，为了说明的方便，算法仍然记为 IACO。本文用以下测试函数进行实验：

$$\min f(x_i) = \sum_i x_i^2$$

为了得到类似 4.2 节中相同规模的实验环境，取 $p = 4$，$n_i = 16$，$i = 1, 2, \cdots, p$。进行如上的划分后，除最优点外，形成许多函数值相同的点的组合，找到该问题的最优解是比较困难的。使用 IACO 和标准遗传算法（采用精英保留策略）的优化结果如表 2 所示。通过多次实验以获得 IACO 的运行参数，其中划分各个阶段的阈值参数 cf_1、cf_2、cf_3、cf_4、cf_5 分别取 0.3、0.5、0.7、0.9、0.95，而每个阶段的信息素更新策略如表 1 所示。

在表 2 中，算法名称后面的下标数字表示蚂蚁数目或种群规模，每个算法独立执行 10000 次并统计结果。IACO 和 GA 算法的最大迭代步数均设定为 50。GA 的交叉概率取 0.8，变异概率取 0.07。

表 2   IACO 与 GA 对函数的优化结果

算法	成功率（%）	步数	算法	成功率（%）	步数
$IACO_8$	72.00	31.26	GA_8	4.25	25.56
$IACO_{12}$	94.37	25.51	GA_{12}	10.43	25.78
$IACO_{16}$	99.33	21.01	GA_{16}	15.32	26.66
$IACO_{20}$	99.92	17.51	GA_{20}	17.46	32.42

从表 2 可以看出，在使用相同规模的种群情况下，IACO 要比 GA 找到最优解的成功率要高得多，并且 IACO 随着蚂蚁数目的增加，找到最优解的平均迭代步数逐渐减少．$IACO_{12}$ 的优化结果已经优于 GA 的各个测试结果．可以看出，IACO 总体性能明显优于 GA，表现出了良好的运行性能。

4.2 汽车造型设计实验

为验证以上算法的性能，设计了汽车造型概念草图设计原型系统。研究表明，影响汽车造型意象的关键造型特征主要有：车灯、侧面轮廓线以及进风格栅[10]，而且汽车前脸最能传达汽车造型意象信息[11]。所以，汽车前脸（正面造型）是汽车最具特色的重要部位。本文实验系统以设计"好"的汽车正面造型为优化目标。我们将汽车正面造型分为车顶、车灯、车鼻和车底四个车型造型件，每部分设计使用 16 种款型（用四位二进制编码），则共组成 65536（16×16×16×16）种汽车造型款式。

例如对个体基因型（0001 0100 1110 0010），其对应的汽车造型个体的基因型说明如表 3 所列。

表 3   汽车正面造型个体的基因型说明

造型件部分	车顶	车灯	车鼻	车底
个体基因型	0001	0100	1110	0010

相应的汽车造型个体基因型所对应的个体表现型系统输出如图 2 所示。

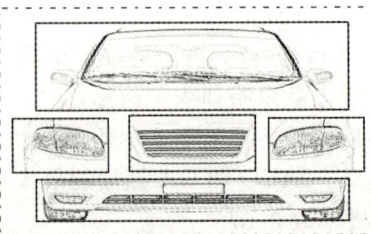

图 2   汽车正面造型个体的表现型系统输出

IACO 的系统进化界面如图 3 所示。

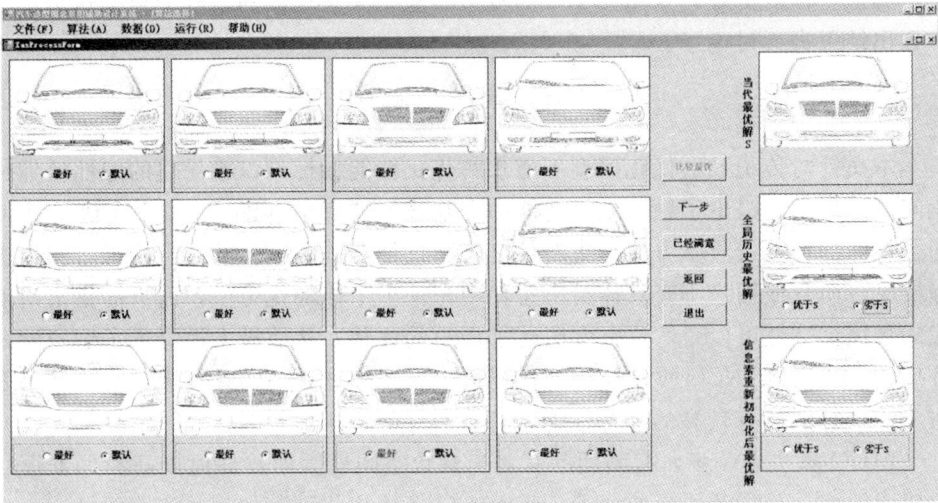

图 3　IACO 的系统进化界面

利用标准 IGA 算法和 IACO 算法分别独立运行 10 次进行比较，结果如表 4 所列。其中，IGA 和 IACO 的群体规模均取 12，其他参数设置同 4.1 节。

表 4　IACO 与 IGA 的优化结果

算法	平均进化代数	成功率（%）	平均评价次数
IGA	22.4	90	229.6
IACO	16.9	100	34.6

从表 4 可以看出，IGA 的收敛速度慢，若通过增加种群规模来提高搜索性能，则又会使用户评价疲劳成倍增加，所以 IGA 的整体性能是比较低的。而 IACO 的平均进化代数比 IGA 少，并且平均评价次数只是 IGA 的 16%，成功率可达到 100%，说明 IACO 的总体运行性能优于 IGA。同时，由于 IACO 用户只需要至多进行三次选择，而不必给出每一个解的具体评价值，这大大简化了操作，节约了运行时间，并极大地降低了用户的疲劳。

IACO 的另一个优势是，其对种群规模大小的敏感性要比 IGA 好得多，这主要受益于其评价方式：用户只需要选择当前代最优解 S^{ib}，所以使用数量为 8~20 个蚂蚁，甚至更多的蚂蚁，对用户评价的影响较小；而当用户比较 S^{ib} 与全局历史最优解 S^{gb} 及信息素重新初始化后比较 S^{ib} 与 S^{ib} 的优劣时，由于只涉及两个解的优劣比较，不会增加用户的评价疲劳。所以，IACO 在对问题求解时具有极大的优势。当然，这里只列出 IACO 取 12 只蚂蚁的实验结果，当蚂蚁数量增加时，其运行性能更好，这与 4.1 节的模拟实验结果是一致的，限于篇幅这里不一一列出结果进行讨论了。

5 结　语

本文针对传统蚁群优化模型不能求解优化性能指标难以数量化的隐性目标优化问题的不足，提出了融合人机智能的交互式蚁群算法（IACO）。IACO 算法使用了特殊的信息素放置方式与更新策略，不仅使各条路径上的信息素即可作为选择概率，而且使用户不必具体给出每代中每一个个体的优劣值，而只需指出当前代的最优个体就可以了，这大大简化了用户的评估，从而极大地降低了用户的评价疲劳。我们将 IACO 算法应用到汽车造型草图设计这一实践领域，实验结果表明 IACO 算法具有较高的运行性能，有着良好的应用前景。

IACO 算法进一步研究的问题有：当参数空间变大时，如何提高和保证算法的搜索效率，并降低用户的疲劳，将 IACO 算法应用到其他相关实践领域。

参考文献：

[1] Colorni A，Dorigo M，Maniezzo V. Distributed optimization by ant colonies [C]. Proc of European Conf on Artificial Life，Paris，1991：134 –142.

[2] 段海滨. 蚁群算法原理及其应用 [M]. 北京：科学出版社，2005.

[3] 黄永青，梁昌勇，郝国生，等. 隐性目标决策问题的 IDSS 结构模型研究 [J]. 合肥工业大学学报（自然科学版），2007，30（2）：217 – 221.

[4] Takagi H. Interactive Evolutionary Computation：Fusion of the Capabilities of EC Optimization and Human Evaluation [C]. Proc of the IEEE，2001，89（9）：1275 – 1296.

[5] 黄永青，张祥德. 交互式进化计算研究进展 [J]. 控制与决策，2010，25（9）：1281 – 1286.

[6] Gong D W，Guo G S，Lu L. Adaptive interactive genetic algorithms with interval fitness of evolutionary individuals [J]. Progress in natural science，2008，18（3）：359 – 365.

[7] 巩敦卫，郝国生，严玉若. 交互式遗传算法基于用户认知不确定性的定向变异 [J]. 控制与决策，2010，25（1）：74 – 78.

[8] 黄永青，梁昌勇，杨善林，等. 基于一种加速收敛变异策略的交互式遗传算法 [J]. 系统仿真学报，2007，19（9）：1913 – 1916.

[9] Kong M，Tian P，Kao Y C. A new ant colony optimization algorithm for the multidimensionalKnapsack problem ［J］. Computers & Operations Research，2008，35（8）：2672－2683.

[10] 黄琦，孙守迁. 基于意象认知模型的汽车草图设计技术研究 ［J］. 浙江大学学报（工学版），2006，40（4）：553－559.

[11] 韩挺，孙守迁，潘云鹤. 基于消费者认知的产品形态偏好预测系统 ［J］. 上海交通大学学报，2009，43（4）：606－611.

混合相依序列极限理论中若干公开问题的研究

吴永锋

　　摘　要：文章阐述了相依序列极限理论的发展简介与前沿动态，给出了关于混合相依序列极限理论中若干公开问题的研究成果。

　　关键词：混合相依序列；极限理论；公开问题

一、混合相依序列极限理论的发展简介与前沿动态

1. 相依序列极限理论的发展简介

极限理论是概率论学科研究中的基础课题，一直具有重要的理论与应用价值，是概率论与数理统计其他分支，以及保险数学、金融风险分析、计量经济学等学科的重要基础和工具。早期关于独立随机变量极限理论的研究成果，主要被总结在柯尔莫哥洛夫的专著《相互独立随机变量和的极限分布》（1954）中。随着研究的不断深入，许多相依结构的随机变量概念陆续被提出，如 Lehmann[1] 提出的两两 NQD（Negative Quadrant Dependent）变量，Ebrahimi 和 Ghosh[2] 提出的 NOD（Negatively Orthant Dependent）变量，Joag-Dev 和 Proschan[3] 提出的 NA（Negatively Associated）变量以及 Newman[4] 提出的 LNQD（Linearly Negative Quadrant Dependent）变量等。相依序列在金融风险模型、计量经济、保险精算以及可靠性理论等领域均有广泛的应用，所以其极限理论在上述领域应用方面的研究已成为众多学者关注的课题。

近些年来，国内外主要有林正炎[5,6]，苏淳[7,8]，邵启满[9,10]，张立新[11,12]，王岳宝[13,14]，梁汉营[15,16]，杨善朝[17,18]，王文胜[19,20]，胡舒合[21,22]，吴群英[23,24]，陈平炎[25,26]，胡殿中[27,28]，Lehmann[1]，Newman[4]，Volodin[29]，Sung[30] 等学者对相依序列的极限理论展开了研究，获得了许多有价值的成果。然而，目前仍然存在若干未解决的公开问题和尚未涉及的研究领域（稍后详述）。

　　作者简介：吴永锋（1977 年—），男，安徽枞阳人，铜陵学院数学与计算机学院，教授，理学硕士。

这些问题得不到妥善的解决，势必影响相依序列在风险模型、保险精算及可靠性理论等相关领域的深入应用[20]。

  2. 相依序列极限理论的主要研究动态

  （1）若干公开问题的研究

  目前看来，关于 NA 列极限理论的研究已趋于完善。然而，对于两两 NQD 列，由于其概念过于宽泛，缺乏有效的研究工具，研究工作则非常困难。众所周知，矩不等式在极限理论的研究中具有非常重要的作用。而据我们所知，目前只有吴群英[24]、Cabrera[31] 获得了两两 NQD 列的 2 阶矩不等式，对于一般的 p（$1 < p < 2$）阶矩不等式是否成立尚未见文献报道。所以，众多学者研究两两 NQD 列极限理论时都无法克服这一障碍，他们只能退而求其次，去研究 1 阶或 2 阶的情形，如 Chen[25]，Sung[30]，Cabrera[31]，万成高[32] 等。其中，Sung[30] 在 1 阶和 p 阶 h 可积条件下，分别研究了两两 NQD 阵列的 L_1 收敛性与 NA 阵列的 L_p 收敛性，但他在文中提出了如下的公开问题（见文［30］第 10 页）：在 p 阶 h 可积条件下，两两 NQD 列是否具有与 NA 列类似的 L_p 收敛性质？

  我们发现上述公开问题是可以解决的。然而，由于两两 NQD 列不具备 p（$1 < p < 2$）阶矩不等式，故 Chen[25]，Sung[30]，Cabrera[31]，万成高[32] 中的方法已不再适用，必须提出新的研究方法。最初我们证明了一个重要的引理，并仅借助该引理和 2 阶矩不等式，在与 Sung[30] 完全相同的条件下，采用全新的研究方法，解决了上述公开问题，相关结果[33] 发表于 *Journal of Mathematical Analysis and Applications* 和《应用概率统计》。

  在完全收敛性方面，Chen[26]，Hu[28]，Qiu[35] 等获得了一系列有价值的研究成果。从上述文献的证明过程可以看出，主要是利用了独立列或 NA 列的 Fuk-Nagaev 型概率不等式。我们[36,37]建立了 NOD 列和 LNQD 列的该类型不等式，所以完全可以将 Chen[26] 与 Hu[28] 中的结果予以推广。另外，Hu[28] 要求的条件过高，如要求常数列 $\{c_n, n \geqslant 1\}$ 满足 $\lim_{n \to \infty} \inf c_n > 0$ 等。Hu 提出公开问题（见文［28］第 2 页）：能否去掉 $\lim_{n \to \infty} \inf c_n > 0$，将结论改进到一般常数列情形？

  Qiu[35] 研究了 NOD 阵列一般部分和的完全收敛性，但在文章中提出公开问题（见文［35］第 11 页）：能否将其结论改进到最大值部分和情形？这个问题有较大的难度，原因是相应的最大值部分和概率不等式尚未建立，而 Kim[38] 给出的最大值部分和矩不等式又带有 $\log^2 n$ 尾项。因此，要想解决这一公开问题，必须建立合适的最大值部分和概率不等式或矩不等式。

  （2）新提出的相依序列研究

  在研究过程中，我们发现并提出较两两 NQD 列、LNQD 列更宽泛的概念，即下面给出的两两 ENQD（Eextended Negative Quadrant Dependent）列和 $m-$

LNQD 列。

定义 1　设 X 和 Y 是两个随机变量，如果存在常数 $M>0$，使对任意实数 x，y，有如下不等式成立

$$P（X\leqslant x,Y\leqslant y）\leqslant MP（X\leqslant x）P（Y\leqslant y），$$

则称 X 和 Y 是 ENQD 的。如果随机序列 $\{X_n,n\geqslant 1\}$ 中的任意两个变量都是 ENQD 的，则称 $\{X_n,n\geqslant 1\}$ 是两两 ENQD 列。

由定义 1 不难看出，当 $M>1$ 时，两两 ENQD 列不仅包含经典的两两 NQD 列，而且还包含了部分两两 PQD 列。因而 ENQD 结构要比 NQD 结构更宽泛，也更具有研究价值。为表明上述概念的宽泛性，我们给出如下实例：

例 1　对于任何 $(i,j)\subset\{1,2,\cdots,n\}$，设 X_i 和 X_j 具有绝对连续的分布函数，且 X_i 和 X_j 由 copula 函数 $C(u_1,u_2)$ 确定相依性。假设联合 copula 密度函数

$$C_{12}(u_1,u_2)=\frac{\partial^2}{\partial u_1\partial u_2}C(u_1,u_2)$$

存在，且一致有界于某个正常数 $M>0$，其中 $(u_1,u_2)\in[c,1]^2$，$0<c<1$。于是由 Ko 和 Tang[39] 的注记 2.3 和 2.4 可知，序列 $\{X_i,i\geqslant 1\}$ 是两两 ENQD 列。例如，Ali-Mikhail-Haq 型 copula 函数

$$C(u_1,u_2;\theta)=\frac{u_1u_2}{1-\theta(1-u_1)(1-u_2)},\ \theta\in[-1,1)$$

就符合上述条件。通过参数 θ 的取值，该 copula 可以生成 PQD 和 NQD 结构。

定义 2　设 $m\geqslant 1$ 是一给定的整数，如果对 $n\geqslant 2$ 和满足 $|i_k-i_j|\geqslant m(1\leqslant k\neq j\leqslant n)$ 的 $i_1,\cdots,i_n$，都有 $X_{i_1},\cdots,X_{i_n}$ 是 LNQD 列，则称 $\{X_n,n\geqslant 1\}$ 是 $m-$LNQD 列。

显然，$m-$LNQD 列比 LNQD 列宽泛。事实上，LNQD 列是 $m-$LNQD 列在 $m=1$ 时的特例。为表明 $m-$LNQD 概念的实用价值，我们给出如下实例。

例 2　设 $\{X_n,n\geqslant 1\}$ 是 LNQD 列，$m\geqslant 2$。令 $Z_n=\frac{1}{m}\sum_{k=n}^{m+n-1}X_k$，$n\geqslant 1$，则 $\{Z_n,n\geqslant 1\}$ 是 $m-$LNQD 列。

由 LNQD 列（概念详见文[4]）与 $m-$LNQD 列的定义，我们不难验证 $\{Z_n,n\geqslant 1\}$ 是 $m-$LNQD 列。需要特别指出的是，例 2 中所定义的 $m-$LNQD 列在某种意义上是一种滑动平均过程。由于滑动平均过程在时间序列分析中非常重要，被广泛地应用于经济、工程以及物理等学科，故 $m-$LNQD 列具有较高的研究价值。我们研究了 $m-$LNQD 列一个 Kolmogorov 型指数不等式，并研究了该序列

的 L_p 收敛性与完全收敛性[40]。

（3）可积性条件下矩完全收敛性研究

在矩完全收敛性方面，Chow[41] 首先提出这一概念，并研究了独立序列的矩完全收敛性。在此之后，Rosalsky[42]，王定成[43] 等在 B 值元序列、NA 列方面进行了研究。然而，其中大多是在同分布和 p 阶矩有界条件下完成的。在 Cesàro 一致可积（概念详见 Chandra[44]）、h 可积（概念详见 Sung[30]）等可积性条件下关于矩完全收敛性的研究，据我们所知，目前尚未有类似成果报道。由于上述可积性条件可以放宽同分布和 p 阶矩有界的限制，所以具有较大的研究价值。

吴群英[23] 和万成高[32] 在 Cesàro 一致可积相关条件下，分别研究了 NA 阵列与两两 NQD 列的大数律、L_p 收敛性与完全收敛性。吴永锋[33, 45] 则在 h 可积和 Cesàro 一致可积等条件下，研究了 LNQD 阵列和 END 序列的上述收敛性质。

（4）函数列条件下极限理论研究

Hu 和 Talor[27] 在函数列满足某种条件下，建立了独立阵列的强大数律。邱德华和甘师信[46] 将文[27]的结论推广到 $\rho*$—混合阵列情形。Gan 和 Chen[47] 在更弱的条件下，将文[27]的结论推广到 NA 阵列情形，获得了更强的完全收敛性方面的结论。吴永锋和祝东进[36] 采用与 Gan 和 Chen[47] 完全相同的条件，将其结论推广到 NOD 阵列情形，并同时给出了矩完全收敛性方面的若干创新性结果。

经过比较可以发现，上述文献对函数列的要求基本相同。申请人[48] 曾提出一类新的、更宽泛的函数列，使上述文献中的函数列成为特例被包含。于是，在这类新函数列条件下，上述文献中的结论是否成立值得研究。吴永锋[49] 将文[27]的结论推广到 NA 阵列情形的矩完全收敛性，吴永锋和王定成[50] 将文[49]的结论推广到两两 NQD 阵列。

二、近几年在相依序列极限理论方面的研究工作

近几年来，我们一直关注相依序列极限理论的发展现状和前沿研究动态，几年来一直潜心于上述理论的研究工作，吸收本领域国内外专家学者的相关研究成果，取得了以下若干研究成果：

1. 我们在 r 阶 h 可积条件下，在文[33]中证明了一个非常重要的引理。利用该引理，部分地解决了 Sung[30] 中的公开问题。创新之处为：没有直接使用矩不等式，而是利用积分变换等技巧完成证明。近期，我们在文[34]中彻底解决该公开问题。

2. 我们在文[36]中建立了 NOD 序列的 Fuk-Nagaev 型概率不等式，研究了 NOD 阵列的极限性质，推广和改进了 Gan 和 Chen[47] 的相应结果。需要特别指出的是，我们在他们的文献中，在相同的条件下，研究了矩完全收敛性和 L_1 收

敛性。据我们所知，之前尚无别的文献报道类似成果。

3. 我们在文[51]中研究了 $\rho*$ －混合相依阵列的矩完全收敛性与 L_q 收敛性，改进了 Zhu(2007)[52] 的结果。

4. 我们利用前期获得的 NOD 序列的 Fuk-Nagaev 型不等式，在文[53]中研究了 NOD 阵列的完全收敛性等极限性质，推广与改进了 Hu[54]、Taylor[55] 以及吴永锋和祝东进[36] 的结果。

5. 我们在文[49，50]中研究了 NA 阵列和两两 NQD 阵列的矩完全收敛性和 L_q 收敛性，推广和改进了 Hu 和 Talor[27] 的相应结果。

6. 我们在文[45]中研究了 END 序列的弱大数律、L_p 收敛性和完全收敛性，推广了吴群英[23] 的相应结果。

7. 我们在文[56]中研究了 ψ－混合相依序列加权和的完全收敛性，相关成果发表于《系统科学与数学》。

三、尚待解决的问题

目前，关于混合相依序列极限理论的研究已较为充分，但仍然有些问题待解决。例如，如何研究两两 NQD 列 2 阶矩以上的极限理论、END 序列矩完全收敛性的充分必要条件等问题。我们将在已有研究工作的基础上，对上述问题继续展开研究。

参考文献：

[1] E. L. Lehmann. Some concepts of dependence [J]. Ann. Math. Statist, 1966，37：1137－1153.

[2] Ebrahimi N.，Ghosh M.，Multivariate negative dependence，Commun. Stat. [J]. Theory Methods，1981，(10)：307－337.

[3] Joag-Dev K.，Proschan F.. Negative association of random variables with applications [J]. Ann. Stat.，1983，(11)：286－295.

[4] C. M. Newman. Asymptotic independence and limit theorems for positively and negatively dependent random variables [J]. In：Tong，Y. L (Ed.) Statistics and Probability，1984，(5)：127－140 (Inst. Math. Statist. Hayward，C. A.).

[5] 林正炎. 强近邻相依性 [J]. 中国科学，2003，33 (6)：644－653.

[6] Zheng-Yan Lin，De-Gui Li. Strong approximation for moving average processes under dependence assumptions [J]. Acta Math. Sci.，2008，28B (1)：217－224.

［7］Chun Su，Lin-Cheng. Zhao，Yue-Bao Wang. Moment inequalities and weak convergence for negatively associated sequences ［J］. Sci. China Ser.，1997，172 – 182.

［8］苏淳，江涛，唐启鹤，等. NA 结构的安全性 ［J］. 应用概率统计，2002，18（4）：400 – 404.

［9］Qi-Man Shao，A comparison theorem on maximum inequalities between negatively associated and independent random variables ［J］. J. Theoret. Probab.，2000，（13）：343 – 356.

［10］Qi-Man Shao，Chun Su. The law of the iterated logarithm for negatively associated random variables ［J］. Stochastic Processes. Appl.，1999，83（1）：139 –148.

［11］Li-Xin Zhang. A Strassen's law of the iterated logarithm for negatively associated random vectors ［J］. Stochastic Processes. Appl.，2001，95：311 –328.

［12］张立新. NA 序列重对数律的几个极限定理 ［J］. 数学学报，2004，47（3）：541 – 552.

［13］Yue-Bao Wang，Kai-Yong Wang，Dong-Ya Cheng. Precise large deviations for sums of negatively associated random variables with common dominatedly varying tails ［J］. Acta Math. Sinica，English Series，2006，22（6）：1725 –1734.

［14］王岳宝，周海洋，杨洋. 强平稳 NA 列的乘积和过程的弱收敛性 ［J］. 应用概率统计，2003，19（2）：150 – 154.

［15］Han-Ying Liang，Jing-Jing Zhang. Strong convergence for weighted sums of negatively associated arrays ［J］. Chin. Ann. Math.，2010B31（2）：273 –288.

［16］Han-Ying Liang，De-Li Li，Andrew Rosalsky. Complete moment and integral convergence for sums of negatively associated random variables ［J］. Acta Math. Sinica，English Series，2010，26（3）：419 – 432.

［17］杨善朝，陈敏. 相协随机变量的指数不等式与强大数律 ［J］. 中国科学 A 辑，2007，37（2）：200 – 208.

［18］杨善朝. 随机变量部分和的矩不等式 ［J］. 中国科学 A 辑，2000，30（3）：218 – 223.

［19］王文胜. 负相伴高斯随机变量序列的一个强不变原理 ［J］. 数学学报，2009，52（4）：631 – 640.

［20］ Wen-Sheng Wang. A strong approximation theorem for quasi-associated sequences ［J］. Acta Math. Sinica, English Series, 2005, 21 (6): 1269 –1276.

［21］ Shu-he Hu, Xiao-qin Li, Wen-zhi Yang, Xue-jun Wang. Maximal inequalities for some dependent sequences and their applications ［J］. J. Korean Stat. Soc. , 2011, 40 (1): 11 – 19.

［22］ Shu-he Hu, Xuejun Wang. Large deviations for some dependent sequences ［J］. Acta Math. Sci. , 2008, 28B (2): 295 – 300.

［23］ 吴群英，王远清，伍艳春. NA 阵列行和最大值的若干极限定理 ［J］. 应用概率统计，2006，22 (1): 56 – 62.

［24］ 吴群英. 两两 NQD 列的收敛性质 ［J］. 数学学报，2002，45 (3): 617 –624.

［25］ Pin-Yan Chen, M. O. Cabrera, Andrei Volodin. L_1-convergence for weighted sums of some dependent random variables ［J］. Stochastic Anal. Appl. , 2010, 28 (6): 928 – 936.

［26］ Pin-Yan Chen, Tien-Chung Hu, Xiang-dong Liu, Andrei Volodin. On complete convergence for arrays of rowwise negatively associated random variables ［J］. Theory Probab. Appl. , 2007, 52 (2): 1 – 5.

［27］ Tien-Chung Hu, R. L. Taylor. On the strong law for arrays and for the bootstrap mean and variance ［J］. Int. J. Math. Math. Sci. , 1997, 20 (2): 375 –382.

［28］ Tien-Chung Hu. Andrei Volodin, Addendum to "A note on complete convergence for arrays" ［J］. Statist. Probab. Lett. 38 (1) (1998) 27 – 31, 2000, Statist. Probab. Lett. 47 (2): 209 – 211.

［29］ Andrei Volodin, M. O. Cabrera, Tien-Chung Hu. Convergence rate of the dependent bootstrapped means ［J］. Theory Probab. Appl. , 2006, 50 (2): 337 – 346.

［30］ H. S. Sung, S. Lisawadi, Andrei Volodin. Weak laws of large numbers for arrays under a condition of uniform integrability ［J］. J. Korean Math. Soc. , 2008, 45: 289 – 300.

［31］ M. O. Cabrera, Andrei Volodin. Mean convergence theorems and weak laws of large numbers for weighted sums of random variables under a condition of weighted integrability ［J］. J. Math. Anal. Appl. , 2005, 305 (2): 644 – 658.

［32］万成高. 两两 NQD 列的大数定律和完全收敛性［J］. 应用数学学报，
2005，28（2）：253 - 261.

［33］Yong-Feng Wu，Mei Guan. Mean convergence theorems and weak laws
of large numbers for weighted sums of dependent random variables［J］.
J. Math. Anal. Appl.，2011，377（2）：613 - 623.

［34］Yong-Feng Wu，Guang-Jun Shen. On the moment convergence for
weighted sums of pairwise NQD random variables［J］. 应用概率统计，2012，
28（5）：479 - 488.

［35］De-hua Qiu，Kuang-Chao Chang，Rita Giuliano Antonini，Andrei
Volodin. On the strong rates of convergence for arrays of rowwise negatively dependent
random variables［J］. Stochastic Anal. Appl.，2011，29（3）：375 - 385.

［36］Yong-Feng Wu，Dong-Jin Zhu. Convergence properties of partial sums
for arrays of rowwise negatively orthant dependent random variables［J］.
J. Korean Stat. Soc.，2010，39（2）：189 - 197.

［37］Yong-Feng Wu. On the limiting behavior for arrays of rowwise linearly
negative quadrant dependent random variables［J］. Rocky Mt. J. Math.，2011，
accepted.

［38］H. C. Kim. The Hájek-Rényi inequality for weighted sums of
negatively orthant dependent random variables［J］. Int. J. Contemp. Math. Sci.，
2006，1（6）：297 - 303.

［39］Bangwon. Ko，Qi-He Tang. Sums of dependent nonnegative random
variables with subexpo-nential tails［J］. J. Appl. Probab.，2008，45（1）：
85 -94.

［40］Yong-Feng Wu，Andrew Rosalsky，Andrei Volodin. Some limit
theorems for sequences of m -linearly negative quadrant dependent random
variables［J］. Applications of Mathematics，2011，accepted.

［41］Y. S. Chow. On the rate of moment complete convergence of sample sums
and extremes［J］. Bull. Inst. Math.，Acad. Sin.，1988，(16)：177 - 201.

［42］A. Rosalsky，L. V. Thanh，Andrei Volodin. On complete convergence in
mean of normed sums of independent random elements in Banach spaces［J］.
Stochastic Anal. Appl.，2006. 24（1）：23 - 35.

［43］王定成，赵武. NA 序列部分和的矩完全收敛性［J］. 高校应用数学学
报，2006，21A（4）：445 - 450.

［44］T. K. Chandra. Uniform integrability in the cesàro sence and the weak law of large numbers [J]．Sankhya：the Indian J. Statist.，1989，(51A)：309 – 317.

[45] Yong-Feng Wu，Mei Guan. Convergence properties of the partial sums for sequences of END random variables [J]．J. Korean Math. Soc.，2012，49 (6)：1097 – 1110.

[46] 邱德华，甘师信．$\rho *$ 一 混合阵列的收敛性 [J]．数学物理学报，2005，25A (1)：73 – 78.

[47] Shi-Xin Gan，Pin-Yan Chen. On the limiting behavior of the maximum partial sums for arrays of rowwise NA random variables [J]．Acta Math. Sci.，2007，27B (2)：283 – 290.

[48] 吴永锋．关于 NA 序列的强大数定律 [J]．合肥工业大学学报（自然科学版），2008，31 (5)：825 – 827.

[49] Yong-Feng Wu. Convergence properties of the maximal partial sums for arrays of rowwise NA random variables [J]．Theory Probab. Appl.，2012，56 (3)：527 – 535.

[50] Yong-Feng Wu，Ding-Cheng Wang. Convergence properties for arrays of rowwise pairwise negatively quadrant dependent random variables [J]．Appl. Math.，2012，57 (5)：463 – 476.

[51] Yong-Feng Wu，Chun-Hua Wang. Limiting behavior for arrays of rowwise $\rho *$ 一 mixing random variables [J]．Lithuanian Mathematical Journal，2012，52 (2)：214 – 221.

[52] Meng-Hu，Zhu. Strong laws of large numbers for arrays of rowwise $\rho *$ 一 mixing random variables [J]．Discrete Dyn. Nat. Soc.，2007，Article ID 74296，6pp.，2007.

[53] Yong-Feng Wu. Manuel Ordóñez Cabrera，Andrei Volodin，On limiting behavior for arrays of rowwise negatively orthant dependent random variables [J]．J. Korean Stat. Soc.，2013，42 (1)：61 – 70.

[54] Tien-Chung Hu，F. Moricz，R. L. Taylor. Strong laws of large numbers for arrays of rowwise independent random variables [J]．Acta. Math. Hung.，54 (1 – 2)：153 – 162.

[55] R. L. Taylor，R. F. Patterson，A. Bozorgnia. A strong law of large numbers for arrays of rowwise negatively dependent random variables [J]．Stochastic Anal. Appl.，20 (3)：643 – 656.

[56] 吴永锋，祝东进．φ 一 混合序列加权和的完全收敛性 [J]．系统科学与数学，2010，30 (3)：296 – 302.

三维数字化技术在工程中应用

钱宇强

摘　要：近年来，三维技术随着计算机软硬件和软件技术的发展而发展，由于其虚拟性、精确性、真实性和无限的可操作性，三维数字化技术已经成熟应用于基础设施建设、文物和遗产保护、建筑、地质、采矿、工厂、大型装备建造等生产领域。根据不同的行业特点、针对特定的实施场所和测量对象，三维数字化实施内容也会有所侧重。文章主要介绍利用三维技术在各行业中的运用。

关键词：三维；CAD/CAM；激光扫描

三维数字化技术的发展有利于当今科学技术的发展，随着 IT 技术、数学算法、工程应用的发展，三维技术的作用越来越重要。

2010 年 1 月，好莱坞 3D 特效电影《阿凡达》震撼上映，拉开了 3D 大众时代的序幕；2012 年 1 月，中央电视台 3D 频道正式开通，开启了中国 3D 时代的高速通道。在国家着力推动发展方式转变、大力促进产业升级、积极培育新兴科技文化产业的新形势下，3D 内容产品需求激增，3D 终端产品高歌猛进，3D 行业应用峰回路转，3D 产业发展与传统产业转型全面提速！

一、三维软件

当前常用三维软件很多，不同行业有不同的软件，各种三维软件各有所长，可根据工作需要选择。比较流行的三维软件如，ThinkDesign Rhino（Rhinoceros 犀牛）、Maya、3ds Max、Softimage/XSI、Lightwave 3D、Cinema 4D、PRO－E、UG、Solidworks 等

1. ThinkDesign

使用 ThinkDesign，可以自由发挥你的创造力和想象力从事流行的超现代造型设计。可以自定义个人命令文件。而且在兼容模式下，可以唤醒一个命令行界

作者简介：钱宇强（1971—），男，铜陵学院机械工程学院副教授，博士。

面使你继续按 AutoCAD 或 IntelliCAD 的习惯从事工作。ThinkDesign 是一款旗舰 CAD 产品，定位于需要 3D 设计、加强的零件建模、2D/3D 透视、全功能的 2D 矢量绘图能力的中型制造商。集成零件装配表，增强的大型装配管理工具和产品生命周期工具[3]。

2. Maya

这是一个包含了许多各种内容的巨大的软件程序。对于一个没有任何使用三维软件程序经验的新用户来说，可能会因为它的内容广泛、复杂而感到困惑。对于有一些三维制作经验的用户来说，则可以毫无问题地搞定一切。Maya 的工作流程非常直截了当，与其他的三维程序也没有太大的区别。只需要熟悉一至两个星期，就会适应 Maya 的工作环境，因而可以更进一步地探究 Maya 的各种高级功能，比如节点结构和 Mel 脚本等。

3. Softimage/XSI

这是一款巨型软件。它的目标是那些企业用户，也就是说，它更适合那些团队合作式的制作环境，而不是那些个人艺术家。基于此原因，个人认为，这个软件并不适合初学者。XSI 将电脑的三维动画虚拟能力推向了极致，是最佳的动画工具，除了新的非线性动画功能之外，比之前更容易设定 Keyframe 的传统动画，是制作电影、广告、3D、建筑表现等方面的强力工具。

3. Lightwave

对于一个三维领域的新手来说，Lightwave 非常容易掌握。因为它所提供的功能更容易使人认为它主要是一个建模软件。对于一个从其他软件转来的初学者，在工具的组织形式上和命名机制上会有一些问题。在 Lightwave 中，建模工作就像雕刻一样，只需要几天的适应时间，初学者就会对这些工具感到非常舒服。Lightwave 有些特别，它将建模（Modeling：负责建模和贴图）和布局（Layout：动画和特效）分成两大模块来组织，也正是因为这点，丢掉了许多用户。

这一软件广泛应用在电影、电视、游戏、网页、广告、印刷、动画等各领域。它的操作简便，易学易用，在生物建模和角色动画方面功能异常强大；基于光线跟踪、光能传递等技术的渲染模块，令它的渲染品质几尽完美。它以其优异性能备受影视特效制作公司和游戏开发商的青睐。火爆一时的好莱坞大片 *TITANIC* 中细致逼真的船体模型、*RED PLANET* 中的电影特效以及《恐龙危机 2》《生化危机－代号维洛尼卡》等许多经典游戏均由 LightWave 3D 开发制作完成。

4. Rhinoceros（Rhino）

这是一套专为工业产品及场景设计师所发展的概念设计与模型建构工具，它是第一套将 AGLib NURBS 模型建构技术之强大且完整的能力引进 Windows 操作系统的软件，不管你要建构的是汽机车、消费性产品的外形设计还是船壳、机械外装或齿轮，甚至是生物或怪物的外形，Rhino 稳固的技术所提供给使用者的是容易学习与使用、极具弹性及高精确度的模型建构工具。从设计稿、手绘到实际产品，或是只是一个简单的构思，Rhino 所提供的曲面工具可以精确地制作所有用来作为彩现、动画、工程图、分析评估以及生产用的模型。Rhino 可以在 Windows 的环境下创造、编排或是转译 NURBS 曲线、表面与实体。在复杂度与尺寸上并没有限制。此外，Rhino 还可支持多边网格的制作。

5. Vue 5 Infinite

它由 e-on software 公司出品。作为一款为专业艺术家设计的自然景观创作软件，Vue 5 Infinite 提供了强大的性能，整合了所有 Vue 4 Pro 的技术，并新增了超过 110 项的新功能，尤其是 EcoSystem 技术更为创造精细的 3D 环境提供了无限的可能。Vue 5 Infinite 是几个版本中最有效率，也是在建模、动画、渲染等 3D 自然环境设计中最高级的解决方案。当下国际界内很多大型电影公司，游戏公司或与景观设计相关的行业都用此软件进行 3D 自然景观开发。

6. Bryce

Bryce 是由 DAZ 推出的一款超强的 3D 自然场景和动画创作软件，它包含了大量自然纹理和物质材质，通过设计与制作能产生极其独特的自然景观。这个革命性的软件在强大和易用中间取得了最优化的平衡，是一个理想的将三维技术融合进你的创作程序的方法，流畅的网络渲染、新的光源效果和树木造型库为你开拓创意的新天堂。全新的网络渲染——在网络中渲染一系列动画图像或是单张图片，大大节省时间和金钱。

二、三维技术在工程中应用

1. 三维激光扫描技术在工程测量中的应用[1]

三维激光扫描技术的核心原理是激光距离测量与步进角度测量，工作时，三维激光扫描仪对待测建筑物的某一目标面发射激光，利用激光发射和反射被仪器接收到的两个时间点形成的时间差计算出距离值，同时，对水平和垂直两个方向的角度值进行记录和计算，从而得到观测上某一点的三维相对坐标。通过连续和快速扫描，可以得到若干个点的三维坐标，这些坐标值在电脑内形成观测目标的点云数据库。此时利用后处理软件进行点云数据的分析处理，利用 3D 建模软件即可形成精度很高的观测目标的虚拟三维影像，从而得到观测目标的空间结构和详细内部尺寸数据。

（1）在变形监测中的应用

目前对建筑物的变形监测大多采用 GPS 或者全站仪对某些变形观测点进行

连续和定期观测，通过对多次观测数据的对比分析，评估变形情况，提出安全性建议。这种监测方式只能对处于离散状态的监测点进行测量，对建筑物整体变形情况的掌握存在遗漏。而三维激光扫描技术可以对监测对象进行快速全面的激光扫描，迅速获得监测对象的大量特征点数据．经过软件后处理，建立监测对象的三维影像模型，通过定期或周期对建筑物的扫描数据进行对比分析，做出对监测对象变形情况的正确评估。目前，三维激光扫描技术已经在大坝和电站基础、隧道的检测及变形监测等方面作出了一些应用，其前景非常广阔。

（2）在道路工程与管线测量中的应用

在道路工程中，无论是设计还是监测，一般会采用全站仪、GPS（RTK）等传统测量工具进行点的碎部测量，得到点的离散数据，或是将航摄相片和地形图作为数据的获得平台。通过这些途径获得的数据信息存在数据精度难以保证、花费时间很长，受外界环境制约因素多等诸多缺点。采用三维激光扫描仪技术得到的数据可在很大程度上避免出现这些缺陷，从而得到描述道路情况的精细数据。而在各类交通工程、管道、线网铺设中，经常使用全站仪甚至传统光学仪器进行测量工作。基于这些传统测量技术的限制，出现测量错误的概率非常大，不能及时发现线路存在的异常情况，而采用三维激光扫描技术对管线进行扫描测量，不但能保证采集数据的准确性，还能及时发现线路异常。

（3）在古建筑测量中的应用

我国古代建筑大多使用木结构，本身易发生损毁，对其进行准确检测，发现潜在问题是对古建筑进行保护的一项重要工作。譬如，对故宫太和殿前的弘义阁分别用传统的和激光扫描两种方法进行测量发现，用手工测量（包括使用一些传统仪器）得出基本尺寸存在的问题很大，一些需要被测的数据不能顾及，因而使图纸与实际产生误差。而在对古建筑的结构形变监测方面，激光扫描测量的精度和准确性、全面性是传统方法无法比拟的，未来必然可以得到广泛应用。

2. 三维技术在机械制造中的应用[2]

实物三维数字采集主要用于对物体空间外形和结构进行扫描，以获得物体表面的空间坐标。它的重要意义在于能够将实物的立体信息转换为计算机能直接处理的数字信号，为实物数字化提供便捷的手段。对手板、样品等实物模型进行数字化，可以得到其三维立体尺寸数据，这些数据能直接与逆向工程软件、CAD/CAM软件接口。在逆向工程、CAD系统中可以对数据进行调整、修补，再送到加工中心或快速成型设备上制造，可以极大地缩短产品研制周期。另外，实物数字化技术在实物复制、制造质量检验及虚拟现实等方面也应用广泛。实物三维数字化在机械制造中的应用主要有：逆向设计、实物数字化复制、制造质量检验和虚拟现实等。

没有实物数字化模型情况下，实物三维数字化用于实物逆向设计，构建实物数字化模型，并进一步修改设计，实现企业引进产品二次创新设计。实物样件的数字化测量手段一般采用三坐标测量机或非接触式扫描仪等来获取实物样件表面点的三维坐标值。对于由规则几何形状构成的零件，利用三坐标测量机，通过规划测量特征点、特征线、截面线，然后重建模型。对于由复杂曲面构成的零件，利用非接触扫描装置扫描得到大量点云数据，其测量结果提供多种数据接口，经过逆向工程软件对海量点云数据的处理、曲面重建，得到实物三维数字化模型。零件 CAD 模型一般是由多个不同的几何形状组合，而每种几何形状都有其特性。因此若反求零件的原 CAD 模型，则并非单纯地使用一种方法即可完成，而须视此零件外形的几何特性选择适当的处理方法才可得出良好的几何形状，以满足零件外形的几何特性。因此，在零件曲面模型重建的过程中，了解曲面的特性及其曲面的数学模式，对于重新构建曲面模型能提高效率。在重建的实物三维数字化模型基础上进行 CAE 分析，在理解原实物样件设计意图的基础上针对原实物样件存在的缺陷进行改进设计，对再设计的模型要经过 CAE 分析或试验验证。在重建 CAD 三维模型的基础上，可后续进行 NC 数控加工、快速成型或生成零件图纸。在汽车轮毂曲面的重构中就可以利用逆向设计方法，不仅提高了我国汽车工业设计的能力，也使汽车设计在多样化、个性化、系列化方面得到重大改进。

3. 三维技术在图形工程中的应用[3]

在工程设计和绘图过程中，三维图形应用越来越广泛。AutoCAD 可以利用三种方式来创建三维图形，即线架模型方式、曲面模型方式和实体模型方式。线架模型方式为一种轮廓模型，它由三维的直线和曲线组成，没有面和体的特征。表面模型用面描述三维对象，它不仅定义了三维对象的边界，而且还定义了表面即具有面的特征。实体模型不仅具有线和面的特征，而且还具有体的特征，各实体对象间可以进行各种布尔运算操作，从而创建复杂的三维实体图形。

绘制三维点和线选择"绘图"——"点"命令，或在"绘图"工具栏中单击"点"按钮，然后在命令行中直接输入三维坐标即可绘制三维点。由于三维图形对象上的一些特殊点，如交点、中点等不能通过输入坐标的方法来实现，可以采用三维坐标下的目标捕捉法来拾取点。在三维空间中指定两个点后，如点（0，0，0）和点（1，1，1），这两个点之间的连线即是一条 3D 直线。同样，在三维坐标系下，使用"样条曲线"命令，可以绘制复杂的 3D 样条曲线，这时定义样条曲线的点不是共面点。在二维坐标系下，使用"绘图"——"多段线"命令绘制多段线，尽管各线条可以设置宽度和厚度，但它们必须共面。三维多线段的绘制过程和二维多线段基本相同，但其使用的命令不同，另外在三维多线段中只有直线段，没有圆弧段。选择"绘图"——"三维多段线"命令（3DPOLY），此时命令行提示依次输入不同的三维空间点，以得到一个三维多段线。

（1）酒店效果图制作

餐厅三维效果图、大堂装修效果图、客房效果图、卫生间室内效果图、单人间 3D 效果图、标准间 3D 效果图、豪华套房效果图、总统套房效果图、中餐厅效果图、西餐厅效果图、会议室效果图等。

（2）办公效果图制作

办公室的设计开场办公室室内效果图、经理室 3D 效果图、员工办公室效果图、接待室效果图、报告厅装修效果图、走廊效果图等。

（3）商业效果图设计

大型综合、专业商场；服装、珠宝首饰、手机、电器、礼品、各类精品的专卖店或商场内商铺的设计及公司的产品展厅设计。

（4）展览空间效果图

各型展览会、博览会的展位设计。房地产、工业、糖酒食品、高科技产品的交易会。

（5）家装效果图设计

各类样板房、别墅、售楼处会所设计、家庭装修效果图的设计。

（6）室外建筑效果图设计

各类商场、酒店、别墅效果图、办公大工厂的建筑装饰设计。

（7）园林建筑规划设计

各类公园、小区、办公、学校、商业街、企事业单位的规划设计及环境艺术设计。

（8）施工图制作

提供各类平面图、施工图制作。

（9）工装效果图制作

展示设计、办公室设计、酒店设计、餐厅设计等。

（10）室内装饰装潢设计

五星级酒店室内设计、商业办公空间、别墅家居装修设计、室内效果图建筑效果图制作。

4. 三维数字化设计技术在输变电工程中的应用[4]

国际上工程公司在 20 世纪 90 年代中期开始在电力工程中应用三维设计技术，欧美的大多数工程公司承接的项目基本上是工程总承包项目，所以普遍意识到施工过程中碰撞带来的成本损失和提高。

设计质量带来的效益。国内在火力发电厂设计领域三维设计技术应用起步于

20 世纪 90 年代，在电厂设计方面三维模型技术产生的初衷是辅助复杂主厂房设计，由于管道、电气、结构等多专业交叉，因此应用重点在于立体空间的分配，以减少碰撞的发生。

从发电领域的应用效果来看，三维设计能更准确地表达技术人员的设计意图，更有利于多专业配合，减少错漏碰，有助于设计方案的优化，使得设计人员和决策人员能全面准确地了解工程实际情况。同时发电领域所应用的三维设计软件多以数据库为基础，数字化程度高，信息流较为通畅。

虽然主流的二维设计结合相关的分析计算软件，基本可以解决输变电工程设计中的大多数技术问题，但是随着我国城市化进程的不断加快，土地资源日益紧缺，地下、半地下变电站将会增多，线路走廊变得日益紧张，对线路路径设计精细化要求越来越高；同时特高压交直流输电技术的广泛应用，对于设计技术提出了更高的要求，设计技术需要进行一次新的变革。

三维技术在机械、电子、航空、航天、建筑、核电、水力等领域得到广泛的应用，三维设计可以解决在同一区域内多专业同时设计的碰撞、模型统计等问题，三维模型作为图形三维设计是工程设计的必然标准不统一，存在着设计信息重复输入、信息利用率偏低等弊端。输变电工程设计相对而言设计周期短，精细化程度高，需要进行信息数字化重组，促进信息的传递，从而从根本上提高设计的质量与效率。

5. 断层三维模拟技术在采矿工程中的应用[5]

徐庄煤矿 7199 综放工作面区域内未有采掘活动，根据徐庄煤矿现有揭露的地质资料无法准确判断 F15—1 断层参数，致使 7199 综放工作面的倾向长度、材料道位置及其联络巷施工方案均无法确定。对揭露区域以外的区域利用断层的延展性、连续性进行预测及简单的"三维模拟"（受条件及技术限制为：采用多个二维平面复合模拟）技术更加准确地判定 F15—1 断层的真实产状，分析F15—1 断层的真实走向、倾向及倾角。

三、未来展望

三维技术随科学技术的发展会越来越重要，在许多工程中将会发挥更大的作用。

参考文献：

［1］丁锐，牛少儒．三维激光扫描技术在工程测量中的应用前景分析［J］．河南科技，2014（4）：18.

［2］徐进，钟芳梅．实物三维数字化技术在机械制造中的应用［J］．装备制

造技术，2013（11）：216－218.

　　［3］百度学术. 三维技术在图形工程中的应用［EB/OL］. xueshu. baidu. com.

　　［4］郗鑫，齐立忠，胡君慧. 三维数字化设计技术在输变电工程中的应用［J］. 电网与清洁能源，2012（11）：23－26.

　　［5］张召亭. 断层三维模拟技术在采矿工程中的应用［J］. 科技创新与应用，2012（10）：24.

型材模具的优化设计

张红云

摘 要：通过对型材断面形状、尺寸的分析，选择合理的型材模具结构类型，根据经验公式计算出模孔的尺寸，并对模孔进行合理布置。针对设计结果，采用模拟软件进行仿真实验，并对模拟结果进行分析，优化设计型材模具，可大大提高型材模具设计的成功率，也打破传统的反复试模、修模来验证模具设计的合理性，降低成本，缩短周期。

关键词：型材模具；优化设计；模拟仿真

型材的种类很多，其断面是非常复杂的，有各式各样。其特点是：绝大多数断面是不对称的；型材断面与锭坯断面不相似；型材断面各部位壁厚差大；多数带有各种形状的半空心、空心等[1]。按照 1984 年原冶金部标准化研究所的规定，型材按形状或用途共分为十大类，分别在 XC 后面用 1、2、3、4、5、6、7、8、9、0 表示。在 1—7 类型材中，根据型材的断面形状及特点，又分为若干个目。在同一目中，按型材形状又分为若干组，一个图形即为一组，依自然顺序排列[2]。光铝型材品种规格大约有 50000 种以上，根据型材的特点，选择合理的生产方式并优化设计型材模具尤为重要。

1 型材模具的设计

1.1 型材模具的结构类型[3-7]

型材挤压模可按模孔压缩区的断面形状、挤压产品的品种、模孔的数目、挤压方法及工艺特点、模具结构等不同形式进行分类。归纳起来可分为四大类：

（1）整体模

模子是由一块钢材加工制造成，广泛用于挤压普通型材、棒材、管材。

作者简介：张红云（1976—），女，安徽太湖人，铜陵学院机械工程学院讲师，硕士。

　　整体模按模孔压缩区的断面形状可分为 7 种（见图 1）：平模（a）、流线模（b）双锥模（c）、锥模（d）、平锥模（e）、碗形模（f）、平流线模（g），最常用的是平模和锥模。

　　平模：主要用于挤压铝合金型材、棒材，镍合金，铜合金管、棒材。

　　锥模：主要用于挤压铝合金管材，高温合金钨、钼、锆等。

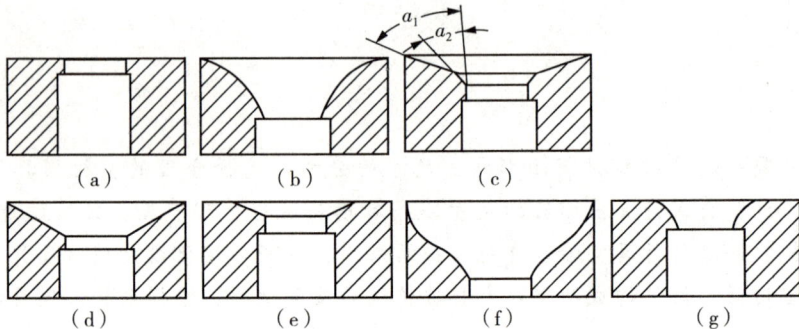

图 1　不同断面形状的模孔图

　　（2）拆卸模

　　由数块拼装组成一整体模子，用于生产阶段变断面型材。模子是由大头和小头两部分构成。而这两部分又分别由多块组装而成（见图 2）。

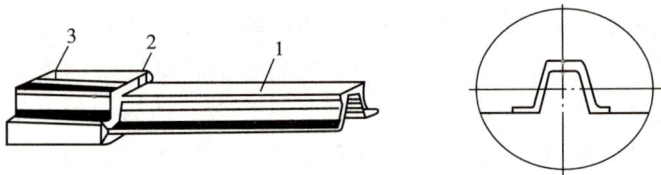

图 2　阶段变断面型材模构成示意图

　　（3）组合模

　　在单动式挤压机上，采用实心坯料生产内径较小的管材、各种形状的空心型材。

　　① 舌形模（见图 3）：所需的挤压力较小，焊合室中延伸系数大，主要用于挤压硬合金空心型材。但挤压残料较多。

　　② 平面分流模（见图 4）：平面分流模主要由上模、下模、定位销等组成。模芯布置在上模上，控制空心制品的内径，焊合室在下模上，多用于挤压变形抗力低、焊合性能好的软合金空心型材。残料较少。

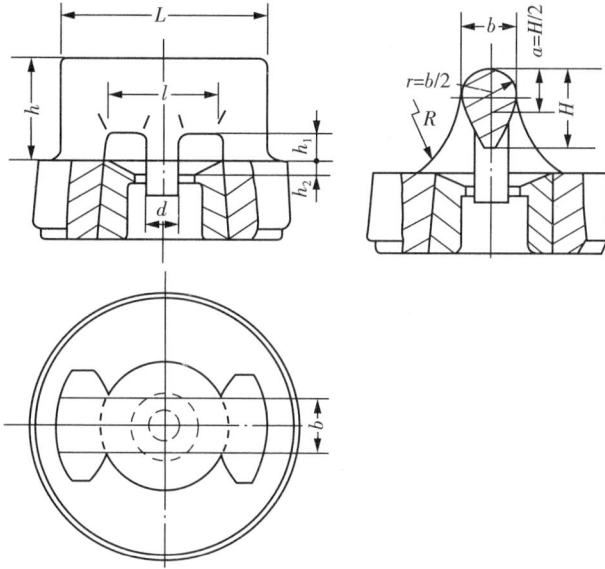

图 3

L——桥长；b——桥宽；h——桥高；H——桥厚；d——舌芯；

h_1——焊合区高度；r——桥面圆弧半径；R——桥根弧半径

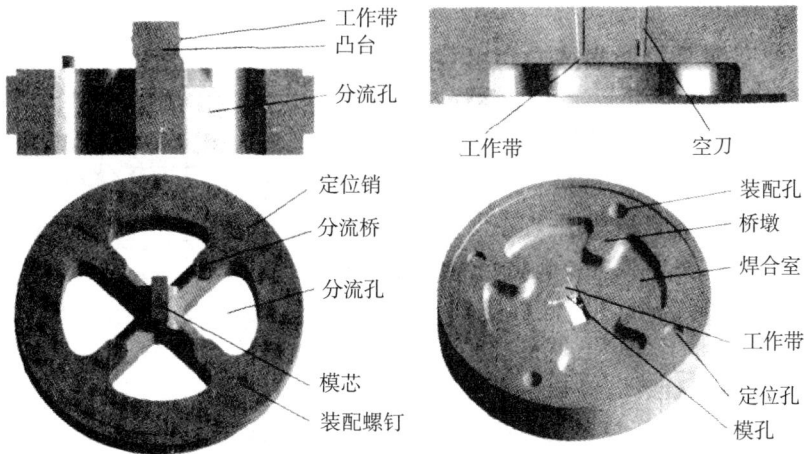

图 4 分流模结构

（4）专用模具

如水冷模、宽展模等等。

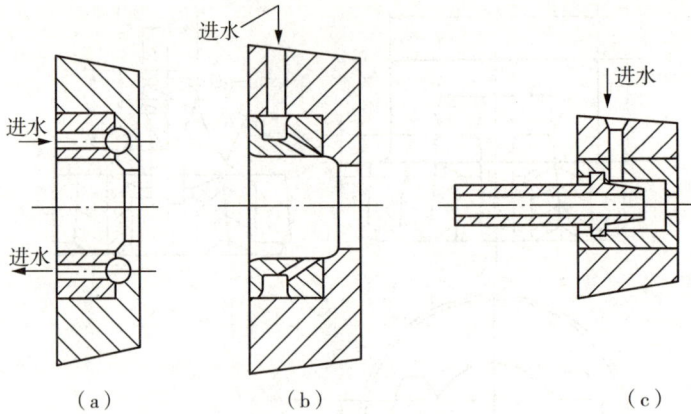

（a）　　　　　　　（b）　　　　　　　　　　　（c）

图5　水冷模结构示意图

1.2　型材模具的基本尺寸的设计

1.2.1　简单断面型材设计

（1）模角 α

平模：$\alpha = 90°$

锥模：当 $\alpha = 45 \sim 60°$ 时，挤压力最小；当 $\alpha = 45 \sim 50°$ 时，死区很小，甚至消失。挤压有色金属时通常选择 $\alpha = 60 \sim 65°$。

（2）工作带（定径带）长度 h_g

工作带长度的确定原则：

最小长度应按照挤压时能保证制品断面尺寸的稳定性和工作带的耐磨性来确定，一般最短 $1.5 \sim 3\text{mm}$。

最大长度应按照挤压时金属与工作带的最大有效接触长度来确定。铝合金一般最长不超过 $15 \sim 20\text{mm}$。

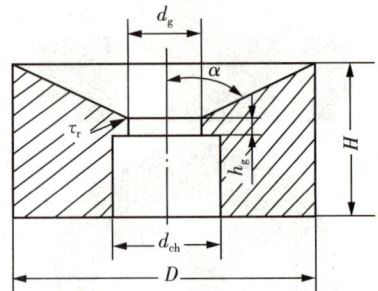

图6　模子的结构参数

通常情况下：挤压轻合金工作带长度为 $2 \sim 8\text{mm}$，常用 $3 \sim 5\text{mm}$，黄铜、紫铜、青铜为 $8 \sim 12\text{mm}$，白铜、镍合金为 $3 \sim 5\text{mm}$，稀有难熔金属为 $4 \sim 8\text{mm}$。

（3）工作带直径 d_g

确定时应考虑标准允许的尺寸偏差、冷却收缩量、模孔尺寸的变化、张力矫直时的断面收缩率等因素影响。

对于只考虑直径负偏差时：

$$d_g = (1+k) d_0$$

式中：d_0——棒材名义尺寸（六角棒为内切圆直径，方棒为边长），mm；

　　　k——综合系数。黄铜、镁合金、纯铝及软铝合金，取 $k = 1\% \sim 1.2\%$；
　　　　硬铝合金取 0.7%；紫铜取 1.5%；青铜取 1.7%。

（4）模孔出口端直径 d_{ch}

为防止划伤制品表面，一般 $d_{ch} = dg + 3 \sim 5mm$

（5）模孔入口圆角半径 r

r 的作用：防止低塑性合金挤压时产生表面裂纹；减轻金属在进入工作带时产生的非接触变形；减轻高温挤压时模子入口棱角被压秃而很快改变模孔尺寸[9]。

r 的取值与合金的强度、挤压温度及制品尺寸有关。

r 的取值：一般紫铜和黄铜取 $r = 2 \sim 5mm$，白铜取 $4 \sim 8mm$，蒙耐尔合金取 $10 \sim 15mm$，钢与钛合金取 $3 \sim 8mm$，镁合金取 $1 \sim 3mm$，铝合金取 $0.2 \sim 0.5mm$。

（6）模子外圆尺寸 D

模子的外圆直径主要是依据挤压机的吨位大小来确定，并考虑模具外形尺寸的系列化，便于更换、管理，一般在一台挤压机上最好只有 $1 \sim 2$ 种规格。

对于棒材、管材、外接圆直径不大的型材和排材，一般取 $D = (0.8 \sim 0.85) D_0$（D_0 挤压筒直径）。对外接圆直径较大、形状较复杂的型材及排材，取 $D = (1.15 \sim 1.3) D_0$。

（7）模子厚度尺寸 H

模子厚度主要根据强度要求及挤压机吨位来确定，一般 $H = 25 \sim 70mm$，万吨挤压机取 $90 \sim 110mm$。同样，模子厚度也应系列化。

1.2.2　复杂断面型材设计

（1）模角 α

平模：$\alpha = 90°$

（2）模孔的外形尺寸（宽、高）A

$$A = A_0 (1+k) + \Delta_1$$

式中：Δ_1——型材外形尺寸的正偏差；

　　　k——综合经验系数，铝合金取 $0.007 \sim 0.01$。

模孔的壁厚尺寸 S：

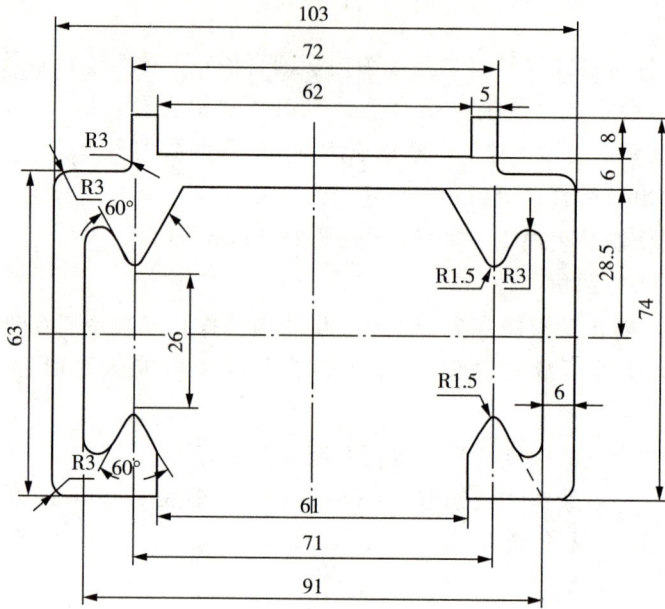

图 7　复杂断面型材

$$S = S_0 + \Delta2$$

式中：$\Delta2$——型材壁厚尺寸的正偏差。

（3）确定合理的工作带长度

型材断面壁厚不同，可采用不等长工作带。即：型材断面壁厚处的工作带长度大于壁薄处。也就是说比周长小的部分工作带长度大于比周长大的部分。不同壁厚处的模孔工作带长度可按下式确定：

$$h_{F1}/h_{F2} = s_{F1}/s_{F2}$$

或
$$h_{F1}/h_{F2} = z_{F2}/z_{F1}$$

式中：h_{F1}、h_{F2}——截面 F_1、F_2 处工作带度；

　　　s_{F1}、s_{F2}——截面 F_1、F_2 处型材壁厚；

　　　z_{F1}、z_{F2}——截面 F_1、F_2 处的比周长。

计算时，先根据经验给出型材壁最薄处的工作带长度 h_{F1}，再计算壁厚处的 h_{F2} 等。

模孔工作带的最小长度见表1。

表 1   模孔工作带最小长度值

挤压机能力/MN	125	50	35	16～20	6～12
模孔工作带最小长度	5～10	4～8	3～6	2.5～5	1.5～3
模孔空刀尺寸/mm	3	2.5	2	1.5～2	0.5～1.5

同心圆规则：

a. 先以整个型材断面上金属最难流出处为基准点，该处的工作带长度根据挤压机能力选取或取该处型材壁厚的 1.5～2 倍（$SF_1 \leqslant 4mm$）。

b. 与基准点相邻区段的工作带长度可为基准点的工作带长度加上 1mm。

c. 当型材壁厚相同时，与模子中心距离相等处其工作带长度相同；由模子中心起，每相距 10mm（同心圆半径）工作带长度的增减数值可按表 1 确定。

d. 当型材壁厚不相同时，模孔工作带长度的确定除应遵循上述规则外，还需依靠设计者的经验进行恰当确定。

依据上述计算，结合同心圆规则，设计型材模孔各部位工作带长度（见图 8 和图 9）。

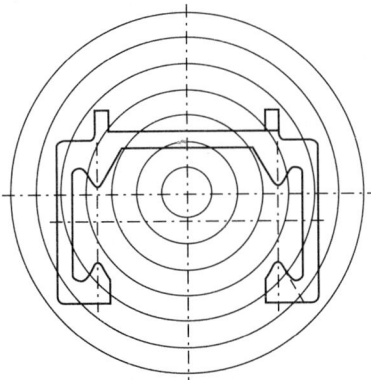

图 8   模孔布置的同心圆规   图 9   型材模孔各部位工作带长度

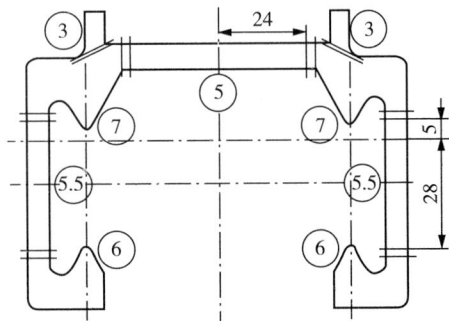

2   型材模孔在模子平面上的布置及仿真模拟

2.1   单模孔挤压时的模孔布置

（1）具有两个以上对称轴的型材，型材的重心布置在模子中心（见图 10）。

（2）对于具有一个对称轴或非对称的型材且壁厚差别很大的型材，将型材重心相对模子中心偏移一定的距离，且将金属不易流动的壁薄部位靠近模子中心

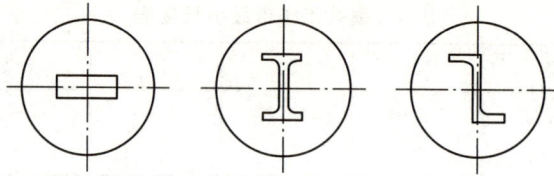

图 10　两个以上对称轴的型材模孔布置示意图

（见图 11），尽量使金属在变形时的单位静压力相等[9]。

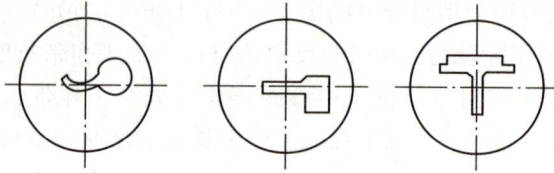

图 11　一个对称轴或非对称且壁厚差别很大的型材模孔布置示意图

（3）对于具有一个对称轴或非对称的型材且壁厚差不太大，但断面较复杂的型材，将型材断面外接圆的圆心布置在模子中心。对于挤压比较大，金属流动困难或流动很不均匀的某些型材，可采用平衡模孔或增加工艺余量的方法[8]。

图 12　一个对称轴或非对称的型材且壁厚差不太大的型材模孔布置示意图

2.2　多孔模挤压时的模孔布置

对于断面尺寸小，如挤压直径较小的棒材、简单断面的小规格型材、线坯等时，为了提高挤压机的生产效率，避免挤压比过大引起挤压压力过高或挤不动，或因受料台长度的限制，造成锭坯过短、成品率太低等，或轴对称性很差的小断面型材，可以采用多孔模排列。

（1）挤压多孔型材时，模孔布置必须遵守中心对称原则，可以不遵守轴对称原则。

（2）模孔布置在距模子中心一定距离同心圆上，各孔之间的距离相等且壁薄的部分靠近模子中心。

图 13　模孔布置图

同心圆直径 D 与挤压筒直径 D_0 有如下关系：

$$D = D_0 / [a - 0.1(n-2)]$$

n 为模孔数（$n \geqslant 2$）。

式中 a 为经验系数，一般为 $2.5 \sim 2.8$，通常取 2.6.

（3）孔与孔间、模孔边部距筒壁间应保持一定的距离。模孔与挤压筒壁间的最小距离见表 2。

表 2　模孔与挤压筒壁间的最小距离

挤压筒直径	模子直径	压型嘴出口径	孔—边最小距离	孔—孔最小距离	总计
500	360	400	500	50	150
420	360，265	400	500	50	150
360	300，265	400	500	50	150
300	300，265	400	500	50	150
200	200	155	25	24	74
170	200	155	25	24	74
130	148	110	15	20	50
115	148	110	15	20	50
95	148	110	15	20	50
85	148	110	15	20	50

2.3　铜材的仿真结果分析

采用 DEFORM 软件对铜扁线和铜棒材进行连续挤压过程模拟，并分析模拟结果，优化设计型材模具[9]。

2.3.1　单模孔布置铜扁线的仿真结果分析[10]

由图 14 可知，当模孔布置不在模子中心，出现流速不均，中心流速明显高于边部，挤出铜扁线模子中心部分长，最终形成弯曲，甚至扭拧；当模孔布置在模子中心时，金属流速不均明显改善。

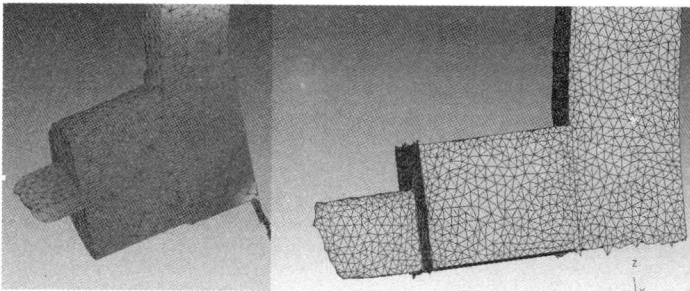

（a）模孔在模子在中　　　　　　（b）模孔不在模子中

图 14　单模孔布置模拟效果图

2.3.2　多模孔布置铜棒材的仿真结果分析

对于经验常数 a 的选择会直接影响到制品出模孔的弯曲方向，因而可先通过常规模拟确定常数 a 的大致范围后再进行连续挤压以便能进一步优化。对不同 a 值在不同模孔中的取值，挤压制品的形状如图 15。对于双模孔棒材挤压，当 a = 2.6，挤出合格棒材。在三模孔中，a = 2.6 得出的棒材往中心弯曲，说明外侧金属流动快，中间金属流动慢，说明 a 值应该变小。当 a = 2.55 时挤出合格棒材。当挤压四模孔铜棒材时，可以明显看出，在 a = 2.52 时，四根铜棒向中心弯曲，而当 a = 2.51 时四根铜棒向外侧弯曲，由此可以判定，若要使四根铜棒间保持基本平行，则 a 的取值应介于 2.51 和 2.52 之间，暂时将 a 值定为 2.515，挤出合格棒材。对于此次模拟，由于采用了平模进行，与上述所采用的 60°锥模可能有一定的不同，如有不妥再在连续挤压模拟中进行修正。

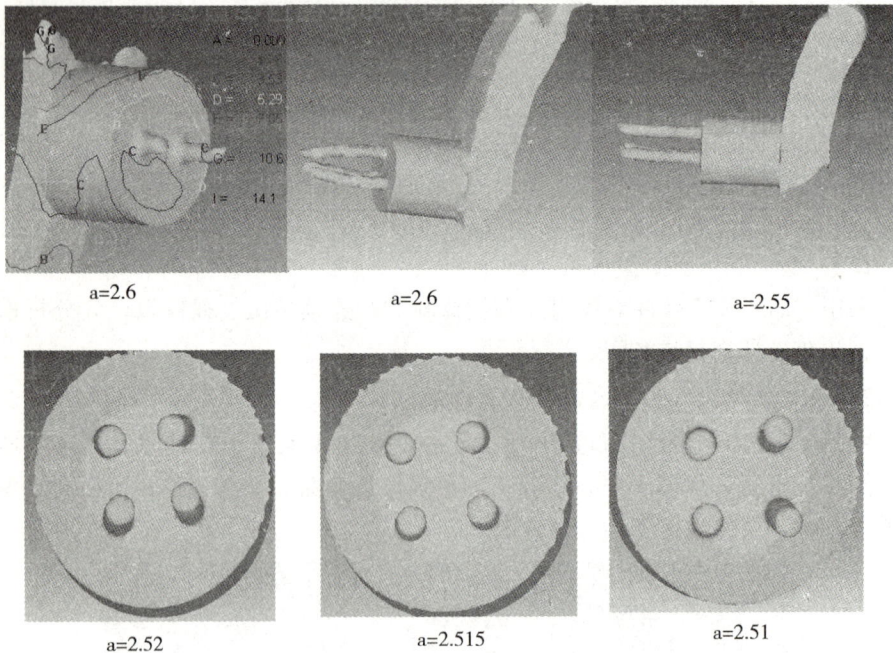

a=2.6　　　　　　a=2.6　　　　　　a=2.55

a=2.52　　　　　　a=2.515　　　　　　a=2.51

图 15　多模孔布置模拟效果图

3　型材模具结构的优化设计实例

3.1　型材截面和初始模具

在建筑材料，经常出现如图 16 所示的幕墙铝型材的截面，其型材凸模的三维模型如图 17 所示。

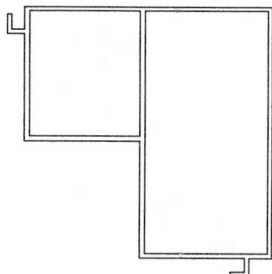

图 16　幕墙铝型材的截面

图 17　型材凸模的三维模型

（1）流速仿真模拟结果

分流孔不同位置流速截面分布及型材流速分布如图 18 所示。

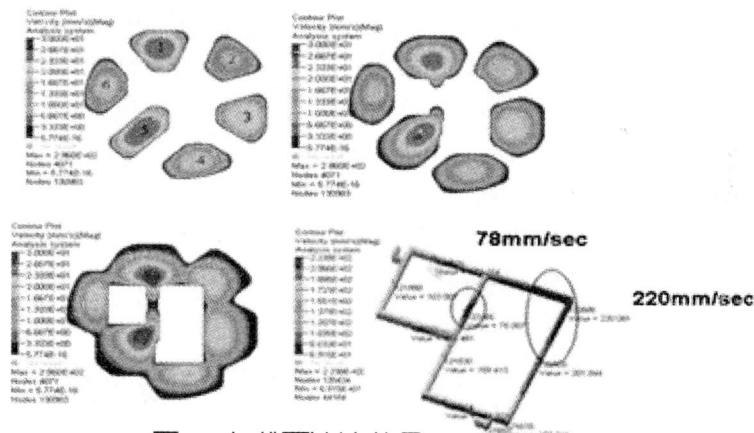

图 18　各截面流速的结果

从分流孔流速截面分布表示图可以知道，分流孔 1 和 5 流速最快，直到铝合金流动到焊合室位置时，其流速还是过快。而其余四个分流孔的流速在截面分布表示图中都比较均匀；在仿真模拟系统中型材在焊合过程，颜色为蓝色的表示流速慢，红色的则为流速快。其中型材的中间筋条焊合速度太慢（红色框选处78mm/sec）。焊合速度最快为型材的蓝色框选处 220mm/sec。其余部位平均流速：170mm/sec。型材流速的不均匀会对型材的成形产生一定的影响，甚至影响模具的使用寿命。

（2）模具应力仿真结果

初始模具应力分布如图 19、20 所示。

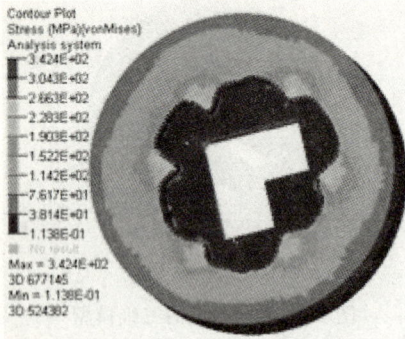

图 19　凹模应力分析图

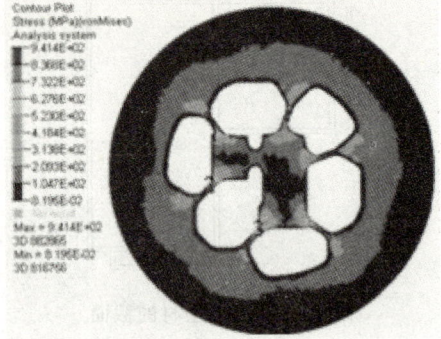

图 20　凸模应力分析图

图 20 中的数据表明，凸模桥位 1、2、3 所受最大应力为 941Mpa，超过了模具的屈服强度，这几个桥位有裂桥的危险；而从凹模最大应力来看，模具的强度是足够。计算输出文件的数据中稳定挤压力为 1960T。而所使用的挤压机吨位：2750T，挤压相对比较容易进行。

（3）根据仿真模拟结果优化设计方案

鉴于仿真结果中中间筋条部分流速太慢，使得模具受力不均，甚至影响到型材在生产时的成材率，模具设计工程师根据仿真模拟结果，对模具原有设计结构进行了优化调整。主要修改思路是修改中间筋条部分引料宽度（红色框选处），增加此处的供料，提高流速，如图 21 所示。

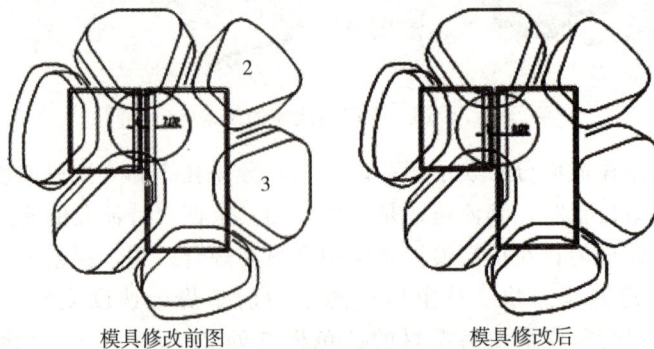

模具修改前图　　　　　　　　模具修改后

图 21　模具修改方案示意图

（4）优化设计方案后仿真模拟结果

模具修改之后的模拟结果，如图 22、23 所示。

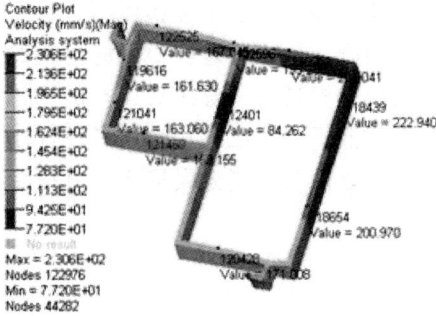

图 22　型材分布流速

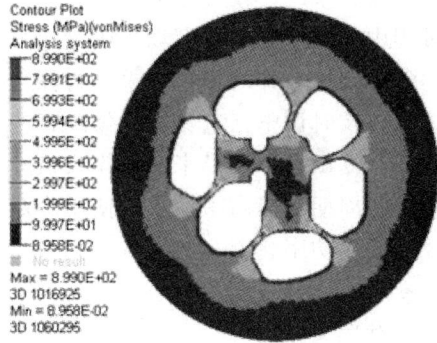

图 23　凸模应力分布

（5）结合仿真模拟和进行实际试模修模

根据仿真模拟数据相结合的原则修改模具结构（见图 24）。对流速较快的地方（角位），进行烧焊，即在凸模角位舌头处烧焊增加阻流台，降低此角位的流速；把另外两个桥位进行打尖，减少因桥位在该区域的死区，以加快这两个地方的流速；使型材的整体流速更趋向于均匀，获得合格型材（见图 25）。

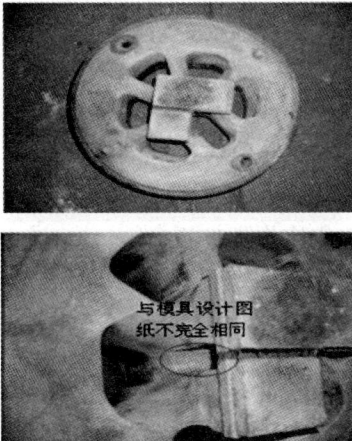

图 24　型材凸模实物图

图 25　修模后的试模型材

模具设计的实质，是通过模腔对金属的流动进行控制，以获得出口速度均匀的型材[11]。在上例型材的模具设计中，分流孔的布局对金属流动存在一定的影响，甚至影响模具的使用寿命，而通过数值模拟，获得了金属流动过程较直观的反映，使设计人员能更好地完善设计思路。

通过采用对设计参数的设置进行仿真模拟实验，得到有限元模拟金属型材的过程中金属流动的速度场、等效应力场、等效应变场等，揭示了金属成型过程中的流动规律，并对模拟结果进行深入分析，由此预测金属成型过程中可能出现的缺陷，及时调整工艺参数，修改工艺设计，大大减少模具的返修次数；打破了传统的反复试模，修模来验证模具设计的合理性，降低了生产成本，缩短了设计制造模具周期，提高了模具的使用寿命。优化设计型材模具，可大大提高型材模具设计的成功率。

参考文献：

[1] 谢建新，刘静安. 金属挤压的理论与技术 [M]. 北京：冶金工业出版社，2001.

[2] 王祝堂，田荣璋. 铝合金及其加工手册（修订版）[M]. 长沙：中南大学出版社，2002.

[3] 樊刚. 热挤压模具设计与制造基础 [M]. 重庆：重庆大学出版社，2001.

[4] 张红云，等. 铜扁线连续挤压气泡缺陷的研究 [J]. 长春工程学院学报，2010，（2）.

[5] 张红云. 连续挤压工艺研究 [M]. 合肥：中国科学技术大学出版社，2006.

[6] 张红云. 铜扁线连续挤压力的研究 [J]. 新乡学院学报，2014，（6）.

[7] 张红云，等. 铜扁线连续挤压缺陷分析及工模具的优化 [J]. 热加工工艺，2010，（12）.

[8] 潘健怡. 铝合金型材挤压的数值模拟及模具结构优化研究 [D]. 广州：华南理工大学，2010.

变电站综合自动化系统的设计

谢 东

摘 要：文章首先介绍了变电站综合自动化系统的主要功能、硬件结构及其当前在国内外的发展概况，在此基础上，详细阐述了变电站综合自动化系统的重要子系统，即微机继电保护系统的设计；介绍了微机继电保护所采用的微机算法、保护判据及 CAN 总线的通信协议，并对微机继电保护系统中的交流变换模块、保护 CPU 模块、电源模块等硬件模块和主程序、软件定时器中断模块、键处理模块、显示模块和数据通信模块等软件模块的设计方法作了具体的分析。

关键词：变电站；综合自动化；继电保护；保护判据；CAN 通信

变电站综合自动化是将变电站中测量仪表、信号系统、继电保护、自动装置等二次设备经过功能的组合和优化设计，利用先进的计算机技术、现代电子技术、通信技术和信号处理技术，实现对全变电站的主要设备和输、配电线路的自动监视、测量、自动控制和微机保护，以及与调度通信等综合性的自动化功能。

变电站综合自动化系统是利用多台微型计算机和大规模集成电路组成的自动化系统，代替常规的测量和监视仪表，代替常规控制屏、中央信号系统和远动屏，用微机保护代替常规的继电保护，改变常规的继电保护装置不能与外界通信的缺陷，因此变电站综合自动化是自动化技术、计算机技术和通信技术等高科技在变电站领域的综合应用。

变电站综合自动化不仅提高了变电站系统自身的自动化水平和管理水平，取得了明显的经济效益和社会效益，而且推进配电网自动化和调度自动化的进展和技术水平的提高，变电站综合自动化是社会经济和技术发展的必然趋势。为了更好地利用变电站综合自动化技术，本文对变电站综合自动化系统的设计进行了详细阐述。

1 变电站综合自动化系统概述

1.1 变电站综合自动化系统的主要功能

变电站综合自动化系统的功能主要有继电保护功能、监视控制功能、自动控

作者简介：谢东（1968—），男，湖南长沙人，铜陵学院电气工程学院副教授，博士。

制装置的功能、远动及数据通信功能等。其中，监视控制功能包括以下几个方面：实时数据采集与处理功能、运行监控功能、故障录波与测距功能、事故顺序记录与事故追忆功能、控制及安全操作闭锁功能、数据处理与记录功能、人机联系功能、打印功能、运行的技术管理功能、谐波的分析和监视功能、自诊断、自恢复和自动切换功能。

1.2　变电站综合自动化系统的硬件结构

变电站综合自动化系统主要有两种结构：集中式结构和分层分布式结构。

（1）集中式变电站综合自动化系统

集中式结构的变电站综合自动化系统，采用不同档次的计算机，扩展其外围接口电路，集中采集变电站的模拟量、开关量和数字量等信息，集中进行计算和处理，分别完成微机监控、微机保护和一些自动控制等功能。集中式综合自动化系统的优点是体积小、价格低。其缺点是：计算机的功能太集中，一台计算机出现故障，会影响整个系统的正常运行；软件复杂，修改工作量大，系统的调试工作比较麻烦；组态不够灵活，不利于推广。集中式变电站综合自动化系统结构框图如图 1 所示。

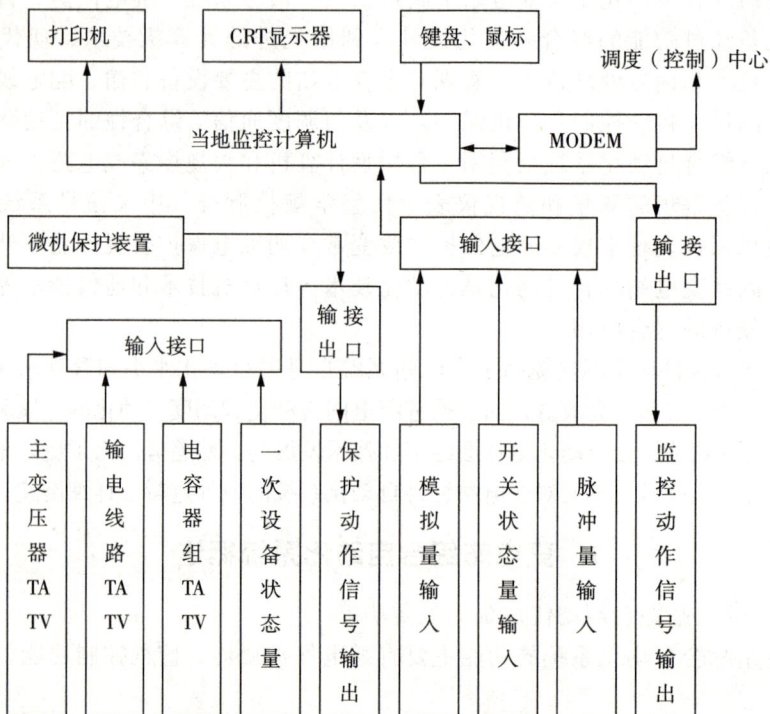

图 1　集中式变电站综合自动化系统结构示意图

（2）分层分布式变电站综合自动化系统

分层分布式变电站综合自动化系统结构如图 2 所示。

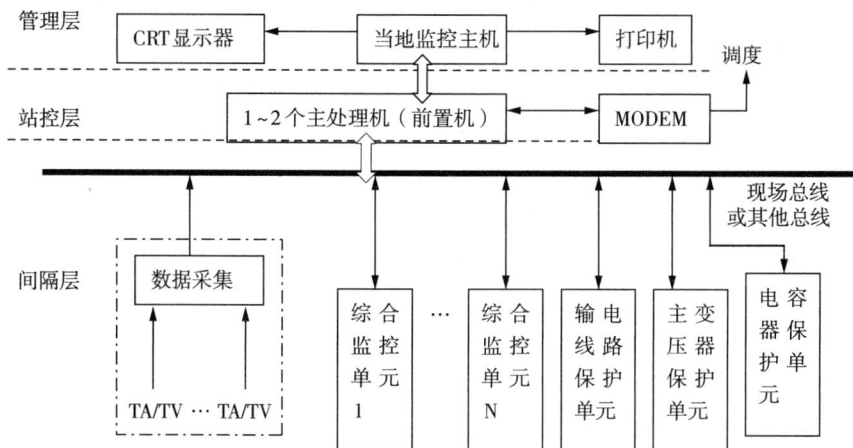

图 2 变电站综合自动化系统分层结构示意图

分层分布式变电站综合自动化系统将测量、控制和管理功能分散由多个微机来完成，提高了系统的可靠性，其主要优点是：继电保护相对独立，保护的启动、测量和逻辑功能独立实现，不依赖通信网络交换信息。保护装置通过通信网络与保护管理机传输的只是动作信息或记录数据；采用模块化结构，系统可靠性提高，各 I/O 单元彼此都相互独立，任一模块的故障只影响局部功能，不会影响系统其他部分的正常工作；采用数字信号传输信息，系统抗干扰能力提高；各部分装置具有一定的数据处理能力，大大减轻了当地监控主机的负担；系统扩充非常灵活，维护管理很方便。

2 变电站综合自动化的发展概况

20 世纪 70 年代以来，世界上各主要工业化国家，如美国、日本、英国、法国、德国和瑞典等都开展了将变电站监控和保护综合在一起的研究，也就是国内统称的变电站综合自动化。

最早的研究工作是用微机型远动装置代替布线逻辑型远动装置。1975 年日本开始研究用于配电变电站的数字控制系统（SDCS－1），1980 年开始商品化。SDCS－1 按功能分为三个子系统：继电保护系统、测量系统和控制子系统。

20 世纪 80 年代以后，研究变电站综合自动化系统的国家和公司越来越多，如德国西门子公司研制生产的 LAS678 系统；ABB 公司的 SCS100、SCS200 变电站综合自动化系统。在日本，关西电力公司与三菱电气公司共同研制的 SDS2

保护和控制自动化系统现已交付商业应用。此外，日本东芝和日立公司、德国AEG 公司、美国通用电气公司（GE）和西屋电气公司（westing house）、法国阿尔斯通公司（ALSTOM）等均已开发和生产了变电站综合自动化系统。由于国外的研究工作扩展得较早，其技术水平较高，产品也已日趋成熟。

　　我国变电站综合自动化的研究始于 20 世纪 80 年代中期，1987 年，清华大学电机工程系研制成功第一套符合国情的变电站综合自动化系统，在山东威海望岛变电站成功地投入运行。80 年代后期，投入变电站综合自动化系统研究的高等院校、研究单位和生产厂家逐步增加。90 年代，变电站综合自动化已成为热门话题，研究单位和产品如雨后春笋般蓬勃发展。目前我国规模较大的开发企业有南瑞公司、四方公司等。现阶段的主要产品有：国电南瑞科技股份有限公司的DISA－2 型分散式变电站综合自动化系统、北京四方公司的 CSC2000 变电站综合自动化系统、河南思达公司的 PWS 型综合自动化系统等。

　　变电站综合自动化技术的发展方向：

（1）从集中控制、功能分散型向分散（分层）网络型发展；

（2）从专用设备到平台；

（3）从传统控制向综合智能方向发展；

（4）从室内型向户外型演变；

（5）从单纯的屏幕数据监视到多媒体监视；

（6）纵向和横向综合。

3　变电站综合自动化系统中微机继电保护子系统的设计

　　电力系统的发展对继电保护不断提出新的要求。微机继电保护的产生和发展从 20 世纪 60 年代开始，到了 20 世纪 90 年代，微处理器、计算机网络的重大发展不仅仅使微机继电保护系统在硬件上集成度更高、运算速度更快、存储容量更大，而且在通信、结构、可靠性等整体性能上发生了质的变化，保护越来越向原理的智能化、装置的信息化方向发展。

3.1　微机继电保护系统中的算法、保护判据及通信协议的研究

3.1.1　微机继电保护系统中算法

　　本文所述微机继电保护系统中，模拟量采样值的计算采用的是傅氏算法。傅氏算法采用某一正交函数组作为样品函数，将这一正交样品函数组与待分析的时变函数进行相应的积分变换，以求出与样品函数频率相同分量的实部和虚部的系数，进而可以求出待分析的时变函数中该频率的谐波分量的模值和相位。在下列积分方程中：

$$U = \frac{1}{T} \int_{-\frac{T}{2}}^{\frac{T}{2}} u(t) y(t) \mathrm{d}t \tag{1}$$

式中：$u(t)$—— 待分析的时变函数

$\quad\quad y(t)$—— 选定的正交样品函数

由正交函数的定义，对于可分解为一个级数且级数各项属于同一正交函数的 $u(t)$，则上述积分结果为 $u(t)$ 与样品函数相同的分量的模值。取 $y(t) = \cos n\omega t$ 时，可得 n 次倍频分量的实部的模值 U_{Rn} 为：

$$U_{Rn} = \frac{2}{T} \int_{-\frac{T}{2}}^{\frac{T}{2}} u(t) \cos n\omega t \, \mathrm{d}t \tag{2}$$

取 $y(t) = \sin n\omega t$，可得 n 次倍频分量的虚部的模值 U_{In} 为：

$$U_{In} = \frac{2}{T} \int_{-\frac{T}{2}}^{\frac{T}{2}} u(t) \sin n\omega t \, \mathrm{d}t \tag{3}$$

由此可得模值 U_n：

$$U_n = \sqrt{U_{Rn}^2 + U_{In}^2} \tag{4}$$

并得到样品函数为基准的 U_n 的相位角 θ：

$$\theta = \mathrm{arctg} \frac{U_{In}}{U_{Rn}} \tag{5}$$

式（2）～（5）就是傅氏级数相应项的计算式，在计算机上实现傅氏算法时，是对离散的采样值进行运算，需要对所述各式进行离散化处理。

3.1.2 微机继电保护的保护方式及其判据

本微机保护系统主要用于企业内部电网电力线路保护，为满足继电保护的选择性、速动性、灵敏性和可靠性的要求，选择了三种保护方式对电力线路进行保护，这三种方式是限时电流速断保护、定时限过流保护和零序过流保护，另外系统还提供了自动重合闸功能，以提高电力系统的供电可靠性。保护判据介绍如下：

（1）限时电流速断保护

线路综合保护中的电流速断保护是在供电线路出现严重故障时动作于跳闸的

保护。电流速断保护是以三相电流中最大相电流为判断依据的。其判据如下：

$$\begin{cases} I_{\text{Max}} \geqslant I_{sdz} \\ t \geqslant t_{sdz} \end{cases}$$

其中：$I_{\text{Max}} = Max(I_a, I_b, I_c)$；

     I_{sdz}—— 电流速断保护动作定值；

     t_{sdz}—— 电流速断保护动作时限；

     t—— 动作延时。

（2）定时限过流保护

定时限过流保护是传统的三段式保护的构成部分，它是在所保护的元件过载时动作的。其保护判据如下：

$$\begin{cases} I_{\text{Max}} \geqslant I_{dz} \\ t \geqslant t_{dz} \end{cases}$$

其中：$I_{\text{Max}} = Max(I_a, I_b, I_c)$；

     I_{dz}—— 定时限过流保护动作定值；

     t_{dz}—— 定时限过流保护动作时限；

     t—— 动作延时。

（3）零序过流保护

为了防止在负载电流大的情况下较大的零序不平衡电流引起本保护误动作而负载电流小的情况下保护拒动，采用了如下的动作判据：

$$\begin{cases} I_0 \geqslant I_{0dz} & \text{当 } I_{\text{Max}} \leqslant 1.05 I_e \\ I_0 \geqslant \left[1 + \dfrac{\dfrac{I_{\text{Max}}}{Ie} - 1.05}{4} \right] I_{0dz} & \text{当 } I_{\text{Max}} > 1.05 I_e \\ t_0 \geqslant t_{0dz} \end{cases}$$

其中：I_{0dz}，t_{0dz} 分别是动作定值和动作时限；

     I_0，t_0 分别是实际零序电流和动作时延；

     I_{Max}，I_e 分别是实测电流的最大值和变压器的额定电流。

由上述判据表达式，当 $I_{Max} \leqslant 1.05 I_e$ 即小负载电流的情况下，采用 $I_0 \geqslant I_{0dz}$ 作为判据，而当 $I_{Max} \geqslant 1.05 I_e$ 即大负载电流时，采用下面的判据以提高保护动作值，可防止保护误动作。

3.1.3 微机继电保护系统的 CAN 总线通信协议

CAN 是控制局域网络（Control Area Network）的英文缩写，它是一种有效支持分布式控制和实时控制的串行通信网络。本文采用 CAN 总线来实现微机继电保护系统与上位计算机数据通信，通信协议规定如下。

本系统与上位机之间的通信报文采用扩展帧格式，即报文的标识符为 ID. 28～ID. 0，一共 29 位。各位标识符的含义规定如下：

1. ID. 28～ID. 25 为数据类型编码，数据类型编码如表 1 所列。

2. ID. 24～ID. 21 为下位机设备编码，下位机的设备编码如表 2 所列。

3. ID. 20～ID. 17 为设备序号，设备序号从 0 开始。

4. ID. 16～ID. 5 为对应信息的帧号。

5. ID. 4～ID. 0 为事件记录或保护定值整定的类型号，事件记录类型号如表 3 所列。保护定值整定的类型号如表 4 所示。

表 1 数据类型编码

ID. 28～ID. 25	上　行	下　行
0	事件记录	事件记录确认/拒收
1	故障录波	录波请求
2	遥控返校	遥控选择
3	遥控执行确认	遥控执行
4	保留	遥控撤销
5	遥调返校	遥调选择
6	遥调执行确认	遥调执行
7	保留	遥调撤销
8	保护定值确认	保护定值
9	送保护定值	取保护定值
10	常规数据	常规数据请求

表 2 设备编码

设备类型	电源	所用电源	电容	母联	贯通	联络	调压	馈出 1	馈出 2
编码	0	1	2	3	4	5	6	7	8

表3　事件记录类型号

事件类型	序　号	事件类型	序　　号
速断动作	0	后加速动作	7
过流动作	1	反时限过流	8
过压动作	2	负序过流	9
低压动作	3	备自投动作	10
零序报警	4	备自投失败	11
遥信变位	5	零序电压	12
重合闸动作	6	PT断线	13

表4　保护定值整定的类型号

整定类型	返回系数、额定电流	速断	过流	过压	低压	零序
序号	0	1	2	3	4	5
整定类型	反时限	负序		重合闸/备自投	保护投退字	
序号	6	7		8	9	
整定类型	下行保护定值/应答	保护整定命令撤销		保护整定结束确认		
序号	29	30		31（1FH）		

3.2　微机继电保护系统中的硬件设计

本系统硬件是采用模块化设计的嵌入式系统，从结构上可分为交流变换模块、保护CPU模块、电源模块和人机接口模块，硬件结构如图3所示。

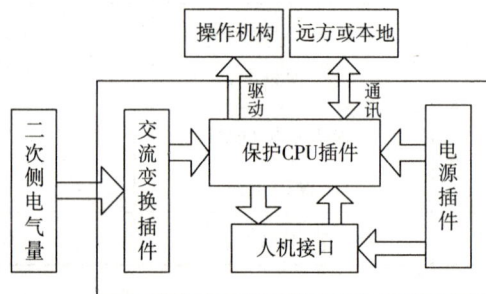

图3　硬件结构框图

3.2.1　交流变换模块

由于从电力系统二次设备送到本系统的电压、电流信号仍然过大，需要二次互感器将输进来的电压和电流信号变换到本系统所允许的范围之内，同时也起到了电气隔离作用。本系统交流变换电路最多可输入 6 路电压信号、6 路电流信号共 12 路模拟信号，实际检测的是：三相电压 u_a、u_b、u_c，保护电流 bi_a、bi_c，测量电流 ci_a、ci_c 和零序电流 i_0，共 8 路模拟输入信号。

3.2.2 保护 CPU 模块

保护 CPU 模块是本系统的核心部分，它的功能是将检测出的实际线路电流信号与保护动作定值进行比较，再根据保护判据来决定保护系统的动作行为，对电力线路实施保护。另外，CPU 通过控制键盘、显示器的操作实现人机交互。图 4 是保护 CPU 模块的电气原理框图，其各组成部分的工作原理介绍如下：

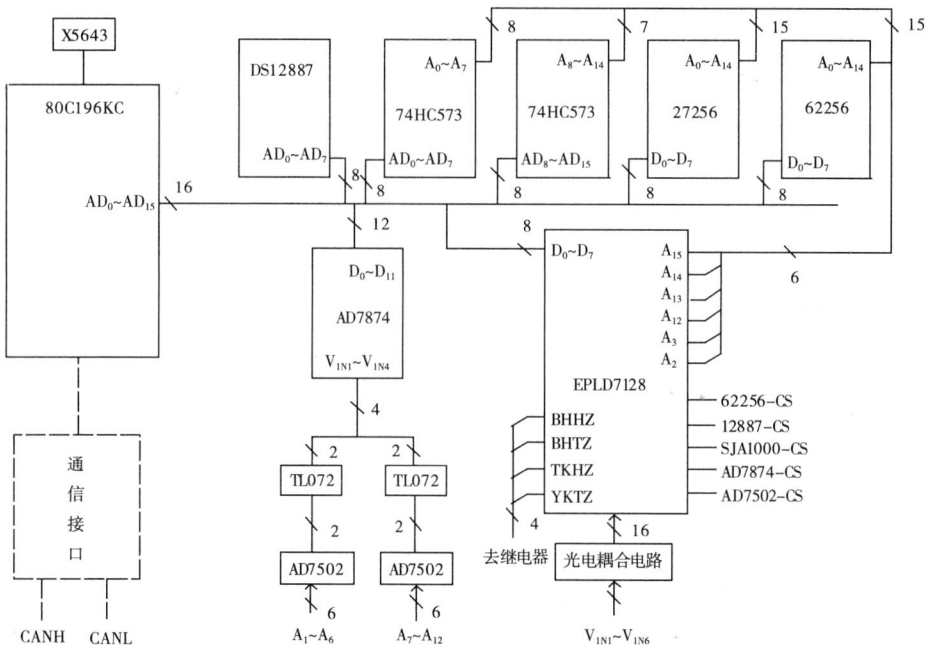

图 4 保护 CPU 模块原理框图

3.2.2.1 模拟量输入与转换电路

模拟量输入与转换电路将交流变换模块送来的模拟信号送到两片双四选一多路转换开关 AD7502 的输入端，AD7502 根据其 A_1、A_0 两脚信号的变化，从 8 路模拟输入信号中各选择两路模拟信号，由其两个输出脚输出去。由 AD7502 选择的模拟输入信号经 TL072 送到 A/D 转换芯片 AD7874 的四个输入端 $V_{IN1}\sim V_{IN4}$ 进行数模转换，转换后的结果被 CPU 读取。

3.2.2.2 CPU 与存储器电路

本系统采用的 CPU 是 Intel 公司生产的 80C196KC，它是继 8096 之后推出的 16 位嵌入式微控制器。CPU 外部的存储器电路采用的芯片是 27256 和 62256。27256 是 32K 字节 EPROM，用于存放程序指令、汉字点阵库以及傅氏计算的正弦和余弦值表。62256 是 32K 字节的 RAM，它主要用于存放以下数据：模拟量的采样值及其傅氏计算后的实部、虚部值；口令、系数、定值；故障录波数据以及其他一些临时数据。E^2PROM 串行数据存取电路采用的芯片是 X5643，它把常用的三种功能：看门狗定时器、电压监控和 E^2PROM 组合在单个封装里，从而降低了系统成本并减小了电路板面积。时钟电路采用的芯片是 DS12887，它可完成日期、时间、星期的输出，以及日期、时间的设置和调整。

3.2.2.3　可编程逻辑器件

为了简化电路以提高系统的可靠性和抗干扰能力，设计时采用了可编程逻辑器件 EPLD。本系统选用的 EPLD 芯片是 ALTERA 公司生产的 EPM7128SLC84。该芯片有 84 个通用 I/O 口，需要用 MAXPLUS II 软件对其编程后方可使用。本系统中 EPLD 的作用包括：

（1）芯片地址译码；

（2）输出控制信号（输出 LCD 显示器的使能信号 XS－E，启动 A/D 转换和选择模拟量输入通道，产生操作控制信号，输出 LED 控制信号）；

（3）开关量的输入接口。

3.2.2.4　开关量输入电路

本系统设计的硬件电路最多可输入 16 路开关量信号。这 16 路开关信号 K_{IN1}～K_{IN16} 首先送到保护 CPU 模块的开关量输入电路，在这里进行光耦隔离后，再送到 EPLD 内开关量输入接口，最后这 16 路开关信号分两次读入 CPU 中。

3.2.2.5　CAN 通信接口

本系统 CAN 通信的核心部件是通信控制器 SJA1000，它是一种独立的 CAN 控制器，支持 PeliCAN 模式，采用具有很多新特性的 CAN2.0B 协议。SJA1000 的模块结构如图 5 的中间方框内部所示，它处于主控制器（即 CPU）和 CAN 现场总线之间，作为通信接口对数据通信进行控制。

3.2.3　电源模块和人机接口模块

电源模块除用来产生系统所需的＋5V、±24V、±15V 电源电压外，控制断路器通、断的操作控制电路也安置在系统的电源插件板上。由 EPLD 输出的 4 路断路器通、断的控制信号先送到电源插件板上光耦器件 TLP521－4 的 4 个输入端，TLP521－4 的输出端分别连到 4 个出口控制继电器 J_1～J_4 的线圈上，以控制保护跳闸/合闸或遥控跳闸/合闸操作。

人机接口模块设置在系统前面板上，主要包括键盘、LCD 显示器和 LED 指示灯，用于实现人机交互。

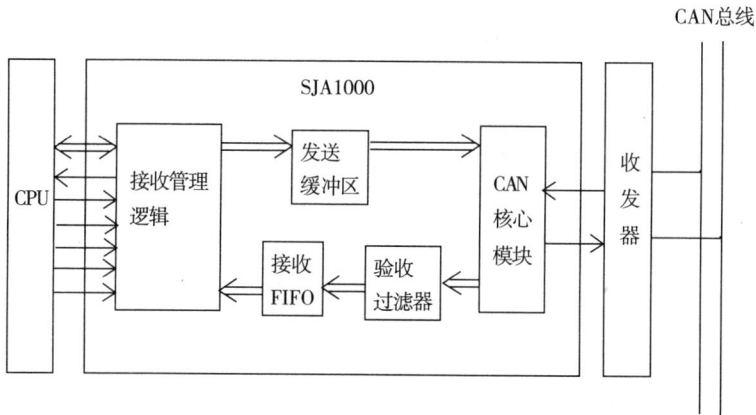

图 5　SJA1000 的模块结构图

3.3　微机继电保护系统中的软件设计

本系统软件采用模块化设计，共分为五大模块：主程序（含系统初始化）、软件定时器中断模块、键处理模块、显示模块和数据通信模块。

主程序实现的功能有：①对口令、系数、定值进行自检；②遥控遥调应答超时处理；③4 个控制继电器自动复位处理；④报文接收与发送处理；⑤键扫描及页面显示。主程序循环执行，其流程图如图 6 所示。

软件定时器中断模块主要实现电流速断保护、定时限过流保护和零序保护三种保护，这三种保护的程序编制过程基本相同，步骤如下：

①判定该种保护是否投入，投入则执行该种保护；②判定该种保护是否已启动，以决定是将保护动作定值还是动作返回值送到 CPU 的 AX AXH 两个字中；③判定 A/D 采样的实际电流值是否大于 AX AXH 中的值（实际电流值存于 IMH IML 中）；④根据第三步判定结果采取相应的保护动作（速断保护、过流保护动作于跳闸；零序保护动作于过热报警）并进行保护事件的数据打包；⑤转到保护中断的返回处理入口，作相应的处理后中断返回。此外，故障录波、自动重合闸功能同样在软件定时器中断模块中实现。

键处理模块包括两个部分：键扫描子程序和键操作子程序。主程序每次循环的开始，先执行键扫描子程序，以判定是否有某一功能键被按下。若有则转入键操作子程序，执行该按键所要求的功能。

显示模块包括液晶显示器设置子程序、汉字显示子程序（①汉字的正、反显，②汉字显示子程序）、页面显示子程序。本系统按功能分为 9 种显示页面，分别是初始页面、"系统菜单"页面、"参数显示"页面、"状态显示"页面、"口令设定"页面、"保护定值整定"页面、"时间设定"页面以及"保护追忆"页面

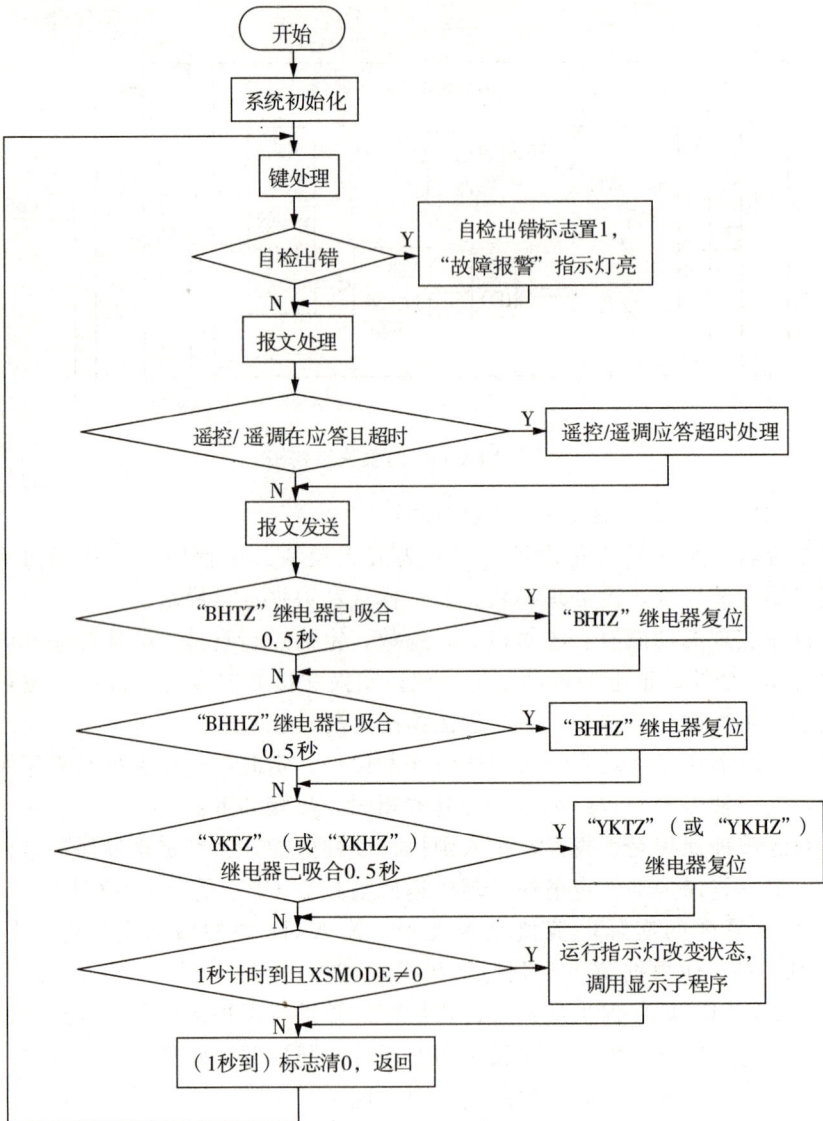

图 6　主程序

（即跳闸报警页面）。

数据通信模块包括四个部分：CANCL 中断子程序、BWCL（报文处理）子程序、BWFS（报文发送）子程序、秒中断子程序。其中 BWCL 子程序和 BWFS 子程序在主程序中循环执行。

4 结 论

　　本文对变电站综合自动化系统特别是微机继电保护系统进行了全面而细致的阐述。本系统的硬件采用模块化结构设计，系统采用80C196KC嵌入式微处理器作为控制核心，为了简化电路以提高系统的可靠性和抗干扰能力，设计时采用了可编程逻辑器件EPLD。本系统通信接口采用了CAN现场总线技术，提高了数据通信的速度和可靠性。在软件设计上，通过合理选择保护判据和微机算法，使所编制的程序简洁、实用；软件看门狗和硬件看门狗配合使用进一步了提高系统抗干扰能力；通过设置操作口令和缺省操作口令，既提高了系统安全性又增强了其灵活性。

参考文献：

　　［1］黄益庄. 变电站综合自动化技术［M］. 北京：中国电力出版社，2000.

　　［2］丁书文，黄训诚，胡起宙. 变电站综合自动化原理及应用［M］. 北京：中国电力出版社，2003.

　　［3］丁书文，胡起宙，赵勇. 变电站自动化系统设计的若干问题讨论［J］. 华北电力技术，1999，（10）.

　　［4］黄益庄. 变电站新型综合自动化系统设计［J］. 中国电机工程学报，1996，16（6）.

　　［5］朱大新，刘觉. 变电站综合自动化系统的内容及功能要求和配置［J］. 电力系统自动化，1998，22（6）.

　　［6］贺家李，宋从矩. 电力系统继电保护原理［M］. 北京：水利电力出版社，1984.

　　［7］孙淑信. 变电站微机检测与控制［M］. 北京：水利电力出版社，1995.

　　［8］罗士萍. 微机保护实现原理及装置［M］. 北京：中国电力出版社，2001.

　　［9］陈德树. 计算机继电保护原理与技术［M］. 北京：水利电力出版社，1991.

　　［10］K Suzuki et al. Result of field experiments of digital relaying utilizing mini-computer and microprocessor［J］. IFAC. Symposium 1977，ACPEPS..

　　［11］丁书文，杨雪萍. 微机保护装置的抗干扰技术［J］. 东北电力技术，1999，（2）.

　　［12］丁书文，杨雪萍，赵勇. 变电站微机综合保护的优化设计思路［J］. 继电器，2000，28（12）.

［13］WXH－11 微机线路保护装置．许继电气股份有限公司，1999.

［14］B J Mann, I F Morrison. Digital calculation of impedance for transmission line protection ［J］. IEEE. PES Winter Meeting，1972.

［15］B D Russell. Application of microcomputer to the protection and control of power system substations ［J］. proc. Of 6th IEEE. Conf. in Decision..

［16］许建安．继电保护整定计算 ［M］．北京：中国水利水电出版社，2001.

［17］许建安．电力系统微机继电保护 ［M］．北京：中国水利电力出版社，2001.

［18］M S Sachdev. Some Aspects of Digital Computer Protection of Hydro Power Plants ［J］. IEEE. Pub. 76 CH 1075－9REG5.

［19］李光琦．电力系统暂态分析 ［M］．西安：西安交通大学出版社，1993.

［20］陈德树等．微机继电保护 ［M］．北京：中国电力出版社，2000.

［21］G D Rockefeller. Fault Protection with a Digital Computer ［J］. IEEE. Vol. PAS－88, NO. 4，1969.

［22］刘贯宇．电力系统远动技术 ［M］．北京：水利电力出版社，1986.

［23］尹雪飞，陈克安．集成电路速查大全 ［M］．西安：西安电子科技大学出版社，2000.

［24］公茂法，马宝甫，孙晨．单片机人机接口实例集 ［M］．北京：北京航空航天大学出版社，1998.

［25］汤玉鹏．MCS－51 系列单片机应用及接口技术 ［M］．北京：人民邮电出版社，2003.

［26］孙涵芳．Intel 16 位单片机 ［M］．北京：北京航空航天大学出版社，1999.

［27］王福瑞．单片微机测控系统设计大全 ［M］．北京：北京航空航天大学出版社，1999.

［28］邬宽明．CAN 总线原理和应用系统设计 ［M］．北京：北京航空航天大学出版社，1996.

［29］饶运涛，邹继军，郑勇芸．现场总线 CAN 原理与应用技术 ［M］．北京：北京航空航天大学出版社，2003.

［30］阳宪惠．工业数据通信与控制网络 ［M］．北京：清华大学出版社，2003.

［31］石开明．变电站综合自动化通信系统设计 ［J］．电气自动化，2003,（6）.

非晶态合金材料的发展及其应用

陈子潘

摘　要：非晶合金由于具有特殊的原子排列，在结构上没有晶界、位错等缺陷，与传统晶态合金材料相比，表现出许多优异的力学和化学性能，包括高强度、高硬度、高耐磨性以及良好的抗腐蚀能力。本文分别从非晶合金的微观结构、物理化学性能和制备方法等方面详细介绍了非晶合金的研究进展，并总结了当前非晶合金材料的应用领域，非晶合金作为具有独特性能的一种新型合金材料，在 21 世纪将有广阔的应用前景。

关键词：非晶合金；玻璃形成能力；冷却速度；断裂强度；模量

自然界中的金属材料按照其内部原子的排列方式可以分为两大类，一类是晶态材料，另一类是非晶态材料。图 1[1]清楚地描述了这两大类材料其内部原子排列的区别。晶态材料的内部结构表现为原子在三维空间呈长程有序排列，在结构上有晶界、位错以及层错等缺陷。非晶态材料又称金属玻璃材料，是金属熔体在快速冷却的过程中，其液态金属原子结构被保存下来而没有发生结晶的一种材

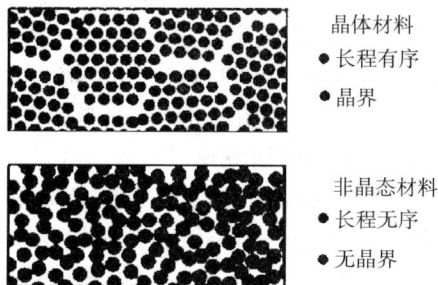

图 1　晶态材料和非晶态材料的内部原子结构示意图

作者简介：陈子潘（1984—），男，江西九江人，铜陵学院机械工程学院讲师，博士。

料。它的内部结构表现为原子在三维空间呈长程无序、短程有序，在结构上没有像晶态材料那样的晶界、位错及层错等缺陷。

1960 年，美国加州理工学院的 Duwez[2] 研究小组，通过喷枪技术，在 Au－Si 合金中首次成功制备出厚度为 $20\mu m$ 的非晶态合金薄带，从此为非晶态合金材料开辟了一个新的发展空间。随着工业技术的发展，1969 年，Pond[3] 研究小组通过单辊甩带法成功制备出长达几十米的非晶合金薄带，使非晶合金薄带工业化生产成为可能。但是，一般的非晶合金在形成时需要很高的冷却速度，通常在 $10^6 K/s$ 以上，使得块体非晶合金（指三维尺寸均大于 1mm）的制备十分困难。于是，人们开始研究非晶合金的形成规律，试图从合金成分本身出发，找到一些可以表示非晶形成能力的判据。Turnbull[4] 研究小组在对 Au－Si 合金的研究过程中发现，最容易形成非晶的合金成分位于共晶点附近，从而提出了约化玻璃转变温度 T_{rg} 判据（$T_{rg}=T_l/T_g$，T_l：合金的液相线温度，T_g：合金的玻璃转变温度）。这一判据的提出为非晶合金的成分设计提供了依据和指导。1974 年，陈鹤寿研究小组在 Pd－Cu－Si[5] 合金中通过快速凝固吸铸法成功制备出直径达 1mm 的非晶合金棒，同时，其临界冷却速度也降低到 $10^3 K/s$。这是块体非晶合金研究的重大突破，其尺寸从薄带到块体的转变，极大地激发了研究者们对块体非晶合金的研究热情。1982 年，Turnbull 研究小组在 Pd－Ni－P[7] 合金中采用 B_2O_3 熔剂包覆净化的方法制备出直径超过 10mm 的块体非晶合金，同时，其临界冷却速度降低到 10K/s。厘米级块体非晶合金的成功制备，标志着块体非晶合金在尺寸上又有了新的突破。这种尺寸上的重大突破，使得块体非晶合金实现工业化生产和应用成为可能。但是，由于 Pd 元素的价格极其昂贵，这种非晶合金体系只局限于科学实验的研究，很难在实际生产中获得应用。

从 20 世纪 90 年代开始，随着快速冷却技术的不断发展，日本东北大学的 Inoue 研究小组首次在不含贵金属元素的 Mg－Ln－M（Ln：稀土镧系元素，M：过渡元素）合金系中成功制备出直径超过 4mm 的非晶合金[8]。同时，美国加州理工学院的 W. L. Johnson 研究小组研究出了多组元的 Zr－Ti－Cu－Ni－Be 块体非晶合金，其三维尺寸超过 10mm，临界冷却速度降低到 1K/s。随后，其他多种金属基的块体非晶合金包括 Pd－[9]、Zr－[10]、Ti－[11]、Cu－[12]、Fe－[13]、Ni－[14]、Ce－[15]、La－[16] 和 Ca－基[17] 等又被陆续开发出来。非晶态合金材料已成为当前最热的研究领域之一，表 1 列出了当前非晶形成尺寸为 2 厘米以上的非晶合金体系及对应的成分。

表 1   临界尺寸为 2 厘米以上的非晶合金及其发现年份

合金体系	合金成分	临界尺寸/mm	发现年份（年）	参考文献
Pd—based	$Pd_{42.5}Cu_{30}Ni_{7.5}P_{20}$	80	2012	[8]
	$Pd_{35}Pt_{15}Cu_{30}P_{20}$	30	2005	[17]
Zr—based	$Zr_{46}Cu_{30.14}Ag_{8.36}Al_8Be_{7.5}$	73	2011	[9]
	$Zr_{55}Al_{10}Ni_5Cu_{30}$	30	1996	[18]
	$Zr_{41.2}Ti_{13.8}Cu_{12.5}Ni_{10}Be_{22.5}$	50	1993	[19]
TiZr—based	$(Ti_{36.1}Zr_{33.2}Ni_{5.8}Be_{24.9})_{95}Cu_5$	60	2010	[20]
RE—based	$La_{32.5}Ce_{32.5}Al_{10}Co_{15}Cu_{10}$	32	2007	[15]
	$La_{65}Al_{14}(Cu_{5/6}Ag_{1/6})_{11}Ni_5Co_5$	30	2007	[21]
	$Y_{36}Sc_{20}Al_{24}Co_{20}$	25	2003	[22]
Cu—based	$Cu_{36}Zr_{48}Ag_8Al_8$	25	2007	[23]
Mg—based	$Mg_{54}Cu_{26.5}Ag_{8.5}Gd_{11}$	25	2005	[24]
Ni—based	$Ni_{50}Pd_{30}P_{20}$	21	2009	[13]
Pt—based	$Pt_{42.5}Pd_{27}Cu_{9.5}P_{21}$	20	2004	[25]

1   非晶合金的性能

1.1   非晶态合金的力学性能

非晶态合金在结构上不存在晶界、位错以及层错等缺陷，和晶态材料相比，抵抗受力变形的能力更强。大多数非晶合金材料的拉伸断裂强度都可达 1GPa 以上，如图 2[26] 所示，为典型非晶态合金和晶态合金的拉伸强度、弹性变形和杨氏模量的对应关系。从图中可以看出，块体非晶合金与晶态合金相比，具有更高的拉伸强度，弹性变形能力和较低的杨氏模量。在杨氏模量相同的条件下，部分非晶合金的拉伸强度达到了晶态合金的 2 倍。例如 Cu 基非晶合金的强度为 2400MPa[27]，Ni 基非晶合金的强度为到 3500MPa[28]。对于和不锈钢具有类似成分的 Fe 基非晶合金来说，其强度更是达到 4300MPa[29]。目前，有文献报道 Co—Fe—Ta—B 系非晶合金的强度达到 5300MPa[30]，远远超过了传统钢材强度的 2 倍。

非晶合金除了具有非常高的断裂强度外，还具有很大的弹性极限，一般可以达到 2%。传统钢材的弹性极限只有 0.5%，而对于性能优异的 Ti 合金，其弹性极限也只有 1% 左右。图 3[31] 概括了各种材料的强度和弹性极限的关系，从图中可以发现，相对于传统钢材、钛合金、有机聚合物、木材以及二氧化硅这些材料

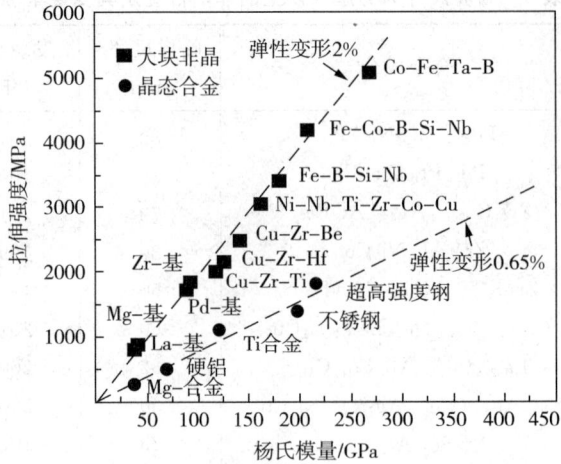

图 2　典型大块非晶合金和晶态合金的力学性能对比

来说，非晶合金的优势非常明显。它既有聚合物材料的高弹性，又具有高于传统钢材的断裂强度。综合这两种优势，使非晶合金成为一种理想的储存弹性能的材料。

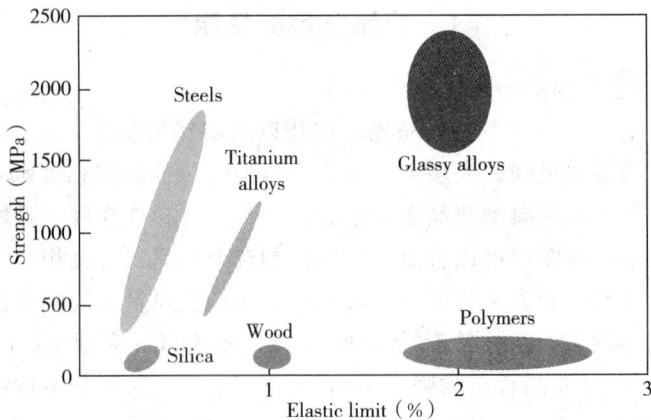

图 3　非晶态合金和其他几种材料的强度和弹性极限对比

1.2　非晶态合金的电磁性能

非晶合金中的铁基非晶具有优异的软磁性能[32-33]，尤其是对其进行适当的退火处理，在非晶基体中出现一定数量的纳米晶后，可以进一步提高其软磁性能。例如，在 Fe－Si－B 合金中同时加入 P 和 Cu，并通过退火的方式在非晶的

基体上析出 α－Fe 纳米晶后，可以获得超高的饱和磁化强度，其值可以达到 1.94T[34]，几乎可以和 Fe－3.5mass％ 的硅钢相比。表 2[35] 列出了目前典型的铁基非晶和硅钢物理性能（主要包括磁性能和电性能）对比。从表 2 中可以看出，虽然铁基非晶的饱和磁化强度要略低于硅钢，这主要是由于非晶合金中铁含量低的原因造成，但铁基非晶的磁导率却达到硅钢的 10 倍以上，矫顽力和铁芯损耗也远远小于硅钢。另外，非晶还具有硅钢所没有的高电阻率，研究者们相继在 Fe－（Al，Ga）－（P，B，C）[36]、Fe－TM－B[37]、Fe－Co－Ln－B[38] 等合金体系中发现软磁性能优异的块体非晶，它们的饱和磁化强度都在 1T 以上，矫顽力小于 10A/m，都显示了良好的综合软磁性能。

表 2 铁基非晶合金和硅钢的物理性能对比

性能指标	铁基非晶合金	硅钢
饱和磁感，T	1.54	2.03
矫顽力，A/m	4	30
最大磁导率，Gs/Os	45 万	4 万
铁损，W/kg	50Hz，1.3T 下＝0.1850Hz	50Hz，1.7T 下＝1.2
激磁功率，VA/kg	0.5	0.83
叠片系数	＞0.80	0.95
磁致伸缩，$\times 10^{-6}$	27	—
电阻率，$\Omega\mu \cdot cm$	130	0.45
密度，g/cm³	7.18	7.65
晶化温度，℃	550	—
居里温度，℃	415	746
抗拉强度，MPa	1500	343
维氏硬度，HV	900	181
厚度，μm	30	300

1.3 非晶合金的耐蚀性能

和晶态合金相比，非晶合金具有优异的耐蚀性能。由于快速冷却的原因，原子没有足够的时间进行长程扩散，因此保持了液态时均匀的化学成分，没有晶体材料中常见的缺陷，如晶界、位错、层错和第二相等。所以，非晶合金中没有容易引起局部腐蚀的部位。另外，有些非晶合金的活性很高，可以在表面迅速形成均匀的钝化膜，进一步提高了其耐蚀性能。A. Inoue[39]等人报道的 $Cu_{55.2}Hf_{23}$ $Ti_{13.8}Nb_8$非晶合金，室温下在 0.5Mol/L 的 NaCl 和 1Mol/L 的 HCl 中的年腐蚀速度均小于 $1\mu m$。早期 T. Masumoto[40]等报道的带状 $Fe_{70}Cr_{10}P_3C_7$非晶合金在酸性溶液中具有很好的耐蚀性，由于非晶合金进入电解液后，P 和 C 元素能够促使非晶合金表面形成保护膜。而后 S. J. Pang[41-42]等报道的 Fe—Cr—Mo—C—B非晶合金体系在 1~6Mol/L 的 HCl 中年腐蚀速度均匀在 $70\mu m$ 以内。而对于 Ni—Cr—Nb—P—B[43-44]非晶合金体系来说，其耐蚀性能更加优异，在 6Mol/L 的 HCl 中年腐蚀速度均匀小于 $1\mu m$。

2　非晶合金的制备方法

目前块体非晶合金的制备技术主要有两类[45]：一类是凝固法．由于多组元块体非晶体系具有很强的非晶形成能力，其临界冷却速率小，故采用一些传统的金属熔体凝固技术即可，如：水淬法、铜模铸造法、高压模铸法、吸铸法、压铸法等。另一类是粉末冶金法，即在过冷液相区温度范围内将非晶粉末采用热压或挤压的办法形成块体非晶合金，这种方法主要是利用多组元合金体系的过冷液相稳定性高并且具有黏滞流动性好的特点。目前比较常用的几种制备块体非晶合金的方法及特点简述如下。

2.1　液淬法[8]

水淬法是将合金置于石英管中，熔化后连同石英管一起淬入流动水中，以实现快速冷却，形成大块非晶合金。实现这个过程有两种途径：一种是将石英管置于封闭的保护气氛系统中进行加热（石英管口敞开），同时水淬过程也是在封闭的保护气氛系统中进行；另一种是将母合金放入石英管中，管内须充入保护气体或抽真空，然后将管口封闭，待合金熔化后再将石英管淬入流动水中。这种方法可以达到较高的冷却速率，有利于大块非晶合金的形成，但也存在许多问题。例如加热和水淬过程都在封闭系统中进行，其设备将是比较复杂和昂贵的；而将合金密封在石英管中时，则因不利于排气，容易造成气孔。另外，在某些场合下石英管与合金可能发生反应而使石英管破裂，而反应后的生成物既影响水淬时液态合金的冷却速率，又容易造成非均匀形核，以至影响大块非晶合金的形成。因此这种方法的应用具有很大的局限性。

2.2　电弧熔炼铜模吸铸法[47]

在惰性气体保护下用电弧迅速将合金加热至液态，然后利用负压将熔融合金直接吸入循环水冷却的铜模中，利用水冷铜模导热快实现快速冷却，以获得大块非晶合金。该法是在气氛压力与大气压接近的保护气氛体系中熔炼合金，所以没有明显的气孔；由液态转入冷却模的时间较短，能达到较高的冷却速率，工艺过程比较简单，也易于操作。由于铜模的冷却速率有限，所以制备大块非晶合金的尺寸有限。

2.3 感应加热铜模浇铸法[48]

该法是将合金置于底端开孔的石英管中，通过电感线圈在合金中产生的涡流加热使得合金迅速熔化。由于具有表面张力，液态合金不会自动滴漏，故需要从石英管顶部外加一个正气压将其吹入铜模。与电弧加热吸铸法相比，感应加热浇铸法具有加热温度可控性强、铜模不被直接加热等优点，但是在浇铸时容易混入保护气体，形成气孔。

2.4 定向凝固法[49]

定向凝固法可以连续获得大块非晶合金，它有两个主要的控制参数，即定向凝固速率 V 和固液界面前沿液相温度梯度 G，定向凝固法的冷却速率可以通过这两个参数计算出来，即 $Rc = GV$。可见，温度梯度 G 越大，定向凝固速率 V 越快，冷却速率则越大，所制备的非晶合金的截面尺寸也越大。然而温度梯度 G 的大小主要受定向凝固设备限制，一般在 $0 \sim 100 ℃/\text{ram}$ 范围。定向凝固速率 V 受设备的熔化速率限制。例如定向凝固必须保证在样品相对下移过程中熔化区固相能够完全熔化，并达到一定的过热度，因此定向凝固速率也不可能无限大。另外，当 V 很大以后，G 将降低，样品截面尺寸增大也会影响 G 的大小。综合几方面的因素，当样品直径在 20mm 以下时，取 $G = 100℃/\text{mm}$，$V = 1\text{mm/s}$，则冷却速率 $Rc = 100℃/s$。可见，定向凝固方法虽然可以连续制备大块非晶合金，但要求合金的非晶形成能力强，临界冷却速率低，非晶合金样品的截面尺寸也不可能太大。

2.5 机械合金化法[50]

机械合金化法是将元素粉末按比例混合，在高纯氩气的保护下在球磨机中进行机械合金化制备非晶态合金。利用磨球的冲击力等通过粉末元素之间的固相扩散进行合金化，能获得用传统熔炼法所不能获得的合金材料。但该方法耗时长并且存在容器和磨球污染粉末的问题，并且此法依附于装置的因素较多，产品的再现概率低。另外，机械合金化合成的材料均为粉末状，需进一步固化成形。

采用不同的制备方法，铜基非晶合金的冷却速率各异。一般说来，在冷却条件一定时，所制备的样品体积越大，其凝固的冷却速率越小，样品的体积与其凝固的冷却速率两者很难兼得。

3 非晶合金材料的应用

　　随着人们对块体非晶合金结构和性能认识的不断深入，人们逐渐意识到非晶态合金具有的许多优异的力学、化学、物理及精密成型等性能，将会应用到未来电子信息、国防航空、医疗生物和机械制造等各个行业。E. Axinte[51] 根据非晶合金所具有的性能提出了大块非晶态合金的应用前景，如图 4 所示，在这些领域中，有些已经进入了商业应用，有些尚在研究阶段。

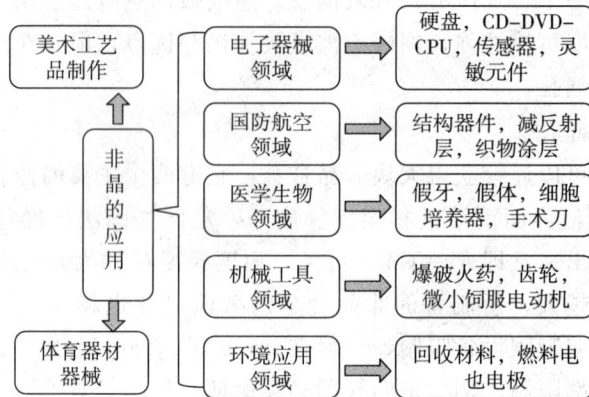

图 4　非晶合金的应用领域

　　对于大多数块体非晶合金来说，都具有一个宽的过冷液相区，一般合金系的 ΔT_x 都在 40K 以上，有的甚至超过了 100K。非晶合金在过冷液相区内的可塑性非常好，得用这个特性可以进行各种精密成型加工，图 5－a[52] 所示为 100MPa 气压下，450℃时，对 Zr 基非晶合金吹铸 30 秒成型的工艺品。图 5－b[53] 为各种复杂的手机外壳，利用非晶制造出来的手机外壳具有高强度、高硬度及外观优美，并且生产成本低廉等优点。图 5－c[54] 为利用非晶生物高的兼容性制备的医用手术刀，图 5－d[55] 为利用非晶精密成型特点制造出的直径为 $200\mu m$ 的微小齿轮。

　　块体非晶合金作为 21 世纪的一种新型材料，由于其独特的结构而表现出来各种优异的力学、磁性、物理、化学等性能，必将引起材料研究者们的极大兴趣，有着十分乐观的发展前景。随着人们对块体非晶合金形成本质认识的加深，其形成尺寸、性能、应用领域必将有进一步发展，为材料科学的研究翻开新的篇章。

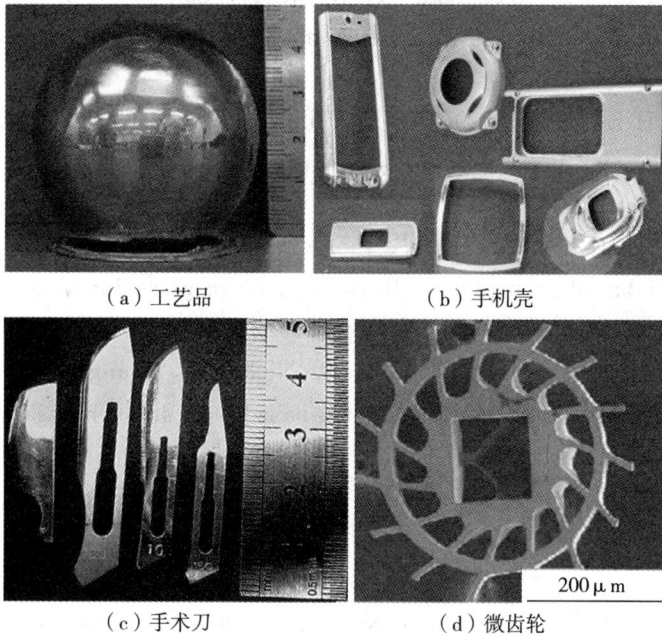

（a）工艺品　　　　　　　（b）手机壳

（c）手术刀　　　　　　　（d）微齿轮

图 5　非晶合金制造的实物图

参考文献：

［1］陈国良，惠希东. 块体非晶合金［M］. 北京：化学工业出版社，2007.

［2］Lement W K，Willens R，Duwez P. Non-crystalline structure in solidified gold-solicon alloys［J］. Nature，1960，187：869 – 870.

［3］Pond R，Maddin R. Method of producing rapidly solidified filamentary casting［J］. TMS – AIME，1969，245：2475.

［4］Turnbull D. Under what condition can a glass be formed? ［J］contemp phys，1969，10：473 – 488.

［5］Chen H S. Thermodynamic considerations on the formation and stability of metallic glasses［J］. Acta Metall，1974，22（12）：1505 – 1511.

［6］Drehman A L，Greer A L，Turbull D. bulk formation of a metallic glass：Pd40Ni40P20［J］. Appl Phys Lett，1982，41（8）：716 – 718.

［7］Inoue A，Kato A Zhang T，Kim S G，Masumoto T. Mg-Cu-Y amorphous alloys with high mechanical strength produced by a metallic mold casting method［J］. Mater Trans. JIM，1991，32：609 – 616.

[8] Nishiyama N, Takenaka K, Miura H, Saidoh N, Zeng Y Q, Inoue A. The world's biggest glassy alloy ever made [J]. Intermetallics, 2012, 30: 19 - 24.

[9] Lou H B, Wang X D, Xu F, Ding S Q, Cao Q P, Hono K, Jiang J Z. 73 mm-diameter bulk metallic glass rod by compper mould casting [J]. Appl. Phys. Lett., 2011, 99: 051910.

[10] Amiya K, Nishiyama N, Inoue A. Mechanical strength and thermal stability of Ti based amorphous alloys with large glass forming ability [J]. Mater. Sci. Eng. A., 1994, 179: 692 - 696.

[11] Chiang C L, Chu J P, Lo C T, Nieh T G, Wang Z X, Wang W H. Homogeneous plastic deformation in a Cu-based bulk amorphous alloy [J]. Intermetallics, 2004, 12: 1057 - 1061.

[12] Inoue A, Shen B L, Chang C T. Fe-and Co-based bulk glassy alloys with ultrahigh strength of over 4000 MPa [J]. Intermetallics, 2006, 14: 936 - 944.

[13] Zeng Y Q, Nishiyama N, Yamamoto T, Inoue A. Ni-rich bulk metallic galsses with high glass-forming ability and good metallic properties [J]. Mater. Trans., 2009, 50: 2441 - 2445.

[14] Zhang B, Pan M X, Zhao D Q, Wang W H. "Soft" bulk metallic glasses based on Cerium [J]. Appl. Phys. Lett., 2004, 85: 61 - 63.

[15] Zhang T, Li R, Pang S J. Effect of similar elements on improving glass-forming ability of La-Ce-based alloys [J]. J. Alloys. Compd., 2009, 483: 50 - 53.

[16] Senkov O N, Scott J M. Glass forming ability and thermal stability of ternary Ca-Mg-Zn bulk metallic glass [J]. J. Non-cryst. Solids., 2005, 35: 3087 - 3094.

[17] Takenaka K, Wada K, Nishiyama N, Kimura H, Inoue A. New pd-based bulk glassy alloys with high glass-forming ability and large supercooled liquid region [J]. Mater Trans, 2005, 46: 1720 - 1724.

[18] Inoue A, Zhang T. Fabrication of bulk glassy Zr55Al10Ni5Cu30 Alloy of 30 mm in Diameter by a suction castion method [J]. Mater Trans JIM, 1996, 37: 185 - 187.

[19] Peker A, Johnson W L. A highly processable metallic glass Zr41.2Ti13.8Cu12.5Ni10Be22.5 [J]. Appl. Phys. Lett., 1993, 63: 2342.

[20] Tang M Q, Zhang H F, Zhu Z W, Fu H M, Wang A M, Li H, Hu Z Q. TiZr-base bulk metallic glass with over 50 mm in diameter [J]. J. Mater. Sci. Technol., 2010, 26: 481 - 486.

[21] Jiang Q K, Zhang G Q, Yang L, Wang X D, Saksl K, Franz H, Wunderlich R, Fecht H, Jiang J Z. La-based bulk metallic glasses with critical diameter up to 30 mm [J]. Acta Mater, 2007, 55: 4409 - 4418.

[22] Guo F Q, Poon S J, Shiflet G J. Metallic galss ingots based on yttrium [J]. Appl. Phys. Lett., 2003, 83: 2575.

[23] Zhang Q S, Zhang W, Inoue A. Preparation of Cu36Zr48Ag8Al8 bulk metallic galss with a diameter of 25 mm by copper mold casting [J]. Mater. Trnas., 2007, 48: 629 - 631.

[24] Ma H, Shi L L, Xu J, Li Y, Ma E. Discovering inch-diameter metallic glasses in three-dimensional composition space [J]. Appl. Phys. Lett., 2005, 87: 181915.

[25] Schroers J, Johnson W L. Highly processable bulk metallic glass-forming alloys in the Pt-Co-Ni-Cu-P system [J]. Appl. Phys. Lett. 2004, 84: 3666.

[26] 藤田和孝. 金属かラスの機械的性質 [J]. 金属, 2005, 75 (1): 34 - 40.

[27] Inoue A, Zhang W, Zhang T, Kurosaka K. Thermal and mechanical properties of Cu-based Cu-Zr-Ti bulk glassy alloys [J]. Mater Trans, 2001, 42: 1149 - 1151.

[28] Zhang T, Inoue A. New bulk glassy Ni-based alloys with high strength of 3000 MPa. Mater Trans [J]. 2002, 43: 708 - 711.

[29] Amiya K, Urata A, Nishiyama N, Inoue A. Fe-B-Si-Nb bulk metallic glasses with high strength above 4000 MPa and distinct plastic elongation [J]. Mater Trans, 2004, 45: 1214 - 1218.

[30] Inoue A, Shen B L, Koshiba H, Kato H, Yavari A R. Ultra-high strength above 5000 MPa and soft magnetic properties of Co-Fe-Ta-B bulk metallic glasses with high strength and plasticity [J]. J. Mater. Res., 2007, 22: 869 - 875.

[31] Telford M. The case for bulk metallic glass [J]. Mater. Today., 2004, 7: 36 - 43.

[32] Mchenry M E, Willard M A, Laughlin D E. Amorphous and nano-

crystalline materials for applications as soft magnets ［J］. Prog. Mater. Sci.，
1999，44：291 - 433.

［33］Makino A，Kubota T，Makabe M，Chang C T，Inou A. FeSiBP
metallic glasses with high glass-forming ability and excellent magnetic properties
［J］. Mater. Sci. Eng. B，2008，148：166 - 170.

［34］Makino A，Men H E，Kubota T. Yubuta K，Inoue A. FeSiBPCu
Nanocrystalline soft magnetic alloys with high Bs of 1. 9 Tesla produced by crys-
tallizing hetero-amorphous phase ［J］. Mater. Trans.，2009，50：204 - 209.

［35］王晓军，陈学定，夏天东，等. 非晶合金应用现状 ［J］. 材料导报，
2006，25：75 - 79.

［36］Inoue A，Gook J S. Effect of additional elements （M） on the thermal
stability of supercooled liquid in Fe72-xAl5Ga2P11Co6B4Mx glassy alloys. Mater
［J］. Trans. JIM，1996，37：32 - 38.

［37］Inoue A，Zhang T，Takeuchi A. Bulk amorphous alloys with high
mechanical strength and good soft magnetic properties in Fe-TM-B （TM＝IV-
VIII group transition metal） system ［J］. Appl. Phys. Lett.，1997，71：464
- 466.

［38］Zhang W，Inoue A. Formation and magnetic properties of bulk glassy
Fe-Co-Nd-Dy-B alloys with high boron concentrations ［J］. Mater. Trans. JIM，
2000，41：1679 - 1682.

［39］Qin C L，Zhang W，Asami K，Ohtsu N，Inoue A. Glass formation，
corrosion behaviorand mechanical properties of bulk glassy Cu-Hf-Ti-Nb alloys
［J］. Acta Mater，2005，53：3903 - 3911.

［40］Masumoto T，Hashimoto K. Chemical properties of amorphous
metals ［J］. Annu. Rev. Mater. Sci.，1978，8：215 - 233.

［41］Pang S J，Zhang T，Asami K，Inoue A. Formation of bulk glassy
Fe75-x-yCrxMoxC15B10 alloys and their corrosion behavior ［J］. J. Mater.
Res.，2002，17：701 - 704.

［42］Pang S J，Zhang T，Asami K，Inoue A. Bulk glassy Fe-Cr-Mo-C-B
alloys with high corrosion resistance ［J］. Corros. Sci.，2002，44：1847
- 1856.

［43］Habazaki H，Ukai H，Izumiya K，Hashimoto K. Corrosion behavior
of amorphous Ni-Cr-Nb-P-B bulk alloys in 6M HCl solution ［J］. Mater. Sci.
Eng. A.，2001，318：77 - 86.

［44］ Habazaki H，Sato T，Kawashima A，Asami K，Hashimoto K. Preparation of corrosion-resistant amorphous Ni-Cr-P-B bulk alloys containing molybdenum and tantalum ［J］. Mater. Sci. Eng. A.，2001，304 – 306：396 – 700.

［45］ 王锁涛 . CuZrAl、CuZrAlAg 大块非晶合金形成、晶化及力学性能 ［D］. 秦皇岛：燕山大学，2007.

［46］ 冯柳 . 铜基块状非晶合金的制备及其性能测试研究 ［D］. 兰州：兰州理工大学，2004.

［47］ 赫雷，陈学定，袁子洲，等 . 大块非晶合金的研究进展 ［J］. 材料导报，2004，18 (8)：22 – 24.

［48］ 边赞 . 大体积非晶材料的研究 ［D］. 北京：北京科技大学，2001.

［49］ Inoue A，Takeuchi A. Recent progress in bulk glassy，nanoquasicrystalline and nanocrystalline alloys ［J］. Materials Science and Engineering，2004，A375 377：16 – 30.

［50］ Bian Z，Ahmad J，Zhang W，Inoue A. In situ formed (Cu0. 6Zr0. 3Ti0. 1) 93Nb7 bulk metallic glass composites ［J］. Mater Trans JIM，2004，45：2346 – 2350.

［51］ Axinte E. Metallic glasses from "alchemy" to pure science：present and future of design，processing and applications of glassy metals ［J］. Mater. Des.，2012，35：518 – 556.

［52］ Schroers J，Kumar G，Hodges T M，Chan S，Kyriakides T R. Bulk metallic glasses for biomedical applications ［J］. JOM，2009，61：9.

［53］ Schroers J. Processing of bulk metallic glass ［J］. Adv Mater，2010，22：1566 – 1597.

［54］ Huang J C，Chu J P，Jang J S C. Recent progress in metallic in TaiWan ［J］. Intermetallics，2009，17：973 – 987.

［55］ Kumar G，Desai A，Schroers J. Bulk metallic glass：the smaller the better ［J］. Adv Mater，2011，23：461 – 476.

图书在版编目（CIP）数据

铜陵学院"百场学术报告"选集.2014/丁家云，倪国爱主编.—合肥：合肥工业大学出版社，2016.6

ISBN 978-7-5650-2789-5

Ⅰ.①铜…　Ⅱ.①丁…②倪…　Ⅲ.①社会科学—文集②自然科学—文集
Ⅳ.①Z427

中国版本图书馆CIP数据核字（2016）第125224号

铜陵学院"百场学术报告"选集(2014)

丁家云　倪国爱　主编　　　　　　　责任编辑　王钱超

出　版	合肥工业大学出版社		版　次	2016年6月第1版	
地　址	合肥市屯溪路193号		印　次	2016年7月第1次印刷	
邮　编	230009		开　本	710毫米×1000毫米　1/16	
电　话	人文编辑部:0551-62903205		印　张	16	
	市场营销部:0551-62903198		字　数	299千字	
网　址	www.hfutpress.com.cn		印　刷	合肥创新印务有限公司	
E-mail	hfutpress@163.com		发　行	全国新华书店	

ISBN 978-7-5650-2789-5　　　　　　定价：48.00元

如果有影响阅读的印装质量问题，请与出版社市场营销部联系调换。